utb 5013

Eine Arbeitsgemeinschaft der Verlage

Böhlau Verlag · Wien · Köln · Weimar
Verlag Barbara Budrich · Opladen · Toronto
facultas · Wien
Wilhelm Fink · Paderborn
A. Francke Verlag · Tübingen
Haupt Verlag · Bern
Verlag Julius Klinkhardt · Bad Heilbrunn
Mohr Siebeck · Tübingen
Ernst Reinhardt Verlag · München
Ferdinand Schöningh · Paderborn
Eugen Ulmer Verlag · Stuttgart
UVK Verlag · München
Vandenhoeck & Ruprecht · Göttingen
Waxmann · Münster · New York
wbv Publikation · Bielefeld

Soziologie im 21. Jahrhundert

herausgegeben von Oliver Dimbath und Michael Heinlein

Patrick Heiser

Religionssoziologie

Wilhelm Fink

Der Autor:

Dr. Patrick Heiser studierte Politikwissenschaft und Soziologie an der FernUniversität in Hagen und der NTNU in Trondheim, Norwegen. Seit 2010 ist er wissenschaftlicher Mitarbeiter am Institut für Soziologie der FernUniversität in Hagen. Seine Lehrschwerpunkte umfassen klassische Texte der europäischen Soziologie, Sozialstrukturanalysen und qualitative Methoden der empirischen Sozialforschung. Seine Forschungsschwerpunkte liegen im Bereich der Religionssoziologie. Hier beschäftigt er sich zum einen mit dem Wandel religiöser Organisationen, insbesondere der katholischen Kirche, und zum anderen mit dem Wandel religiöser Praktiken, insbesondere des christlichen Pilgertums.

Online-Angebote oder elektronische Ausgaben sind erhältlich unter **www.utb-shop.de**

Bibliografische Information der Deutschen Nationalbibliothek
Die Deutsche Nationalbibliothek verzeichnet diese Publikation in der Deutschen Nationalbibliografie; detaillierte bibliografische Daten sind im Internet über http://dnb.d-nb.de abrufbar.

Internet: www.fink.de

Printed in Germany.
Herstellung: Brill Deutschland GmbH, Paderborn
Einbandgestaltung: Atelier Reichert, Stuttgart

UTB-Band-Nr: 5013
ISBN 978-3-8252-5013-3

Inhalt

1 Religionssoziologie im 21. Jahrhundert – eine Einleitung

Will man eine Einführung in die Religionssoziologie des 21. Jahrhunderts schreiben, so sieht man sich mit der Frage konfrontiert: Warum tue ich das eigentlich? Warum habe ich bereits im Laufe meines Studiums damit begonnen, mich für religionssoziologische Fragestellungen zu interessieren? Warum werte ich seither Interviews mit Jakobspilgern aus? Warum sammle ich schon seit vielen Jahren Gottesdienstordnungen und statistische Daten der katholischen Kirche? Freilich gibt es für eine berufsbiografische Spezialisierung keine einfachen, schon gar keine monokausalen Erklärungen. Vielmehr sind es verschlungene Pfadabhängigkeiten, bestimmte Lehrerinnen und Lehrer sowie durchaus auch Zufälle, die mich heute diese Zeilen schreiben lassen. Wenn ich aus gegebenem Anlass jedoch etwas genauer darüber nachdenke, was mein soziologisches Interesse an Religion geweckt hat, so hat es zunächst sicherlich damit zu tun, dass es sich bei Religion um ein *soziales* Phänomen handelt. Ein Phänomen also, das aus dem handelnden Zusammenwirken von Menschen entstanden ist und sich vice versa in diesem äußert. Religion ist, wie Émile Durkheim es vor mehr als einem Jahrhundert ausgedrückt hat, eine „soziale Tatsache". Sie stellt daher schon aus prinzipiellen Gründen ein Phänomen dar, das sich soziologisch zu betrachten lohnt.

Wenn hier also behauptet wird, dass Religion etwas von Menschen Gemachtes sei, mag dies vielleicht säkularistisch klingen – ist aber empirisch zunächst einmal so festzustellen. Schließlich sind wir Menschen es, die Kirchen und Religionsgemeinschaften gründen. Wir sind es, die Päpste und Ratsvorsitzende wählen. Oder um es etwas allgemeiner und in stärkerer Anlehnung an Durkheims Begrifflichkeiten zu sagen: Wir sind es, die bestimmte Orte, Gegenstände und Handlungen als ‚heilig' deklarieren, indem wir sie mit bestimmten Ge- und Verboten belegen und dadurch von der ‚profanen' Lebenswelt abgrenzen. Gleichwohl ist freilich vorstellbar, dass die menschlichen Interaktionen, die zur Manifestation religiöser Phänomene geführt haben, von einer höheren Macht gestiftet wurden. Ein derartiges Deutungsmuster muss man nicht unbedingt teilen, um über Religion nachdenken zu können. Ich möchte jedoch gleich zu Beginn dafür plädieren, die Binnenperspektive religiös handelnder Akteure stets zu berücksichtigen, wenn es darum geht, religiöse Phänomene zu analysieren und zu interpretieren. Schon Max Weber – neben Durkheim ein zweiter prominenter Gründervater der Soziologie – hat nämlich darauf hingewiesen, dass man das Handeln von Akteuren nur dann verstehen kann, wenn man den subjektiv gemeinten Sinn rekonstruiert, den sie ihrem Handeln zugrunde legen. Dies gilt selbstredend auch für das religiöse Handeln eines bzw. einer Gläubigen. Es geht der Religionssoziologie mithin keineswegs darum, einen bestimmten Glauben zu teilen oder gar zu bewerten. Ganz im Gegenteil geht es ihr darum, religiöses Handeln und religiöse Institutionen werturteilsfrei zu analysieren. Nicht die Kritik an Religion, sondern die Analyse ihrer Funktionsbedingungen und ihrer gesellschaftlichen Folgen stehen im Zentrum religionssoziologischer Forschung. Ob bestimmte Glaubensinhalte tatsächlich real existieren, lässt sich ohnehin niemals beweisen. Die Konsequenzen aber, die sich ergeben, wenn ein Akteur auf Basis seiner Glaubensinhalte handelt, existieren sehr wohl in der sozialen Wirklichkeit und lassen sich empirisch erfassen.

Religion ist aber nicht irgendein soziales Phänomen, sie ist – um es mit Hans-Peter Müller (2009) zu sagen – ein, *„soziales Phänomen ersten Ranges"*. Dies ist ein weiterer Aspekt, der mich an Religion interessiert und fasziniert. Ihre besondere Bedeutung rührt daher, dass Religion eine für Gesellschaften konstitutive Funktion erfüllt. In Anschluss an viele Soziologinnen und Soziologen, allen voran den Amerikaner Talcott Parsons (1951), ist davon auszugehen, dass Gesellschaften eines latenten Konsenses über gemeinsame Werte bedürfen. Einer Grundlage also, die es vermag, den Zusammenhalt der in den meisten Fällen wachsenden Anzahl von Gesellschaftsmitgliedern sicherzustellen – gerade auch angesichts ihrer zunehmenden Diversität. Freilich kann man heute kaum noch behaupten, dass sich die pluralisierten Werte einer aufgeklärten modernen Gesellschaft unmittelbar aus religiösen Quellen speisen. Gleichwohl aber erscheinen Religionen zumindest in einer historischen Perspektive als konstitutive Quellen für je kulturspezifische Wertekomplexe, welche die Ausdifferenzierung unserer heutigen gesellschaftlichen Normen initiiert haben. Beispielsweise ist das moderne Konzept der Menschenwürde, wie es in der Menschenrechtscharta der Vereinten Nationen festgeschrieben ist, nicht ohne das religiöse Konzept der Würde zu verstehen. Und die republikanische Solidarität moderner Demokratien hat ihre Wurzeln ohne Frage in der – nicht nur im christlichen Glauben verfassten – Nächstenliebe (Knoblauch 2009: 21). Eben deshalb spricht Müller in Bezug auf Religion von einem „sozialen Phänomen ersten Ranges":

> „Faktum ist, dass es sich bei der Religion um ein soziales Phänomen ersten Ranges handelt. Durkheim, der wie Max Weber ‚religiös unmusikalisch' war, hat wie auch der deutsche Klassiker erkannt, was für eine zentrale Lebensführungsmacht die Religion in der Geschichte menschlicher Gesellschaften darstellt. Keine realistische Soziologie als Wissenschaft der Gesellschaft darf daher die Religion ausblenden." (Müller 2009: 63)

Der historisch-konstitutive Charakter von Religion zeigt sich auch daran, dass sie von nahezu allen Klassikern der Soziologie zum Thema ihrer Überlegungen gemacht wurde: Bei Émile Durkheim (1858-1917) und Max Weber (1864-1920) stand Religion eindeutig im Zentrum ihres jeweiligen Werkes. Aber auch Auguste Comte (1798-1857) und Georg Simmel (1858-1918) sind als klassische Autoren der Religionssoziologie unbedingt zu nennen. Auf ihre jeweiligen Ansätze werde ich in den folgenden Kapiteln genauer eingehen; zunächst sollten wir jedoch festhalten, dass Analysen religiöser Phänomene zu den frühesten soziologischen

Die wichtigsten klassischen Werke der Religionssoziologie

Comte, Auguste (1838/1933) Die Soziologie. Die Positive Philosophie. Leipzig: Kröner.

Weber, Max (1905/1986) Die protestantische Ethik und der Geist des Kapitalismus, in: Gesammelte Aufsätze zur Religionssoziologie. Band 1. Tübingen: Mohr, S. 17-206.

Simmel, Georg (1906/2011) Die Religion, in: Hans Diefenbacher/Dorothee Rodenhäuser (Hg.): Georg Simmel: Die Religion. Marburg: Metropolis, S. 7-104.

Durkheim, Émile (1912/1998) Die elementaren Formen religiösen Lebens. Frankfurt/Main: Suhrkamp.

Weber, Max (1916/1986) Die Wirtschaftsethik der Weltreligionen, in: Gesammelte Aufsätze zur Religionssoziologie. Band 1. Tübingen: Mohr, S. 237-573.

Schriften überhaupt zählen. Mit Volkhard Krech (1999: 6) ließe sich daher sagen, dass nicht nur Religion konstitutiv für Gesellschaft ist, sondern die Beschäftigung mit religionssoziologischen Fragen auch zu den „Konstitutionsbedingungen der Soziologie“ zählt.

Ein dritter Aspekt, der mein Interesse an der soziologischen Analyse von Religion geweckt hat, ist schließlich der einigermaßen komplexe *Zusammenhang zwischen gesellschaftlichem und religiösem Wandel.* Einerseits kann religiöser Wandel als Spiegelbild gesellschaftlicher Entwicklungstendenzen angesehen werden. Beispielsweise wurde das moderne Individuum aus sozialen Zwängen mehr und mehr freigesetzt, was ihm jedoch gleichzeitig die Bürde auferlegt, seine Biografie selbst zu bestimmen und seine Identität mit einigem Aufwand selbst zu konstruieren. So bestimmt der Beruf des Vaters heute nicht mehr unmittelbar den beruflichen Werdegang seiner Kinder; die soziale Herkunft entscheidet weniger deterministisch als ehedem über die eigenen Lebenschancen. Dies gilt in kleinerem Maßstab auch für die Religiosität eines Individuums: Die Konfession der Eltern bestimmt heute nur noch begrenzt den Glauben der Kinder. Und selbst eine völlige Abkehr von Kirche und Religion wird sozial nicht mehr geächtet. Beides sah noch vor wenigen Jahrzehnten völlig anders aus.

Andererseits geraten etablierte religiöse Institutionen, wie etwa die Kirchen, mehr und mehr in ein Spannungsverhältnis zu modernen gesellschaftlichen Werten. Lange Zeit hielt man daher auch innerhalb der Soziologie Religion für ein zunehmend bedeutungsloses Phänomen, das letztlich dem völligen Untergang geweiht sei. Tatsächlich sind die Kirchen ja auch häufig leer. Gleichzeitig aber sind die Pilgerwege voll und kirchliche Großveranstaltungen, wie die Weltjugendtage der katholischen oder die Kirchentage der evangelischen Kirche, erfreuen sich zunehmender Popularität. Offenbar also hat Religion ihre gesellschaftliche Bedeutung auch im 21. Jahrhundert keineswegs verloren. Religiöse

Traditionen, Überzeugungen und Praktiken besitzen noch an vielen Stellen und in vielen Ländern hohe Bedeutung für gesellschaftliche Strukturen und individuelles Handeln. Dies gilt auch für Deutschland, insbesondere aber für Länder außerhalb Europas (Pickel 2011: 9).

Darum also Religionssoziologie. In dieser knappen Reflexion des eigenen Forscherhandelns haben Sie schon eine ganze Reihe von Gedanken und Begriffen kennengelernt, die innerhalb der Religionssoziologie von Bedeutung sind. Bevor wir diese vertiefen, diskutieren und miteinander in Beziehung setzen können, müssen wir uns mit einer keineswegs trivialen Frage beschäftigen: Was eigentlich ist mit Religion gemeint?

1.1 Was ist mit Religion gemeint?

Die Religionssoziologie analysiert religiöse Phänomene aus einer werturteilsfreien soziologischen Perspektive – so viel ist bislang klar geworden und innerhalb der Disziplin weitgehend unumstritten. Weniger klar und unumstritten hingegen ist, was genau die Religionssoziologie zum Untersuchungsgegenstand hat. Bis heute nämlich existiert keine allgemein anerkannte Definition von Religion. „Wer über Religion redet", hat Hubert Knoblauch (2009: 43) daher einmal gesagt, „bewegt sich auf Glatteis." Wenn man das breite Spektrum religiöser Phänomene betrachtet, wird man schnell feststellen, dass es keineswegs umstandslos gelingt, all seine Ausprägungen auf einen gemeinsamen Nenner zu bringen. Eine gewisse Unklarheit darüber, was mit Religion gemeint ist, besteht daher nicht erst, seit es die Religionssoziologie gibt. Bereits zu Hochzeiten Roms war man uneins darüber, ob das lateinische Wort *religio* nun vom Verb *relegare* abstammt (das die Verehrung von Göttern bezeichnet), von *religare* (das die Verbindung mit Gott zum Ausdruck bringt) oder von *reeligere*. Letzteres bezeichnet den Vorgang, bei dem sich ein Mensch wieder für Gott entscheidet, nachdem er sich von ihm abgewandt hat. Noch schwieriger ist die Bestimmung von Religion in nicht-romanischen Sprachen. Hier existieren mitunter gar keine Äquivalente zum Begriff Religion. Dieser wird beispielsweise im Indischen meist mit *Dharma* übersetzt, was Gesetz, Sitte, Ordnung bedeutet. Im Chinesischen lautet die gängige Übersetzung hingegen *Zongjiao*, was wörtlich so viel bedeutet wie himmlische Lehre (vgl. Knoblauch 1999: 8ff.). Angesichts dieser unklaren semantisch-etymologischen Lage sollten wir im Hinterkopf behalten, dass das, was wir implizit oder explizit als Religion verstehen, unter Umständen ein Phänomen darstellt, das nur in machen Kulturen als Phänomen eigener Art begriffen wird.

Im europäischen Sprachraum gewinnt der Begriff Religion in der Neuzeit an Bedeutung – und zwar genau in jener Zeit, als man sich durch zunehmende Mobilität verstärkt mit anderen Religionen als der christlichen konfrontiert sah. Seit dem Beginn des 19. Jahrhunderts ist auch die Soziologie um einen allgemeingültigen Religionsbegriff bemüht. Dies jedoch bislang insofern ohne Erfolg, als die Bestimmung ihres Untersuchungsgegenstands bis heute zu den zentralen Problemstellungen der Religionssoziologie zählt (Pollack 1995). Problematisch erweist sich vor allem, dass es Religionssoziologinnen und -soziologen eben nicht darum geht, einzelne Religionen anhand ihrer jeweiligen Inhalte und/oder Praktiken zu bestimmen. Vielmehr benötigt die Religionssoziologie einen wertfreien Religionsbegriff, der es ihr ermöglicht, Religion als soziales Phänomen ebenso methodisch zu untersuchen wie konzeptionell zu erfassen (Robertson 1973: 48). Im Wesentlichen haben sich in den vergangenen Jahrzehnten zwei Hauptstränge von Definitionsansätzen herauskristallisiert: die substanzielle und die funktionale Definition von Religion.

Substanzielle Definitionen bestimmen Religion von ihrem Wesen her, also von ihren je spezifischen Inhalten und Merkmalen (Gabriel 2003: 110f.). Im Mittelpunkt dieses Definitionsstrangs stehen die Beziehung von Akteuren zu einem Göttlichen bzw. der Glaube an die Existenz einer transzendentalen, also nicht unmittelbar erfassbaren Macht. Unter Religion sind dann all diejenigen Handlungen, Praktiken und Sozialformen im Diesseits zu verstehen, die sich auf eine derartige Macht im Jenseits beziehen. Als Beispiel für eine substanzielle Religionsdefinition sei hier exemplarisch die folgende Bestimmung des US-amerikanischen Religionssoziologen Michael Hill aus dem Jahre 1973 wiedergegeben, die in religionssoziologischer Literatur häufig zitiert wird:

> „Religion is the set of beliefs which postulate and seek to regulate the distinction between an empirical and a related and significant supra-empirical segment of reality; the language and symbols which are used in relation to the distinction; and the activities and institutions which are concerned with its regulation." (Hill 1973: 42f.)

Hill definiert Religion als Begriffe und Symbole, die eine Beziehung zwischen einem jenseitigen (also transzendenten) Bereich und einschlägigen diesseitigen (also immanenten) Handlungen und Institutionen herstellen. Substanzielle Religionsdefinitionen sind gekennzeichnet von einem engen Religionsverständnis. Dies hat den Vorteil, dass sich religiöse Phänomene recht eindeutig von nichtreligiösen Phänomen abgrenzen lassen. Problematisch erweist sich hingegen, dass substanzielle Religionsdefinitionen von religiösen Erfahrungen auf das Erfahrene schließen. Kritisch zu hinterfragen ist dabei, ob religiöses Handeln nicht eher etwas über den Akteur selbst als über die von ihm erfahrene Göttlichkeit aussagt. Darüber hinaus besteht die Gefahr eines engen Religionsverständnisses darin, bestimmte soziale Phänomene als nicht-religiös zu markieren, obwohl es durchaus Argumente dafür gibt, sie als religiöse Phänomene zu verstehen. Diese Gefahr wächst angesichts einer zunehmenden Individualisierung und Pluralisierung von Religion, die ich in den Kapiteln 3 und 4 näher erläutern werde. Angesichts dieser Einwände wurden innerhalb des religionssoziologischen Diskurses funktionale Religionsdefinitionen entwickelt.

Funktionale Definitionen bestimmen Religion von ihrer Wirkung her. Sie definieren all diejenigen Handlungen, Praktiken und Sozialformen als religiös, die bestimmte Funktionen für das Individuum und/oder die Gesellschaft erfüllen (Knoblauch 1999: 116). Auch hier zunächst ein prominentes Beispiel: Eine der bekanntesten funktionalen Religionsdefinitionen stammt von dem deutschschweizerischen Soziologen Franz-Xavier Kaufmann (1989: 84ff.). Ausgehend von einer Rekonstruktion des historischen Wandels von Religionstheorien unterscheidet er insgesamt sechs Funktionen von Religion. Eher auf das Individuum beziehen sich dabei die folgenden drei:

- *Identitätsstiftung*: Religion kann Sicherheit vermitteln, Ängste reduzieren und positive Gefühle bis hin zur Ekstase auslösen. Darüber hinaus kann Religion Begabungen (sogenannte Charismen) aufdecken und fördern (beispielsweise im Rahmen sogenannter Initiationen). Religion wirkt daher sinnstiftend und trägt dazu bei, die Identität eines Individuums zu begründen. Dies tut sie insbesondere an markanten Punkten der Biografie, wie beispielsweise bei Taufen, Eheschließungen und Begräbnissen.
- *Moralische Handlungsführung*: Religion übersetzt allgemeine Werte in konkrete Verhaltenscodizes, die dem Individuum Orientierungspunkte für ‚richtiges' Handeln im Sinne von Moral bereitstellen. Dies gilt insbesondere für den Umgang mit außeralltäglichen Situationen, die allein durch Sitte und Gewohnheit nicht zu regeln sind.
- *Kontingenzbewältigung*: Religion eröffnet dem Individuum sinnhafte und trostspendende Erklärungen für den Umgang mit Kontingenz – mit der Erfahrung also, dass die Dinge auch anders sein könnten, als sie sind. Insbesondere gilt dies für die Bewältigung von Schicksalsschlägen, Unrecht, Leid und Tod. Religion kommt daher, wie Niklas Luhmann (2000: 122) es formuliert, immer dann zum Tragen, „wenn man einzusehen hat, weshalb nicht alles so ist, wie man es gerne haben möchte".

Auf die Gesellschaft beziehen sich drei weitere Funktionen von Religion, die Kaufmann folgendermaßen beschreibt:

- *Sozialintegration*: Wir hatten bereits festgehalten, dass Religion grundlegende Werte zur Verfügung stellt, die innerhalb einer Gesellschaft geteilt werden. Dadurch vermag sie es, den Zusammenhalt der Gesellschaftsmitglieder zu sichern. Insbesondere wird eine Zusammengehörigkeit beim gemeinsamen Vollzug von Ritualen sowie durch das Begehen von religiösen Bräuchen und Festen erlebt.
- *Kosmisierung*: Religion begründet, wie Kaufmann schreibt, einen „Deutungshorizont aus einheitlichen Prinzipien". Dessen wesentliche Funktion besteht darin, die Welt in konsistenter Weise zu erklären und dabei Sinnlosigkeit und Chaos auszuschließen, beispielsweise durch eine auf Gott bezogene Schöpfungsgeschichte.
- *Prophetische Weltdistanzierung*: Schließlich ermöglicht Religion eine Distanzierung von der (Um-)Welt und mithin eine Kritik an gegebenen Lebensverhältnissen. Dies begann bereits im Rahmen des prophetischen Nonkonformismus

(Kaufmann 1989: 8). So ist gerade das Christentum aus einer Ablehnung der gesellschaftlichen Sozialstruktur entstanden, die sich über die mittelalterliche Begründung des Widerstandsrechts bis zur Ablehnung zeitgenössischer Lebenspraktiken (beispielsweise Sexualität und neue Partnerschaftsformen) fortsetzt.

Unklar bleibt an derartigen Ausbuchstabierungen, ob ein soziales Phänomen lediglich eine, vielleicht mehrere oder gar alle erläuterten Funktionen erfüllen muss, um als Religion definiert werden zu können. Beispielsweise kann Identität ja auch durch eine Mitgliedschaft im Schützenverein gestiftet werden, eine kritische Weltdistanzierung ist wesentliches Kennzeichen linksautonomer Gruppierungen und Transzendenzerfahrungen können auch vom einsamen Bergwanderer gemacht werden. Müssten diese Phänomene dann aber auch als religiös verstanden werden? Sie sehen, dass wir nun mit dem umgekehrten Problem konfrontiert sind: Während substanzielle Religionsdefinitionen aufgrund ihres engen Religionsverständnisses Gefahr laufen, religiöse Handlungen, Praktiken und Sozialformen zu übersehen, vermögen es funktionale Religionsdefinitionen kaum, Religion von Nicht-Religion abzugrenzen. Sie sind geprägt von einem ausgesprochen weiten Religionsverständnis und tendieren dazu, eine Ubiquität von Religion zu unterstellen. Daher laufen sie Gefahr, es bei der Analyse vermeintlich religiöser Phänomene gar nicht mit Religion zu tun zu bekommen (Pollack 2003: 9).

Wir haben es, wenn man so will, also mit einer „Definitionspluralität des sozialwissenschaftlichen Religionsbegriffes“ zu tun (Pickel 2011: 16). Problematisch an dem häufig unversöhnlichen Gegenüber substanzieller und funktionaler Religionsverständnisse ist insbesondere, dass mit ihnen jeweils spezifische Interpretationsmuster und somit letztlich verschiedene religionssoziologische Theoriestränge verbunden sind. Wenn ich einen sehr engen substanziellen Religionsbegriff zugrunde lege – beispielsweise also nur das als Religion definiere, was innerhalb von Kirchen, Moscheen und Synagogen passiert –, werde ich nahezu zwangsläufig von einem Bedeutungsverlust von Religion in der modernen Gesellschaft ausgehen müssen – schließlich sind die Kirchen häufig leer. Substanzielle Religionsdefinitionen sind daher typisch für Säkularisierungstheorien, wie sie in Kapitel 2 näher erläutert werden. Wenn ich hingegen einen sehr weiten funktionalen Religionsbegriff zugrunde lege, muss ich feststellen, dass die schier unendliche Anzahl möglicher religiöser Handlungen sich kaum zu klar bestimmbaren Sozialformen fügt. Ich muss dann nahezu zwangsläufig davon ausgehen, dass wir es bei religiösen Phänomenen mit hochindividualisierten, aber empirisch schwer sichtbaren Praktiken zu tun haben. Derartige Individualisierungstheorien werden in Kapitel 3 diskutiert. Angesichts dieser definitorischen Ausgangslage möchte ich in Anschluss an den Münsteraner Religionssoziologen Detlef Pollack dafür plädieren, substantielle und funktionale Religionsdefinitionen miteinander zu kombinieren:

> „Das macht es, wenn Religion identifiziert werden soll, erforderlich, funktionale Analysen mit substantiellen Argumenten zu kombinieren, denn nur auf diese Weise lassen sich religiöse Formen des Umgangs mit dem religiösen Bezugsproblem von nicht religiösen Problemlösungen, die dasselbe Problem mit anderen Mitteln bearbeiten, abgrenzen. Außerdem bildet die Kombination funktionaler und substantieller Argumente ein geeignetes Instrument, sowohl eine das religiöse Selbstverständnis der Betroffenen überschreitende Anschlussfähigkeit nach außen als auch Nähe zum religionshistorischen Material herzustellen." (Pollack 2003: 11)

Eine derartige Kombination beider Definitionsstränge wird in Kapitel 3 näher erläutert, wenn das Zusammenwirken religiösen Handelns und religiöser Sozialformen im Mittelpunkt unserer Betrachtungen steht. Zuvor gilt es jedoch, den Begriff Religion von zwei weiteren Begrifflichkeiten abzugrenzen, die innerhalb der Religionssoziologie häufig verwendet werden: von Religiosität und Spiritualität.

Religiosität nimmt in erster Linie die religiösen Erfahrungen, Überzeugungen und Handlungen von Individuen in den Blick. Dies erscheint mir eben deshalb wichtig, weil das moderne Individuum aus religiösen Zwängen weitgehend freigesetzt agiert. Der Umgang mit religiösen Traditionen und Institutionen ist daher deutlich flexibler geworden – auch wenn diese einen nach wie vor nicht zu unterschätzenden Einfluss auf Individuum und Gesellschaft haben. Um beide Seiten begrifflich erfassen zu können, gehe ich folgendermaßen vor: Wenn in dieser Einführung von Religion die Rede ist, sind damit Traditionen und Institutionen gemeint, beispielsweise der Katholizismus und die katholische Kirche, der Protestantismus und die evangelische Kirche, der Islam oder das Judentum. Mit Religiosität hingegen bezeichne ich religiöse Erfahrungen, Überzeugungen und Handlungen von Individuen, die mit Religion – aber eben nicht nur mit dieser – in einem komplexen Wechselverhältnis stehen.

Der Begriff *Spiritualität* hat vor allem seit der Jahrtausendwende eine gewisse Prominenz innerhalb des religionssoziologischen Diskurses. Seinerzeit haben Religionssoziologinnen und -soziologen nämlich damit begonnen, sich verstärkt mit sogenannten neuen religiösen Bewegungen zu beschäftigen – etwa mit New Age, Esoterik und Okkultismus oder mit Ayurveda, Feng Shui und Yoga (Knoblauch 2009; Hero 2010). Da es sich hier jedoch um religiöse Phänomene handelt, die sich nicht unmittelbar auf traditionelle Religionen berufen, um Phänomene, die mitunter explizite Distanz zu religiösen Institutionen einnehmen, hat man vermieden, diese als religiös zu bezeichnen. Stattdessen hat man sie einem eigenen Bereich zugeordnet: eben demjenigen der Spiritualität. Für unsere Zwecke erscheint mir eine Unterscheidung von Religiosität und Spiritualität jedoch weniger zentral, weshalb ich den Begriff Spiritualität im Folgenden weitgehend vermeiden werde. Anliegen dieses Buches ist vielmehr, nach Gemeinsamkeiten ganz unterschiedlicher religiöser Phänomene zu suchen. Phänomene, die sich sowohl aus traditional-institutionalisierter Religion als auch aus neuen Formen der Spiritualität speisen können – häufig ist ohnehin beides gleichzeitig der Fall.

Die problematische Definition von Religion

Die Religionssoziologie verfügt über keine allgemein anerkannte Definition von Religion. Um ihren Untersuchungsgegenstand zu bestimmen, haben sich zwei Definitionsstränge etabliert. *Substanzielle Definitionen* bestimmen Religion über ihre jenseitige inhaltliche Substanz: Religion ist all das, was sich im Diesseits auf das Jenseits bezieht. *Funktionale Definitionen* bestimmen Religion über bestimmte Funktionen für Individuum und Gesellschaft: Religion ist all das, was diese Funktionen erfüllt.

Mit dem Begriff *Religion* werden etablierte Traditionen und Institutionen adressiert. *Religiosität* bezeichnet Erfahrungen, Handlungen und Praktiken, die unter eine der beiden Religionsdefinitionen fallen. Durch sie kommt es zur Institutionalisierung religiöser Sozialformen. *Spiritualität* bezeichnet neue Formen von Religiosität, die weniger etabliert sind und einen vergleichsweise geringen Institutionalisierungsgrad aufweisen.

Ich werde mich dabei an Max Weber halten, der sich zeit seines Schaffens dafür ausgesprochen hat, Religion nicht zu Beginn des Forschungsprozesses zu definieren. Vielmehr hoffe ich darauf, dass Sie nach der Lektüre des vorliegenden Buches eine ebenso theoretisch fundierte wie begründet reflektierte Vorstellung davon haben, was mit Religion gemeint ist.

1.2 Zum Aufbau des Buches

Die Struktur der vorliegenden Einführung berücksichtigt zwei wesentliche Differenzierungen der Religionssoziologie: ihre wissenschaftshistorische Entwicklung und die Diversität ihrer Theorien. Religionssoziologisches Denken kann in vier wesentliche *Entwicklungsphasen* gegliedert werden (Pollack 2015):

- In der *klassischen Phase* haben sich die Gründerväter der Soziologie seit Beginn des 19. Jahrhunderts mit religionssoziologischen Fragestellungen auseinandergesetzt. Um auf zwei prominente Namen zurückzukommen, die Sie bereits kennengelernt haben, hat Émile Durkheim (1912) beispielsweise die grundlegenden Elemente, die „elementaren Formen" einer jeglichen Religion herauszuarbeiten versucht. Max Weber (1905) hingegen ging es darum nachzuzeichnen, wie sich aus religiösen Traditionen die moderne Ökonomie, der „Geist des Kapitalismus" herausgebildet hat.
- Nach dem Zweiten Weltkrieg begann die *kirchensoziologische Phase* der Religionssoziologie. In dieser Zeit wurde umfangreiche Kirchengemeindeforschung betrieben, die jedoch einen ausgesprochen empiristischen Charakter aufwies und nur geringes Interesse daran zeigte, empirische Forschungsergebnisse zu theoretischen Modellen zu abstrahieren. Pointiert gesagt wusste man in dieser

Phase alles über das Gemeindeleben, wenig jedoch über Religiosität – schon gar nicht, wenn diese sich jenseits des kirchlichen Wirkungskreises abspielte. Vor allem nämlich wurde Religiosität in der kirchensoziologischen Phase weitgehend mit Kirchlichkeit gleichgesetzt. Dies ist eine folgenreiche Perspektivenverengung: Wenn ich ausschließlich Mitgliedschafts- und Gottesdienstbesucherzahlen heranziehe, um Religiosität zu bestimmen, so muss ich in der Tat von einem Bedeutungsverlust von Religion ausgehen. Religiöse Phänomene jenseits der Kirchentore hingegen übersehe ich.

- Genau dies wurde zu Beginn der *neoklassischen Phase* in den 1960er Jahren von nicht wenigen Autorinnen und Autoren kritisiert. In erster Linie ist diesbezüglich an Thomas Luckmann zu denken, aber beispielsweise auch an Joachim Matthes und Trutz Rendtorff. Ihre Kirchensoziologiekritik führte einerseits dazu, dass sich der Fokus religionssoziologischer Forschung auf die Makro- und die Mikroebene des religiösen Feldes verlagerte. Dabei wurde eine ganze Reihe neuerer Modelle entwickelt, die im religionssoziologischen Diskurs einige Prominenz erlangten und mitunter zu geflügelten Worten geworden sind: beispielsweise die „unsichtbare Religion" (Luckmann 1967), die „Zivilreligion" (Bellah 1967), die „öffentliche Religion" (Casanova 1994) oder „believing without belonging" (Davie 1994, 2008). Anderseits aber führte die Kirchensoziologiekritik dazu, dass die Mesoebene des religiösen Feldes und mit ihr die Sozialformen von Religion vorübergehend aus dem Blickfeld der Religionssoziologie verschwand (Heiser/Ludwig 2014). Auch der Großteil kirchlich getragener Institute mit religions- oder kirchensoziologischem Forschungsschwerpunkt wurde in der neoklassischen Phase geschlossen.
- Nach dem Ende ihrer klassischen Phase fristete die Religionssoziologie daher ein Schattendasein als eher unbedeutende Bindestrichsoziologie. Bis in die 1990er Jahre hatte der Großteil soziologischer Autorinnen und Autoren nämlich angenommen, dass es sich nicht lohne, ein soziales Phänomen zu erforschen, dass ohnehin stetig an gesellschaftlicher Bedeutung verliere (Pickel 2011: 12). Dann jedoch begann die *Renaissancephase* der Religionssoziologie. Insbesondere nach dem 11. September 2001 rückte die zentrale Rolle von Religion in globalen Konflikten wieder ins öffentliche Bewusstsein. Seither steigt die Zahl religionssoziologischer Publikationen und Forschungsprojekte stetig – auch dank einer deutlich umfangreicheren Forschungsförderung. Im Blickpunkt der aktuellen Religionssoziologie stehen aber nicht nur der Islam, sondern unter anderem neue religiöse Bewegungen, das Pilgertum oder etwa kirchliche Events.

Während dieser vier Entwicklungsphasen der Religionssoziologie haben sich drei wesentliche *Theorien* etabliert, die den aktuellen religionssoziologischen Diskurs weitgehend bestimmen. Alle drei haben Sie in den bisherigen Ausführungen bereits implizit kennengelernt – und dabei vielleicht festgestellt, dass sie sich teils eklatant widersprechen. Dies mag auch daran liegen, dass die drei Theorien je unterschiedliche Ebenen des Sozialen adressieren: die Makroebene der Gesellschaft, die Mikroebene individueller Akteure bzw. die Mesoebene der Sozialformen und Organisationen.

- Die *Säkularisierungstheorie* geht davon aus, dass Religion ihre gesellschaftliche Bedeutung durch Ausdifferenzierungs- und Modernisierungsprozesse mehr und mehr verliert. Kapitel 2 widmet sich vor diesem Hintergrund der Makroebene des religiösen Feldes, indem es den Bedeutungswandel religiöser Traditionen und Institutionen für die gesamte Gesellschaft nachzeichnet.
- Die *Individualisierungstheorie* hingegen geht davon aus, dass das aus religiösen Zwängen freigesetzte Individuum seine Religiosität heute weitgehend selbst bestimmt. Dadurch kommt es weder zu einem Bedeutungsverlust noch zu einem Bedeutungsgewinn. Allerdings wandelt Religion ihre Formen, wodurch sie zur Privatsache des Einzelnen und für den Beobachter zunehmend unsichtbar wird. Kapitel 3 stellt dementsprechend individualisierte religiöse Praktiken in den Vordergrund und beleuchtet mithin die Mikroebene des religiösen Feldes.
- *Marktmodelle* schließlich gehen davon aus, dass die religiöse Vitalität moderner Gesellschaften keineswegs ab-, sondern – ganz im Gegensatz zu den Annahmen der Säkularisierungstheorie – immer mehr zunimmt. Begründet wird dies durch eine Liberalisierung des ‚religiösen Marktes', auf dem religiöse Dienstleister ihre jeweiligen religiösen Angebote verstärkt an den Wünschen ihrer Kunden ausrichten. Dies verdeutlicht Kapitel 4 anhand der Transformation religiöser Sozialformen auf der Mesoebene des religiösen Feldes.

Das vorliegende Buch ist darum bemüht, alle wesentlichen Phasen und Theorien der Religionssoziologie aufzugreifen. Sein Ziel ist es, dass Sie die Religionssoziologie des 21. Jahrhunderts nicht abstrakt kennenlernen, sondern jeweils anhand empirischer Beispiele, über die Sie bei Ihren alltäglichen Beobachtungen vielleicht auch schon gestolpert sind. Wir blicken daher in leere Kirchen, um die Säkularisierungstheorie (und die Kritik an ihr) zu rekonstruieren. Wir besuchen volle Pilgerwege, um die Individualisierung religiöser Praktiken zu verdeutlichen. Und wir diskutieren die Popularität von Weltjugendtagen, um Marktmodelle kennenzulernen. Diese drei religiösen Phänomene werden zunächst jeweils mittels aktueller religionssoziologischer Konzepte erklärt. Erst zum Ende der einzelnen Kapitel komme ich dann darauf zu sprechen, welche theoretischen Annahmen uns die Klassiker und Neoklassiker der Religionssoziologie zur Verfügung gestellt haben, um die jeweiligen Phänomene erklären zu können.

Wie es bei Einführungsbüchern stets der Fall ist, muss ich dabei stark selektiv vorgehen. Klassische Konzepte müssen aus rund 150 Jahren soziologischer Literatur ebenso ausgewählt werden wie empirische Analysen aus einer kaum zu überblickenden Anzahl von Studien zu den unterschiedlichsten Phänomenen. Eine derartige Schwerpunktsetzung ist jedoch erforderlich, um einem Einführungsbuch diejenige Prägnanz zu geben, die es für Leserinnen und Leser erst wertvoll macht, die sich vielleicht erstmals mit religionssoziologischen Fragen beschäftigen. Dabei hoffe ich, einen instruktiven Überblick über den aktuellen religionssoziologischen Diskurs und seine theoretischen Grundlagen geben zu können, der Lust darauf macht, tiefer in die ein oder andere soziologische Analyse von Religion einzusteigen.

2 Leere Kirchen. Oder: Die Säkularisierung der Gesellschaft

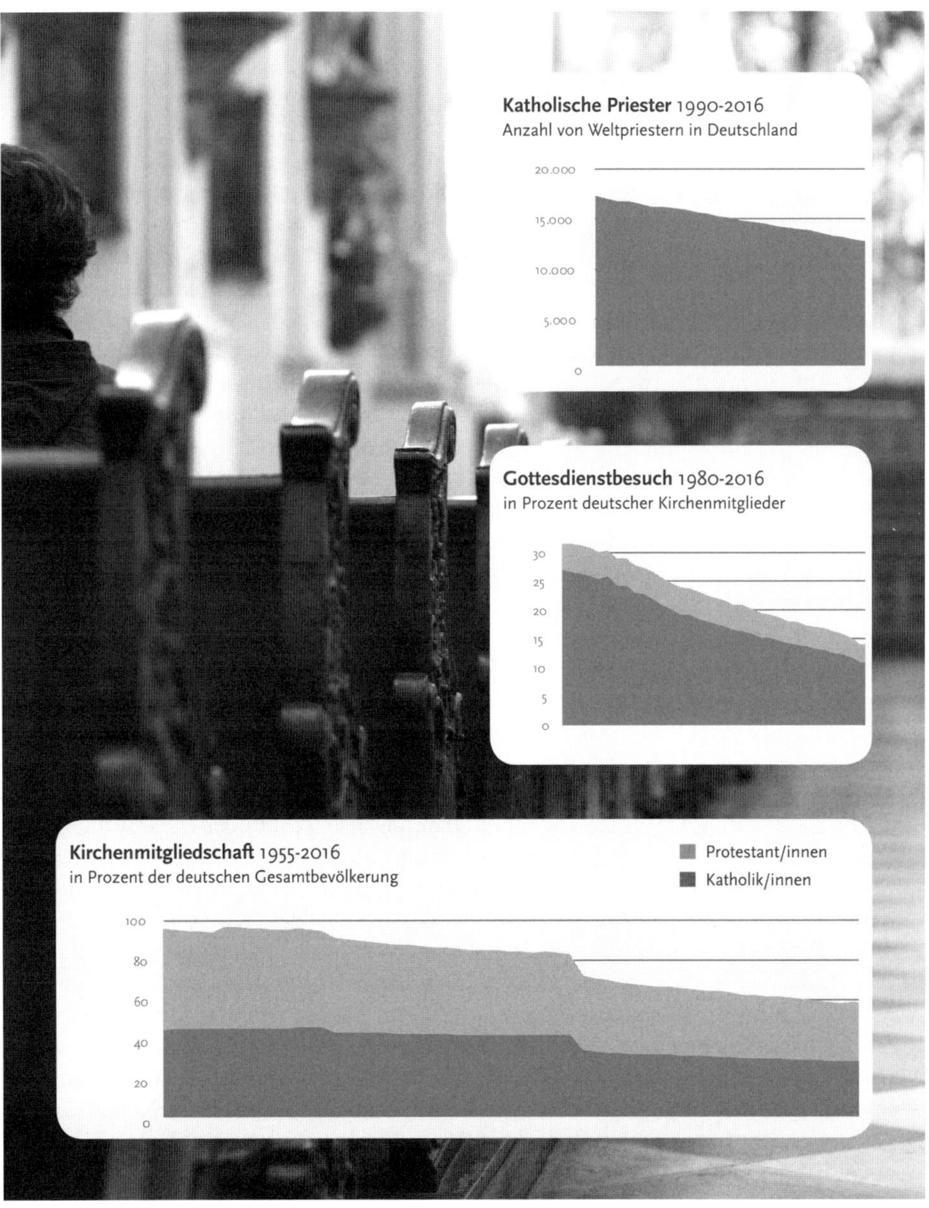

Wie Sie der obenstehenden Abbildung unschwer entnehmen können, bleiben sowohl die katholischen als auch die evangelischen Kirchen in Deutschland immer häufiger leer. Zum sonntäglichen Gottesdienst finden sich immer weniger Besucherinnen und Besucher ein; von Werktagsgottesdiensten, die ohnehin nur noch selten angeboten werden, ganz zu schweigen. Nur bei den Festgottesdiensten an hohen kirchlichen Feiertagen sind die Kirchbänke in der Regel gut gefüllt, genauso bei sogenannten Kasualgottesdiensten, die sich an spezifische Besuchergruppen richten, beispielsweise Taufen, Trauungen und Begräbnisse. Auf diese besonderen Gottesdienste werde ich in Kapitel 4.2.4 genauer zu sprechen kommen; zunächst sollten wir jedoch bei den leeren Kirchen der ‚normalen' Gottesdienste bleiben. In der Abbildung sehen Sie außerdem ein sich verschärfendes Personalproblem, mit dem insbesondere die katholische Kirche konfrontiert ist: Offenbar finden sich immer weniger junge Männer – dass hier nur von Männern die Rede ist, mag Teil des Problems sein – dazu bereit, die kircheninterne Sozialisation eines Priesterseminars sowie die ausgesprochen strengen Erwartungen an die Lebensführung eines Priesters auf sich zu nehmen. Nicht ohne Grund wird insbesondere der Zölibat auch innerhalb der katholischen Kirche kritisch hinterfragt – und in nicht wenigen Fällen unterlaufen. Der fortschreitende Priestermangel jedenfalls erschwert es der katholischen Kirche zunehmend, regelmäßige Gottesdienste in allen Gemeinden sicherzustellen. Schließlich sehen Sie in der Abbildung die kontinuierlich rückläufigen Mitgliedschaftszahlen der katholischen und evangelischen Kirche in Deutschland. Bedingt sind diese insbesondere durch Kirchenaustritte, deren Zunahme auch in den Medien immer wieder thematisiert wird. Wir können also festhalten: Sowohl der Organisationsgrad der christlichen Kirchen als auch die Teilhabe an ihren gottesdienstlichen Angeboten sinken seit geraumer Zeit.

2.1 Was sagen leere Kirchen über die gesellschaftliche Bedeutung von Religion?

Vor dem Hintergrund dieser Beobachtung werden wir im vorliegenden Kapitel die Frage diskutieren, was leere Kirchen über die gesellschaftliche Bedeutung von Religion aussagen. Wir nehmen dabei zunächst eine Art Vogelperspektive ein, um von oben auf die Gesellschaft zu blicken; etwas soziologischer gesagt, beleuchten wir in diesem Kapitel die Makroebene des religiösen Feldes. Wie in allen Kapiteln dieses Buches werden wir dabei in drei Schritten vorgehen: In einem ersten Schritt (Abschnitt 2.1) wird die gerade recht holzschnittartig skizzierte Beobachtung leerer Kirchen systematisch ausbuchstabiert. Wenn man so will, werden wir mithin die Beobachterperspektive wechseln und eine alltagsweltliche Beobachtung, die wir vermutlich alle schon einmal gemacht haben, in die systematische wissenschaftliche Beobachtung eines empirischen Phänomens überführen. Neben dem sinkenden Organisationsgrad der christlichen Kirchen und der sinkenden Teilhabe an ihren gottesdienstlichen Angeboten werden wir jenseits der Kirchen auch den rückläufigen Stellenwert von religiösen Überzeugungen und Praktiken – also den sinkenden Transzendenzbezug der Gesellschaft – beleuchten. Im Sinne einer wissenschaftlichen Analyse halte ich es dabei für unabdingbar, dass wir die im Folgenden präsentierten Zahlen zu Kirchenmitgliedschaft, Gottesdienstbesuch, Gottesglaube und Gebetshäufigkeit nicht einfach als gegeben hinnehmen, sondern hinterfragen, woher sie stammen und wie sie erhoben wurden. Daher werde ich Ihnen in diesem Abschnitt auch die wichtigsten Datenquellen für religionssoziologische Analysen vorstellen.

In einem zweiten Schritt (Abschnitt 2.2) geht es um die Rekapitulation des aktuellen religionssoziologischen Diskurses zum Phänomen leerer Kirchen. In diesem Kapitel werde ich die erste von drei zentralen religionssoziologischen Theorien diskutieren: die Säkularisierungstheorie. Diese hat den religionssoziologischen Diskurs über mehrere Jahrzehnte bestimmt und galt lange als alleiniges Paradigma der Religionssoziologie. Erst in den 1970er Jahren nahm die Kritik an der Säkularisierungstheorie – und insbesondere an ihrem ubiquitären Charakter – mehr und mehr zu. Auch diese Kritik gilt es daher zu berücksichtigen.

In einem dritten Schritt (Abschnitt 2.3) werde ich nachzeichnen, welche Ansätze klassische Autoren der Religionssoziologie zur Erklärung des Phänomens leerer Kirchen beigetragen haben. Genauer gehe ich dabei auf die religionssoziologischen Werke von drei prominenten Gründervätern der Soziologie ein: auf die Werke von Auguste Comte, Émile Durkheim und Max Weber. Schließlich werde ich versuchen, mich einer Antwort auf die Frage zu näheren, was leere Kirchen über die gesellschaftliche Bedeutung von Religion aussagen. Abschließende und allumfassende Antworten sind von der Soziologie zwar aufgrund der Komplexität und Dynamik ihres Untersuchungsgegenstands in der Regel nicht zu erwarten, gleichwohl werde ich die Erkenntnisse aus den drei Analyseschritten in einem Zwischenfazit resümieren.

2.1.1 Sinkender Organisationsgrad kirchlicher Religion

Blicken wir also zunächst auf den sinkenden Organisationsgrad kirchlicher Religion. Abbildung 1 macht deutlich, dass die Anzahl der Mitglieder beider christlicher Kirchen Deutschlands bereits seit sechs Jahrzehnten kontinuierlich rückläufig ist. Waren Mitte der 1950er Jahre noch über 96 Prozent der Bevölkerung Mitglied der katholischen oder evangelischen Kirche, traf dies im Jahr 2016 lediglich noch auf 55 Prozent zu. Im Umkehrschluss bedeutet dies freilich, dass nach wie vor mehr als die Hälfte der Einwohner Deutschlands Mitglied einer christlichen Kirche ist. In Kapitel 4.2 wird daher die persistent hohe Bedeutung der Kirchen sowohl für die individuelle Lebensführung als auch für gesellschaftliche Normen und Strukturen thematisiert.

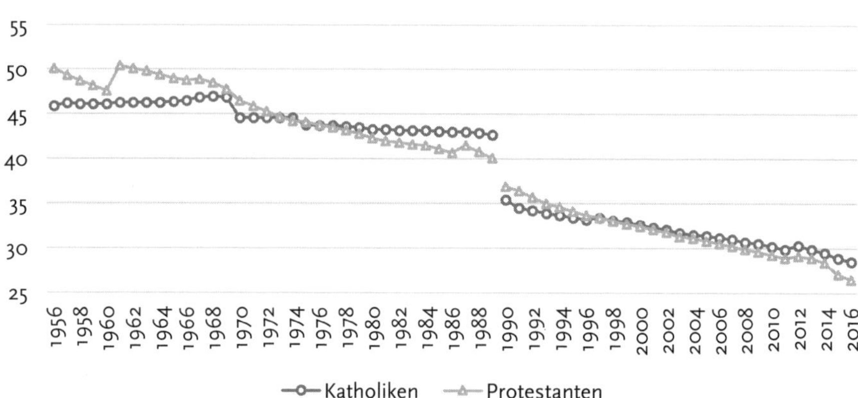

Abbildung 1: Kirchenmitgliedschaft in der Bundesrepublik Deutschland
Eigene Darstellung. Daten: Statistisches Bundesamt, Deutsche Bischofskonferenz, Evangelische Kirche in Deutschland. Angaben in Prozent der Gesamtbevölkerung.

In Abbildung 1 sticht darüber hinaus der ‚statistische Knick' zwischen den Jahren 1989 und 1990 ins Auge, der durch die Wiedervereinigung zu erklären ist. Bei Gründung der beiden deutschen Staaten im Jahr 1949 betrug der Anteil von Kirchenmitgliedern an der Gesamtbevölkerung sowohl in Ost- als auch in Westdeutschland noch deutlich über 90 Prozent. Im Laufe von nur vier Jahrzehnten hat sich in der DDR dann jedoch ein „dramatischer Entkirchlichungsprozess" vollzogen (Pollack 2003: 78): Waren bei Staatsgründung lediglich rund sieben Prozent der Bevölkerung konfessionslos, waren es zum Zeitpunkt des Zusammenbruchs der DDR zwei Drittel. Der Anteil Konfessionsloser stieg mithin im Laufe der DDR-Geschichte auf das Zehnfache – in der Bundesrepublik hingegen nicht einmal auf das Dreifache. Diese erstaunliche Entwicklung ist einerseits auf politische Repressionen, kirchenfeindliche Maßnahmen des Staates und die Benachteiligung von Christen im gesellschaftlichen Leben der DDR zurückzuführen. Als Ursachen für die Entkirchlichung in der DDR benennt Pollack (2003: 80) andererseits die Kollektivierung von Landwirtschaft und Handwerk, die Vertreibung des Besitz- sowie die Entmachtung des Bildungsbürgertums: „Dieser sozialstrukturelle Umbau der Gesellschaft brach den evangelischen Kirchen das sozialstrukturelle Rückgrat, denn der Protestantismus war vor allem in der Bauernschaft, bei den Akademikern und bei den selbständigen Handwerkern überrepräsentiert". Wir müssen also festhalten, dass die gesellschaftliche Bedeutung von Religion heute in den neuen Bundesländern eine völlig andere ist als in den alten. Immer wieder werde ich daher im Folgenden zwischen Ost- und Westdeutschland unterscheiden.

Wenn Sie genau hinsehen, wird Ihnen in Abbildung 1 schließlich auffallen, dass die Entwicklung der Kirchenmitgliedschaft nicht streng linear verläuft, sondern von Wellen und Schüben gekennzeichnet ist. Beispielsweise wirkt es so, als sei der Anteil der Kirchenmitglieder zwischen den Jahren 2011 und 2012 angestiegen. Diese Auffälligkeit gilt es jedoch – wie alle Ergebnisse empirischer Sozialforschung – methodologisch zu hinterfragen. Im vorliegenden Fall lässt sich die statistische Auffälligkeit nämlich durch den Zensus der statistischen Bundes- und Landesämter erklären, der im Jahr 2011 in Form einer Volkszählung durchgeführt wurde. Wissen muss man diesbezüglich, dass die Gesamtbevölkerungszahl in Folge des Zensus' nach unten korrigiert wurde: von 81.751.602 Anfang 2011 auf 80.327.900 Anfang 2012.[1] Durch diese Korrektur erhöhte sich zwar der prozentuale Anteil der Kirchenmitglieder an der Gesamtbevölkerung. In absoluten Zahlen hingegen haben beide Kirchen auch in den besagten Jahren Mitglieder verloren: Die Anzahl von Katholikinnen und Katholiken sank zwischen 2011 und 2012 von rund 24.475.000 auf 24.340.000, diejenige von Protestantinnen und Protestanten von rund 23.620.000 auf 23.356.000[2].

Wesentlicher Grund für den sinkenden Organisationsgrad der beiden christlichen Kirchen Deutschlands ist zunächst die seit einigen Jahrzehnten stetig steigende Zahl von *Kirchenaustritten*. Im Jahr 2014 beispielsweise traten rund 270.000 Menschen aus der evangelischen Kirche aus. Im Rahmen der Kirchenmitgliedschaftsuntersuchung (Bedford-Strohm und Jung 2015) wurde ein repräsentatives Sample dieser Ausgetretenen nach den Gründen für ihren Kirchenaustritt gefragt. Zu den wichtigsten Austrittgründen zählten dabei die Aussagen „Ich kann mit dem Glauben nichts mehr anfangen" und „Ich brauche in meinem Leben keine Religion" – mehr als drei Viertel der Befragten stimmte diesen Aussagen ganz oder teilweise zu (Abbildung 2). Aus einer derartigen Wahrnehmung der persönlichen Bedeutung von Religion speisen sich sowohl eine kirchenkritische („Ich finde die Kirche unglaubwürdig") als auch eine indifferente Haltung gegenüber der Kirche („Kirche ist mir gleichgültig"). Bei diesen beiden Aussagen lagen die Zustimmungswerte jeweils sogar deutlich über 80 Prozent. Viel seltener hingegen wurde das Sparen von Kirchensteuer als Grund für einen Kirchenaustritt angegeben. Es ist daher zu vermuten, dass die Kirchensteuer eher als Anlass denn als Grund für einen Kirchenaustritt zu verstehen ist. Sie als monokausale Erklärung anzusehen, würde eine einseitig verengte Perspektive darstellen. Vielmehr entwickelt sich bei vielen Menschen offenbar über einen längeren Zeitraum eine latent indifferente bis explizit kirchenkritische Haltung. Ein Steuerbescheid mag dann der willkommene Anlass sein, den Kirchenaustritt tatsächlich zu vollziehen, den man schon lange im Hinterkopf hatte. Bemerkenswert an den Ergebnissen der Kirchenmitgliedschaftsuntersuchung ist schließlich, dass knapp drei Viertel der

1 Derartige statistische Daten sind auf der Webseite des statistischen Bundesamtes (https://www.destatis.de/DE/) frei zugänglich. Auf recht komfortable Weise können dort spezifische Daten dargestellt und eigene Berechnungen durchgeführt werden.

2 Diese Mitgliedschaftszahlen werden von den Kirchen selbst erhoben. Sie finden sich unter http://www.dbk.de/zahlen-fakten/kirchliche-statistik/ bzw. https://www.ekd.de/22114.htm. Vgl. auch Kap. 2.1.4.

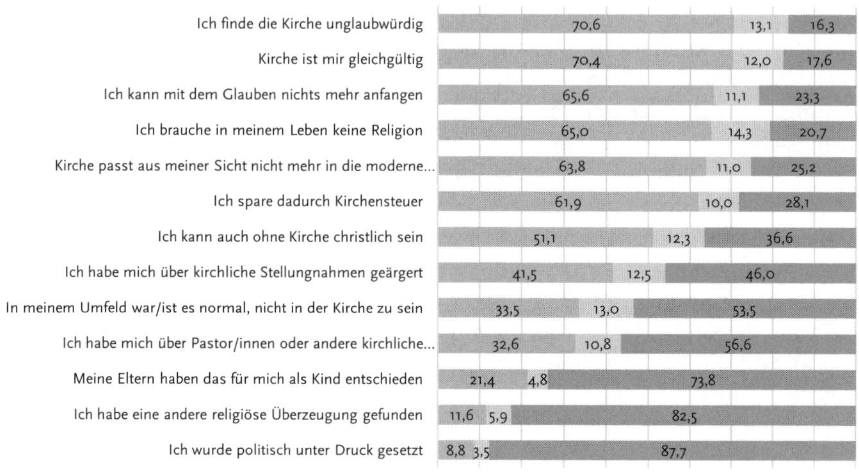

Abbildung 2: Gründe für einen Kirchenaustritt
Quelle: Bedford-Strohm und Jung 2015: 519. Befragt wurden N=602 Personen, die aus der evangelischen Kirche in Deutschland ausgetreten sind. Angaben in Prozent. Mehrfachnennungen möglich.

Befragten der Aussage „Kirche passt aus meiner Sicht nicht mehr in die moderne Gesellschaft" ganz oder teilweise zustimmen. Das hier geäußerte Spannungsverhältnis von Moderne und Religion nämlich zählt zu den zentralen Grundannahmen der Säkularisierungstheorie, die im folgenden Abschnitt beleuchtet wird.

Wenn wir also davon ausgehen, dass es einen nicht unwesentlichen Anteil von Kirchenmitgliedern gibt, die zwar an ihrer Mitgliedschaft festhalten, gleichwohl aber bereits eine indifferente oder kirchenkritische Haltung entwickelt haben, so bedeutet dies auch: Die formale Mitgliedschaft in einer Kirche sagt wenig über deren inhaltliche Qualität. Sie sagt wenig über den Grad der Identifikation mit kirchlichen Positionen, wenig über die Teilhabe an kirchlichen Angeboten und wenig über das Engagement innerhalb von Kirchengemeinden. In einer Studie zur gesellschaftlichen Bedeutung von Religion in Hessen unterscheiden Michael Ebertz et al. (2012: 64f.) daher Kern-, Rand- und nominelle Mitglieder. Unter Kernmitgliedern verstehen sie Menschen, die sich stark mit ihrer Kirche identifizieren, die regelmäßig Gottesdienste besuchen und auch jenseits der Gottesdienste am Leben der Kirchengemeinde teilnehmen, etwa indem sie sich ehrenamtlich engagieren. Randmitglieder hingegen besuchen Gottesdienste nur gelegentlich; sie weisen einen nur geringen Identifikationsgrad sowie kaum Verbindungen zur Kirchengemeinde auf. Nominelle Mitglieder schließlich haben keinen konkreten Bezug zu kirchlichen Angeboten; sie besuchen Gottesdienste nie oder nur zu besonderen Anlässen. Zu den Ergebnissen der Hessen-Studie zählt, dass Randmitglieder mit gut 44 Prozent den insgesamt größten Anteil aller Kirchenmitglieder ausmachen (Tabelle 1). Auffällig sind darüber hinaus die interkonfessionellen Unterschiede: Innerhalb der katholischen Kirche halten sich Kern- und Randmitglieder die Wage; nominelle Mitglieder finden sich hier nur ausgesprochen selten. Innerhalb der evangelischen Kirche hingegen stellen Randmitglieder deutlich mehr als die Hälfte, während Kernmitglieder gerade einmal ein gutes Viertel der Kirchenmitglieder ausmachen. Die Mehrheit der Muslime konnte unterdessen als Kernmitglieder des Islam klassifiziert werden. Zu ganz ähnlichen Ergebnissen kommt auch eine Studie von Jörg Stolz et al. (2014) zu „Religion und Spiritualität" in der Schweiz.

Tabelle 1: Kirchenmitgliedschaftstypen

	katholisch	**evangelisch**	**islamisch**	**gesamt**
Kernmitglieder	45,9	27,2	56,0	29,5
Randmitglieder	45,2	57,6	24,0	44,1
Nominelle Mitglieder	8,9	14,6	20,0	25,4

Quelle: Ebertz et al. 2012: 64. Modifiziert. Angaben in Prozent.

Die formale Konfessionszugehörigkeit sagt mithin wenig über die Qualität der Kirchenmitgliedschaft. Zum möglichst vollständigen Bild unserer soziologischen Beobachtung des kirchlichen Organisationsgrades zählt aber umgekehrt auch, dass eine Nicht-Mitgliedschaft keineswegs zwangsläufig mit einer eindeutigen Distanz zu kirchlicher Religion gleichzusetzen ist. Nicht alle Konfessionslosen sind daher als Atheisten zu verstehen. Der katholische Priester und Soziologe Paul Zulehner (2002: 35) weist vielmehr darauf hin, dass mehr als ein Drittel der Konfessionslosen aus der Distanz heraus mit kirchlichen Positionen sympathisiert. Elf Prozent der Nicht-Mitglieder versteht er darüber hinaus als „Intensivchristen oder Privatreligiöse", die eine individuelle Religiosität herausgebildet haben, in der die religiösen Inhalte der christlichen Kirchen eine wesentliche Rolle spielen. Auf diesen Befund werde ich in Kapitel 3.2 noch einmal zurückkommen. Wenden wir uns zunächst jedoch der sinkenden Teilhabe an kirchlichen Angeboten zu.

2.1.2 Sinkende Teilhabe an kirchlichen Angeboten

Papst Benedikt XVI. prägte während seines Pontifikats den Ausdruck „Kirche der kleinen Schar". Dahinter verbirgt sich die recht hoffnungsvolle Annahme, der quantitative Verlust von Kirchenmitgliedern könne einem qualitativen Gewinn der Kirchenmitgliedschaft gleichkommen. Die in der Kirche verbliebenen Katho-

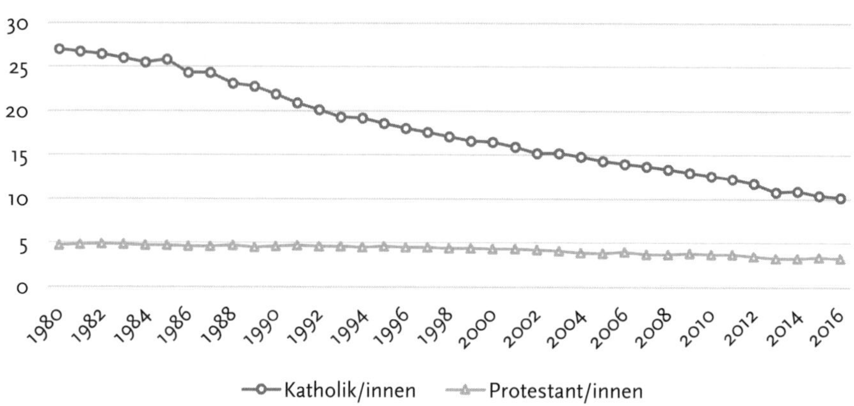

Abbildung 3: Gottesdienstteilnahme der Kirchenmitglieder
Eigene Darstellung. Daten: Deutsche Bischofskonferenz, Evangelische Kirche in Deutschland. Angaben in Prozent der jeweiligen Kirchenmitglieder.

liken seien in diesem Sinne Kirchenmitglieder mit einer stärkeren Identifikation, einer häufigeren Teilhabe und einem umfangreicheren Engagement. Aus religionssoziologischer Sicht hingegen ist zu befürchten, dass dieser Gedanke tatsächlich eher eine Hoffnung als einen empirisch belegbaren Befund darstellt. In Abbildung 3 nämlich ist die Entwicklung der Gottesdienstteilnahme dargestellt – wohlgemerkt diejenige der Kirchenmitglieder. Dargestellt ist also der jeweilige prozentuale Anteil von Mitgliedern der katholischen bzw. evangelische Kirche Deutschlands, die Gottesdienste besuchen, und nicht etwa der Anteil von Gottesdienstbesucherinnen und -besuchern an der Gesamtbevölkerung. Würde nun die These der „kleinen Schar" stimmen, so müsste die Gottesdienstteilnahme bei den verbliebenen Kirchenmitgliedern umgekehrt proportional zu den sinkenden Mitgliedschaftszahlen ansteigen. Stattdessen aber ist sie bei beiden christlichen Kirchen in Deutschland rückläufig.

In Abbildung 3 stechen die erheblichen Unterschiede zwischen Katholik/innen und Protestant/innen ins Auge. So fällt die Quote der Besucherinnen und Besucher evangelischer Gottesdienste traditionell deutlich geringer aus als diejenige katholischer. Dies mag zunächst einen dogmatischen Grund haben: Im Gegensatz zum Protestantismus existiert im Katholizismus das sogenannte Sonntagsgebot. Diesem zufolge ist jeder Katholik bzw. jede Katholikin angehalten, mindestens einmal pro Woche einen Gottesdienst zu besuchen. Obwohl es dem Sonntagsgebot zuwiderläuft, lag der Anteil katholischer Gottesdienstbesucherinnen und -besucher im Jahr 2016 jedoch bei gerade einmal gut zehn Prozent. Dieser Wert stellt insofern einen recht dramatischen Rückgang dar, als die entsprechende Quote im Jahr 1980 noch bei gut 27 Prozent gelegen hatte – wir haben es also mit einem bemerkenswerten Rückgang um 63 Prozent innerhalb von dreieinhalb Jahrzehnten zu tun. Die vergleichsweise flache Kurve des evangelischen Gottesdienstbesuchs täuscht indes auf den ersten Blick darüber hinweg, dass auch die evangelische Kirche zwischen 1980 und 2016 einen Rückgang der Gottesdienstbesuche um 28 Prozent zu verbuchen hatte.

Überhaupt gilt es auch in diesem Fall, die Erhebungsmodalitäten der Daten methodologisch zu reflektieren. Im Falle der evangelischen Kirche kommen die Zahlen dadurch zustande, dass die zuständigen Pfarrerinnen und Pfarrer regelmäßig selbst die Teilnehmerinnen und Teilnehmer an den von ihnen geleiteten Gottesdiensten zählen. Im Fall der katholischen Kirche hingegen werden die Besucherinnen und Besucher von Sonntagsgottesdiensten aller deutschen Pfarreien jeweils am zweiten Fastensonntag und am zweiten Sonntag im November gezählt. Diese Erhebungstermine jedoch sind den Pfarrern – und zum Teil sicherlich auch den Gemeindemitgliedern – im Vorfeld bekannt. Zu vermuten ist daher, dass zumindest einige Gemeinden gezielte Maßnahmen ergreifen, um gerade an diesen Sonntagen für eine höhere Besucherzahl zu sorgen, etwa indem sie besonders festliche Elemente in die betreffenden Gottesdienste aufnehmen. Wäre dies der Fall, wären die oben präsentierten Zahlen aber artifiziell erhöht. Überhaupt nicht gezählt werden darüber hinaus die Besucherinnen und Besucher katholischer Werktagsgottesdienste. Ich hatte jedoch bereits darauf hingewiesen, dass Priester gerade unter der Woche einen besonders drastischen Rückgang der Besucherzahlen beklagen. Würde man diese statistisch berücksichtigen, fiele auch der Gesamtrückgang noch deutlicher aus.

Eine Trendwende in Bezug auf die Teilhabe an kirchlichen Angeboten ist vorerst nicht in Sicht – ganz im Gegenteil. Will man die zukünftige Entwicklung prognostizieren, muss man nämlich auch die Altersstruktur der Besucherinnen und Besucher von Gottesdiensten berücksichtigen. Diesbezüglich sieht die Lage aus Sicht der Kirchen wenig vielversprechend aus: So geben zwar annährend drei Viertel der über 70-jährigen Mitglieder der evangelischen Kirche an, der Gottesdienstbesuch sei ihnen „sehr" bzw. „eher wichtig". Von den unter 30-Jährigen hingegen tun dies nur 30 Prozent – während 70 Prozent der jüngeren Kirchenmitglieder einen Gottesdienstbesuch als „weniger" oder „nicht wichtig" ansehen (Bedford-Strohm und Jung 2015: 481).

Es muss noch einmal betont werden, dass sich die bislang diskutierten Daten auf die beiden christlichen Kirchen Deutschlands beziehen. Nicht erfasst wurden mithin einerseits der Organisationsgrad und die Teilhabe anderer Religionsgemeinschaften, etwa die Besucherinnen und Besucher von Moscheen und Synagogen. Ebenfalls außen vor bleiben der Organisationsgrad und die Teilhabe neuer religiöser Bewegungen. Hier haben wir es gewissermaßen mit einem weit verbreiteten blinden Fleck der Religionssoziologie zu tun: In vielen Fällen konzentriert sich ihre Forschung auf große und etablierte religiöse Institutionen. Dies mag für die jeweiligen Untersuchungsergebnisse weniger entscheidend sein, da sowohl der Organisationsgrad als auch die Teilhabe kleinerer bzw. neuerer Religionsgemeinschaften im Vergleich zu den christlichen Großkirchen deutlich ge-

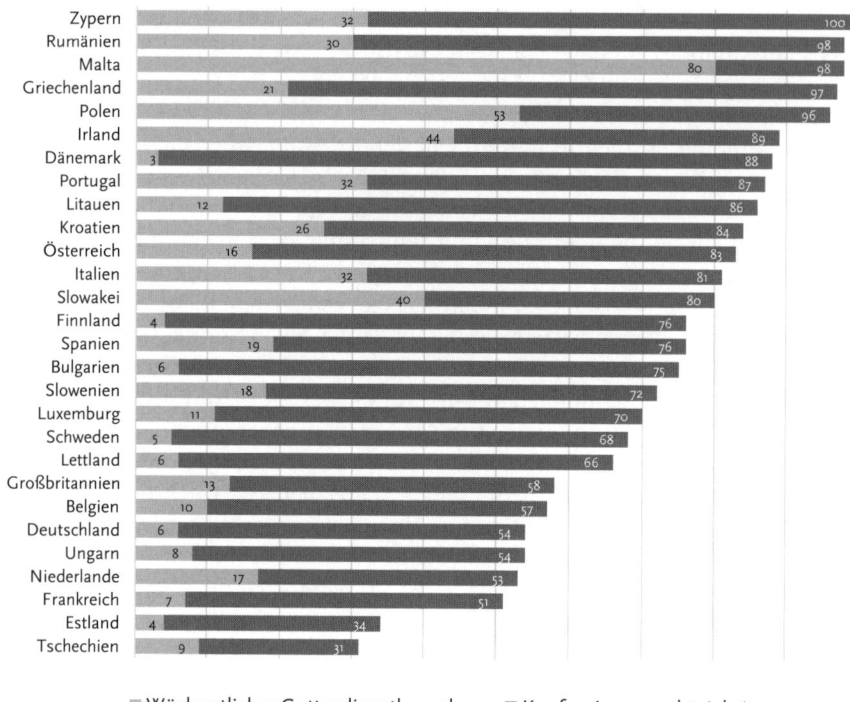

Abbildung 4: Kirchliche Religiosität im europäischen Vergleich
Eigene Darstellung. Daten: EVS 2008. Angaben in Prozent der Gesamtbevölkerung.

ringer ausfallen (Hero 2010). Nichtsdestotrotz werden wir uns in Kapitel 3 auch mit Religiosität beschäftigen, die jenseits der Kirchentore stattfindet. Andererseits – und dies scheint mir problematischer – beziehen sich die bislang präsentierten Daten nur auf Deutschland. Schon im europäischen Vergleich zeigen sich jedoch erhebliche Unterschiede zwischen den einzelnen Ländern (Abbildung 4).

Wie Sie in Abbildung 4 unschwer erkennen können, liegt Deutschland im Vergleich zu den übrigen Mitgliedsstaaten der Europäischen Union sowohl in Bezug auf den Organisationsgrad kirchlicher Religion als auch in Bezug auf die Teilhabe an kirchlichen Angeboten im unteren Drittel. Die meisten anderen Länder weisen in der ersten Dekade des 21. Jahrhunderts einen deutlich höheren Anteil von Kirchenmitgliedern an der Gesamtbevölkerung auf. Insbesondere Zypern, Rumänien, Malta, Griechenland und Polen sind diesbezüglich zu nennen, wo der Anteil Konfessionsangehöriger jeweils deutlich über 90 Prozent liegt. In Bezug auf den Gottesdienstbesuch sticht vor allem Malta heraus, wo vier Fünftel der Bevölkerung mindestens einmal pro Woche einen Gottesdienst besuchen. Im Vergleich zu Deutschland weisen lediglich Lettland, Bulgarien, Schweden, Finnland, Estland und vor allem Dänemark geringere Besuchsquoten auf. Noch einmal gänzlich anders sieht die Lage außerhalb Europas aus: In Lateinamerika beispielsweise lag die Quote der Konfessionsangehörigkeit zur Jahrtausendwende nahezu durchgängig über 90 Prozent, ebenso in weiten Teilen Afrikas (Barrett et al. 2001). Wir müssen daher festhalten, dass sich das Phänomen leerer Kirchen zwar in Deutschland und einigen anderen westlichen Ländern beobachten lässt – keineswegs jedoch handelt es sich um ein universelles Phänomen, das weltweit zu beobachten wäre.

Auf Basis der bislang vorgestellten Befunde ließe sich die zusammenfassende Vermutung anstellen, dass lediglich kirchliche Religion – etwas soziologischer ausgedrückt: organisierte Formen von Religion – an Bedeutung verlören. Diese These ließe sich zunächst durchaus plausibel begründen, wenn man annimmt, dass die Mitglieder moderner Gesellschaften immer weniger bereit sind, sich langfristig an (religiöse) Organisationen zu binden und organisationale Erwartungen an die eigene Lebensführung zu akzeptieren. Würde diese These stimmen, würden zwar die Werte in Bezug auf Organisationsgrad und Teilhabe sinken, andere Werte hingegen, beispielsweise der Glaube an Gott und individuelle religiöse Praktiken, müssten stabil bleiben. Werfen wir daher im folgenden Abschnitt einen Blick auf die Entwicklung des Transzendenzbezugs innerhalb der deutschen Bevölkerung.

2.1.3 Sinkender Transzendenzbezug

Wie verbreitet der Transzendenzbezug innerhalb einer Gesellschaft ist, lässt sich über verschiedene Kennzahlen erfassen. Von diesen werde ich im vorliegenden Abschnitt zwei herausgreifen: den Glauben an Gott und das Beten zu Gott. Der *Glaube an Gott* wird regelmäßig im religionssoziologischen Schwerpunkt der „Allgemeinen Bevölkerungsumfrage der Sozialwissenschaften (Allbus)“ erfasst. Dort wird erhoben, ob die repräsentativ ausgewählten Befragten der folgenden Aussage zustimmen: „Es gibt einen Gott, der sich persönlich mit jedem Menschen befasst“. Die entsprechenden Zustimmungswerte der vergangenen drei Erhebungen finden Sie in Tabelle 2.

Tabelle 2: Glaube an Gott (nach Kohorten)

	vor 1919		1919-1932		1933-1945		1946-1959		1960-1972		1973-1989		nach 1989	
	West	Ost	West	Ost	West	Ost	West	Ost	West	Ost	West	Ost	West	Ost
1991	50,7	41,4	45,9	20,1	41,0	13,3	34,7	7,7	36,3	10,9	33,4*	0,0*		
2002	64,7	33,3	50,0	35,8	48,5	22,6	40,9	15,1	38,5	14,4	40,1*	15,5*		
2012			54,7**	17,4**	40,9	22,7	38,8	10,0	38,3	14,1	38,4	13,4	31,7	12,0

Eigene Berechnung. Daten: Allbus 1991, 2002, 2012. * alle nach 1972 Geborenen. ** alle vor 1933 Geborenen. Zustimmung zur Aussage „Es gibt einen Gott, der sich persönlich mit jedem Menschen befasst“. Angaben in Prozent.

Zugegebenermaßen ist Tabelle 2 einigermaßen komplex und enthält eine Fülle von Daten. Versuchen wir daher, die dargestellten Werte systematisch zu erschließen. Zunächst fällt Ihnen vielleicht auf, dass ich die Daten nach sogenannten Kohorten gruppiert habe. Hierbei handelt es sich sozusagen um eine Gruppierung nach Generationen. Mit dieser verbinden empirische Sozialforscherinnen und -forscher zwei Annahmen: Zum einen geht es ihnen um die Frage, ob ein Phänomen von Kohorte zu Kohorte an Bedeutung verliert bzw. gewinnt. Zum anderen möchten sie prüfen, ob bestimmte Kohorten aufgrund bestimmter historischer Rahmenbedingungen bestimmte Merkmale aufweisen. Beides ist hier der Fall: Zum einen sehen Sie, dass von den später Geborenen deutlich weniger Befragte angeben, an Gott zu glauben, als von den früher Geborenen. Offenbar sinkt der Glaube an Gott von Generation zu Generation – was auch für die Zukunft einen immer weniger verbreiteten Gottesglauben prognostizieren lässt. Zum anderen sehen Sie, dass bestimmte Kohorten einen besonders geringen Gottesglauben aufweisen. Dies gilt beispielsweise für Ostdeutsche, die zwischen 1946 und 1959 geboren wurden. Hier handelt es sich ja um Menschen, die ihre komplette Kindheit und Jugend unter den religionsfeindlichen Bedingungen der DDR verbracht haben (vgl. Kap. 2.1.1). Es handelt sich um Menschen, die zum Zeitpunkt des Zusammenbruchs der DDR zwischen 30 und 43 Jahren alt waren. Offenbar wurden sie in Bezug auf ihren Glauben am stärksten von den restriktiven gesellschaftlichen Rahmenbedingungen geprägt. Früher Geborene hingegen konnten ihre religiöse Identität bereits vor Staatsgründung der DDR ausbilden. Später Geborene indes waren deutlich jünger als sie mit der grundgesetzlich verbrieften Religionsfreiheit des wiedervereinigten Deutschlands konfrontiert wurden; sie geben wieder häufiger an, an Gott zu glauben. Tabelle 2 macht somit noch einmal deutlich, wie wichtig es ist, in Bezug auf Religion zwischen den alten und den neuen Bundesländern zu unterscheiden. In allen Kohorten nämlich fiel der Gottesglaube bei Ostdeutschen zu allen Befragungszeitpunkten geringer aus als bei Westdeutschen.

Von derartigen Kohorteneffekten zu unterscheiden sind sogenannte biografische Effekte. Bei ihnen geht es nicht um die Frage, ob sich die Bedeutung eines Phänomens von Generation zu Generation verändert, sondern darum, ob dies im Laufe eines individuellen Lebens der Fall ist. Im religionssoziologischen Diskurs wird diesbezüglich häufig die These vertreten, dass Religion mit zunehmendem Lebensalter an Bedeutung gewinnt. Auch diese Annahme wird durch die in Tabelle 2 dargestellten Daten zumindest teilweise bestätigt. Nehmen wir beispielsweise die zwischen 1960 und 1972 Geborenen: Zum Zeitpunkt der Befragung im Jahr 1991 waren diese zwischen 19 und 31 Jahren alt, bei der Befragung 2002 zwischen 30 und 42 Jahren sowie bei der Befragung 2012 zwischen 40 und 52 Jahren. Im Jahr 1991 gaben aus dieser Kohorte 36,3 Prozent der Westdeutschen und 10,9 Prozent der Ostdeutschen an, dass sie an Gott glauben; im Jahr 2012 taten dies aus derselben Kohorte 38,3 bzw. 14,1 Prozent – jeweils zumindest ein leichter Anstieg mit zunehmendem Lebensalter. Auch für den Großteil der ande-

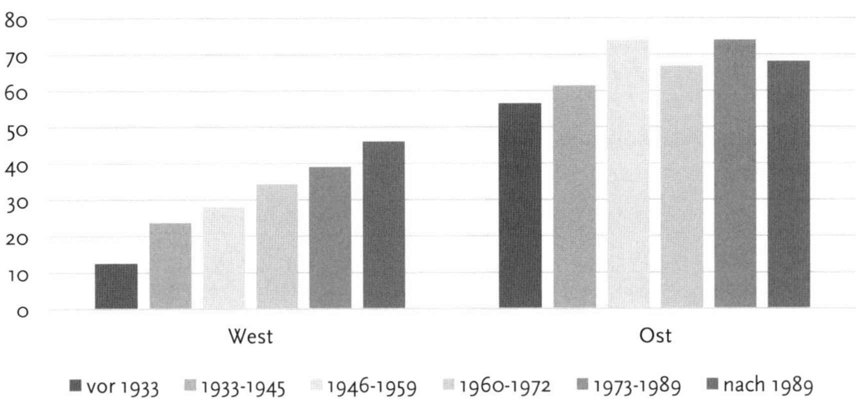

Abbildung 5: Niemals beten (nach Kohorten)
Eigene Darstellung. Daten: Allbus 2012. Angaben in Prozent.

ren Spalten der Tabelle gilt, dass der Gottesglaube bei einer Befragung im höheren Alter weiter verbreitet war als bei einer Befragung in jüngeren Jahren.

Wenden wir uns damit einer zweiten Kennzahl zu, anhand derer sich der Transzendenzbezug einer Gesellschaft erfassen lässt: der religiösen *Praxis des Betens*. Auch hiernach wird im Rahmen der Allbus-Erhebung regelmäßig gefragt. Stellt man den Prozentsatz der Befragten, die angeben, niemals zu beten, grafisch dar, so ergibt sich für das Jahr 2012 ein recht eindrucksvolles Bild: Von Kohorte zu Kohorte steigt der Anteil Niemals-Betender nahezu durchgängig – erneut mit erheblichen Unterschieden zwischen West- und Ostdeutschland (Abbildung 5).

Schaut man genauer in die vorliegenden Daten zum Beten, zeigen sich auch hier biografische Effekte: In nahezu allen Kohorten sinkt der Anteil Niemals-Betender nämlich mit zunehmendem Lebensalter, sowohl in den alten als auch in den neuen Bundesländern (Tabelle 3). Ausreißer sind diesbezüglich lediglich die vor 1919 geborenen Ostdeutschen sowie die zwischen 1960 und 1972 geborenen Westdeutschen. Bei ersteren mag eine mögliche Erklärung darin liegen, dass sie zum Zeitpunkt des Zusammenbruchs der DDR bereits 70 Jahre oder älter waren, sie also auch ihre letzte Lebensphase unter religionsfeindlichen Bedingungen begonnen hatten. Letztere hingegen waren zum Zeitpunkt der Befragung im Jahr 2012 erst zwischen 40 und 52 Jahren alt. Hier mag es so sein, dass sie eine Verstärkung ihrer Gebetspraxis noch vor sich haben.

Tabelle 3: Niemals beten (nach Kohorten)

	vor 1919		1919-1932		1933-1945		1946-1959		1960-1972		1973-1989		nach 1989	
	West	Ost	West	Ost	West	Ost	West	Ost	West	Ost	West	Ost	West	Ost
1991	14,4	35,1	21,9	62,8	24,4	67,9	33,5	76,3	32,8	78,6	45,5*	83,3*	-	-
2002	17,6	16,7	14,2	41,0	18,0	60,1	24,3	71,1	32,6	77,2	33,5*	68,5*	-	-
2012	-	-	12,5**	56,5**	23,6	61,3	28,1	74,1	34,3	66,9	39,2	74,1	46,1	68,0

Eigene Berechnung. Daten: Allbus 1991, 2002, 2012. * alle nach 1972 Geborenen. ** alle vor 1933 Geborenen. Angaben in Prozent.

Zusammenfassend können wir festhalten, dass in modernen Gesellschaften nicht nur organisierte Formen von Religion – gemessen am Organisationsgrad der Kirchen und der Teilhabe an ihren Angeboten – an Bedeutung zu verlieren scheinen. Darüber hinaus sind auch der Glaube an Gott und die religiöse Praxis des

Sinkender Organisationsgrad, sinkende Teilhabe und sinkender Transzendenzbezug

In Deutschland sind sowohl der Organisationsgrad der christlichen Kirchen als auch die Teilhabe an kirchlichen Angeboten und der gesellschaftliche Transzendenzbezug rückläufig.

In Bezug auf den *Organisationsgrad* gilt: War Mitte der 1950er Jahre noch fast die gesamte Bevölkerung Mitglied der katholischen oder evangelischen Kirche, ist es heute nur noch gut die Hälfte. Nennenswerten Einfluss auf diese Entwicklung haben vor allem das religionsfeindliche Klima in der ehemaligen DDR und die stetig steigende Anzahl von Kirchenaustritten. Die formale Kirchenmitgliedschaft jedoch sagt wenig über deren Qualität: Einerseits gibt es einen hohen Anteil nomineller Mitglieder, die eine indifferente oder kritische Haltung gegenüber der Kirche entwickelt haben, aber (noch) nicht ausgetreten sind. Andererseits haben christliche Inhalte auch für viele Nicht-Mitglieder eine nach wie vor hohe Bedeutung.

In Bezug auf die *Teilhabe* an kirchlichen Angeboten gilt: Im Gegensatz zu anderen europäischen Ländern, vor allem aber im Gegensatz zu außereuropäischen Ländern, sinken die Besuchszahlen von Gottesdiensten kontinuierlich – mit erheblichen Unterschieden zwischen der katholischen und der evangelischen Kirche.

In Hinblick auf den *Transzendenzbezug* gilt: Von Kohorte zu Kohorte sinkt der Anteil von Menschen, die an Gott glauben. Gleichzeitig steigt der Anteil von Menschen, die niemals beten. Dabei zeigen sich erhebliche Differenzen zwischen Ost- und Westdeutschland. Zu berücksichtigen sind ferner biografische Effekte: Offenbar gewinnen Gottesglaube und religiöse Praktiken mit zunehmendem Lebensalter an Bedeutung.

Betens rückläufig, was für einen abnehmenden Transzendenzbezug moderner Gesellschaften spricht. Damit haben wir unsere systematische Beobachtung des Phänomens leerer Kirchen zunächst abgeschlossen. Bevor wir die hier präsentierten Daten im Sinne der Säkularisierungstheorie deuten können, sollten wir genauer schauen, wie sie eigentlich zustande kommen. Im folgenden Abschnitt werde ich daher die beiden Ansätze sozialwissenschaftlicher Forschung und die wichtigsten Datenquellen der Religionssoziologie vorstellen.

2.1.4 Religionssoziologische Datenquellen

In der Soziologie haben sich zwei grundlegend verschiedene Ansätze etabliert, empirische Daten zu erheben und auszuwerten: die quantitative und die qualitative Sozialforschung. *Quantitative Sozialforscherinnen und -forscher* arbeiten meist mit sogenannten standardisierten Fragebögen, die präzise formulierte Fragen umfassen und den Befragten verschiedene Möglichkeiten vorgeben, diese zu beantworten. Derartige Fragebögen werden einer sogenannten Zufallsstichprobe vorgelegt, also einer großen Anzahl zufällig ausgewählter Menschen, welche die Gesamtbevölkerung in Hinblick auf wesentliche Merkmale wie Alter, Geschlecht, Wohnort etc. repräsentieren. An politischen Meinungsumfragen, die Sie sicherlich aus den Medien kennen, nehmen beispielsweise meist rund 1.000 Befragte teil; im Rahmen der Allbus-Erhebung, die wir im vorhergehenden Abschnitt bereits als Datenquelle herangezogen haben, sind es rund 3.500. In dieser großen Anzahl repräsentativer Befragter liegt der Vorteil quantitativer Sozialforschung: Bei einem solchen Erhebungsumfang kann berechtigt angenommen werden, dass es möglich ist, valide Rückschlüsse von der befragten Stichprobe auf die Grundgesamtheit zu ziehen, also meist auf die Gesamtbevölkerung. Der Nachteil quantitativer Sozialforschung besteht hingegen darin, dass man immer nur diejenigen Daten erfassen kann, nach denen man explizit gefragt hat. Religiöse Phänomene oder Praktiken beispielsweise, an die bei der Konstruktion des Fragebogens – aus welchen Gründen auch immer – nicht gedacht wurde, können in den Untersuchungsergebnissen nicht berücksichtigt werden. Darüber hinaus ist die quantitative Religionsforschung mit einem semantisch-assoziativen Problem konfrontiert. Viele Menschen nämlich setzen das, was sie als Religion bezeichnen, mit dem gleich, was sie mit Kirche assoziieren (Knoblauch 2009: 30). Wenn nun beispielsweise die Frage gestellt wird: „Bezeichnen Sie sich als religiösen Menschen?“, mag es passieren, dass der bzw. die Befragte mit dem Begriff „religiös“ lediglich kirchliche Religion assoziiert. Angesichts der verbreiteten indifferenten und kritischen Haltung gegenüber Kirche (vgl. Kap. 2.1.1) besteht dann die Gefahr, dass die Antwort auf eine derartige Frage negativ ausfällt. Legt man ein substanzielles Religionsverständnis zugrunde (vgl. Kap. 1.1), ist dies weniger problematisch. Geht man aber im Sinne eines funktionalen Religionsverständnisses davon aus, dass es soziale Phänomene gibt, welche die Funktionen von Religion erfüllen ohne in einem Zusammenhang mit Kirchlichkeit zu stehen, ist die negative Antwort nur sehr eingeschränkt verwertbar, um Rückschlüsse auf die tatsächliche Religiosität des bzw. der Befragten zu ziehen. Um das Problem der vorschnellen Assoziation von Kirche zu umgehen, wechseln manche Forscherinnen und Forscher schlicht die Begrifflichkeit. Statt nach Religiosität zu fragen, stellen Sie dann beispielsweise die Frage „Bezeichnen Sie sich als spirituellen Menschen?" Auch hier haben wir es aber – nun sozusagen umkehrt – mit einem semantisch-assoziativen Problem zu tun. Diesbezüglich stelle ich mir immer vor, was meine verstorbene und kirchentreue Großmutter wohl auf eine derartige Frage nach Spiritualität geantwortet hätte. Vermutlich so etwas wie: „Mit Sektenkram und Hexenwerk will ich nichts zu tun haben." Sie sehen also: Die Religiosität einer Gesellschaft quantitativ vermessen zu wollen, ist kein leichtes Unterfangen.

Qualitative Sozialforschung hingegen verfolgt einen grundlegend anderen Ansatz. Sie stellt einzelne Menschen in den Mittelpunkt ihres Erkenntnisinteresses, führt also sogenannte Fallstudien durch. Daten werden hier in erster Linie durch teilnehmende Beobachtungen und verschiedene Formen des offenen Interviews gewonnen (Heiser 2017a). Der Vorteil dieses Vorgehens besteht darin, einen einzelnen Fall deutlich umfänglicher und intensiver analysieren zu können als im Rahmen einer standardisierten Befragung. Vor allem wird es dem bzw. der Interviewten überlassen, während des Interviews selbst Themen und Prioritäten zu setzen. Auf diese Weise kann sich der bzw. die Forschende von neuen Erkenntnissen überraschen lassen – beispielsweise von einer Facette von Religiosität, an die im Vorfeld der Studie noch gar nicht gedacht worden war. Der Nachteil qualitativer Sozialforschung besteht indes darin, dass im Regelfall nur ausgesprochen wenige Fälle analysiert werden können, im Extremfall sogar nur ein Einzelfall. Ein offenes Interview nämlich kann gut und gerne zwei Stunden oder deutlich länger dauern. Dessen Aufzeichnung muss dann aufwendig verschriftlicht – in einschlägigen Begrifflichkeiten: transkribiert – werden, was noch einmal die zehnfache Zeit in Anspruch nimmt. Am Ende liegen dann vielleicht 50 Seiten Transkript vor, die es nun systematisch, regelgeleitet und transparent auszuwerten gilt. Fraglich bleibt dabei jedoch, inwieweit sich die Erkenntnisse aus der Analyse einzelner oder weniger Fälle zu allgemeinen Erkenntnissen in Bezug auf eine ganze Gesellschaft generalisieren lassen.

Sowohl quantitative als auch qualitative Ansätze finden in religionssoziologischer Forschung Anwendung – allerdings mit einem deutlichen Übergewicht zugunsten ersterer (Knoblauch 2003; vgl. Pickel und Sammet 2014). Häufig besteht dabei insofern ein methodologisches Problem, als die beiden Ansätze stark mit bestimmten religionssoziologischen Theorien verknüpft sind. So stützt die Säkularisierungstheorie ihre Annahme eines gesellschaftlichen Bedeutungsverlusts von Religion in erster Linie auf quantitative Daten – so wie ich es in den vorhergehenden Abschnitten getan habe. Die Individualisierungstheorie, die von einer stabilen Religiosität ausgeht, die lediglich ihre Formen wandelt, stützt ihre Annahme in erster Linie auf qualitative Daten. Angesichts einer derartigen paradigmatischen Ausgangslage besteht die Gefahr, dass die jeweiligen Forscherinnen bzw. Forscher nur diejenigen Daten erheben, die ihre jeweilige Theorie ohnehin stützen. Ein Ausweg kann allenfalls darin bestehen, sowohl quantitative als auch qualitative Daten zu berücksichtigen, um im Sinne einer Triangulation zu einem möglichst vollständigen Bild zeitgenössischer Religiosität zu gelangen. Zu diesem Zweck stehen der Religionssoziologie verschiedenste Datenquellen zur Verfügung. Zum einen liegt eine lange Reihe einzelner Studien vor – von der Hessen-Studie (Ebertz et al. 2012) und der Schweiz-Studie (Stolz et al. 2014) war beispielsweise schon die Rede. Darüber hinaus stammen quantitative und teils auch qualitative Daten mit religionssoziologischer Relevanz aus den folgenden Surveys:

Im Rahmen der *Allgemeinen Bevölkerungsumfrage der Sozialwissenschaften (Allbus)* werden alljährlich rund 3.500 repräsentativ ausgewählte Deutsche zu einer ganzen Reihe unterschiedlichster Themen befragt – vom Einkommen und der familiären Lebenssituation über Freizeitaktivitäten und politische Gesinnung bis hin zu bestimmten Einstellungen und zu ihrer Lebenszufriedenheit. Im Jahr 2016 umfasste die Befragung daher mehr als 750 Variablen. Die meisten dieser Fragen werden in jedem Jahr gestellt; darüber hinaus werden sie durch einen jährlich wechselnden Themenschwerpunkt ergänzt. Alle zehn Jahre ist dieser das Thema Religion. Zuletzt im Jahr 2012 wurden dabei zahlreiche Fragen zu religionssoziologischen Themen gestellt – von der Konfessionszugehörigkeit über die Teilhabe an kirchlichen Angeboten bis hin zum Glauben an Gott, Wunder, Engel, den Teufel oder die Wiedergeburt. Der große Vorteil der Allbus-Erhebung besteht in der jährlichen Wiederholung derartiger Fragen, die Längsschnittuntersuchungen möglich sind. Darüber hinaus sind die Daten auf der Webseite des Leibniz-Instituts für Sozialwissenschaften frei zugänglich (https://www.gesis.org/), dort können in komfortabler Weise auch eigene Berechnungen vorgenommen werden. Allerdings beziehen sich die Allbus-Daten nur auf Deutschland.

Bei dem von der Bertelsmann Stiftung herausgegebenen *Religionsmonitor* hingegen handelt es sich um eine internationale Studie, an der insgesamt 14.000 Befragte aus 13 Ländern teilnehmen. Die standardisierte Befragung umfasst hier etwa 100 Fragen und wurde bislang in den Jahren 2008 und 2013 durchgeführt. Neben einer Reihe von Standardfragen zu Konfessionszugehörigkeit, religiösen Praktiken und Wertorientierungen umfasst der Religionsmonitor jedes Mal auch einen thematischen Schwerpunkt – bei der letzten Erhebung handelte es sich hierbei um religiöse Vielfalt und gesellschaftlichen Zusammenhalt. Leider sind die Daten des Religionsmonitors deutlich schwerer zugänglich. Sein Wert besteht jedoch in der ländervergleichenden Perspektive, die noch einmal verdeutlicht, dass die gesellschaftliche Bedeutung von Religion in Deutschland nicht unmittelbar auf andere Länder übertragbar ist.

Zwar wurde, wie einleitend bereits erläutert, der Großteil sozialwissenschaftlicher Forschungsinstitute in kirchlicher Trägerschaft während der vergangenen Jahrzehnte geschlossen. Gleichwohl jedoch verfügen sowohl die katholische als auch die evangelische Kirche über professionelle *Statistikabteilungen*, die alljährlich eine Reihe kirchlicher Kennzahlen aufbereiten. Wer sich also beispielsweise für die Anzahl von Kirchenmitgliedern, Kirchenaustritten, Konversionen, Taufen, Trauungen und Beerdigungen interessiert oder auch für die Entwicklung des kirchlichen Personals und der kirchlichen Finanzen, wird hier fündig. Insbesondere auf der Webseite der Deutschen Bischofskonferenz (http://www.dbk.de/zahlen-fakten/kirchliche-statistik/) sind auch Rohdaten zur katholischen Kirche frei zugänglich.

Hervorheben möchte ich schließlich noch die alle zehn Jahre durchgeführte *Kirchenmitgliedschaftsuntersuchung (KMU)* der Evangelischen Kirche in Deutschland. Hierbei handelt es sich um die einzig verbliebene größere Studie, die von einer Kirche getragen wird – ein „Selbstbeobachtungsinstrument [...], das weltweit einzigartig sein dürfte" (Pollack 2015: 451f.). Mittlerweile liegt die fünfte Erhebung vor, die in einem ansprechend gestalteten Auswertungsband nebst CD-ROM ausführlich dokumentiert wird (Bedford-Strohm und Jung 2015). Zuletzt im Jahr 2012 wurden rund 2.000 Mitglieder der evangelischen Kirche sowie 1.000 Konfessionslose zu unterschiedlichsten Aspekten des Gemeindelebens befragt. Von Interesse ist die Kirchenmitgliedschaftsuntersuchung einerseits aufgrund ihres Längsschnittcharakters, der es ermöglicht, langfristige Entwicklungstrends zu identifizieren. Zum anderen umfasst sie immer wieder methodologische Neurungen. In der dritten Erhebung war dies beispielsweise die Aufnahme qualitativer Daten, in der aktuellen Erhebung die Netzwerkanalyse einer ausgewählten Kirchengemeinde (Hermelink und Weyel 2015: 23ff.). Problematisch an den beiden letztgenannten Datenquellen ist jedoch freilich ihr Fokus auf kircheninterne Daten. Man erfährt mithin einiges über kirchliche Religion, die jedoch – so viel sollte bislang klar geworden sein – nicht mit gesellschaftlicher Religiosität gleichgesetzt werden darf.

Daten zu Kirchlichkeit und Religiosität in Deutschland

Allgemeine Bevölkerungsumfrage der Sozialwissenschaften (ALLBUS)
https://www.gesis.org/allbus/allbus/
Deutsche Bischofskonferenz (DBK): Kirchliche Statistik
http://www.dbk.de/zahlen-fakten/kirchliche-statistik/
Evangelische Kirche in Deutschland (EKD): EKD-Statistik
https://www.ekd.de/22114.htm
Evangelische Kirche in Deutschland (EKD): Kirchenmitgliedschaftsuntersuchung (KMU)
https://www.ekd.de/ekd_de/ds_doc/ekd_v_kmu2014.pdf
Bertelsmann Stiftung: Religionsmonitor
https://www.bertelsmann-stiftung.de/de/unsere-projekte/religionsmonitor/

Eine Übersicht über weitere, auch internationale Datenquellen, die für religionssoziologische Forschung von Bedeutung sind, finden Sie im Informationsteil des vorliegenden Buches.

2.2 Aktueller Diskurs zur Säkularisierung der Gesellschaft

Im Folgenden wenden wir uns der Frage zu, wie sich die oben präsentierten Daten zum sinkenden Organisationsgrad der christlichen Kirchen, zur sinkenden Teilhabe an ihren religiösen Angeboten sowie zum sinkenden Transzendenzbezug der Gesellschaft soziologisch erklären lassen. Als möglichen Erklärungsansatz werde ich Ihnen mit der Säkularisierungstheorie die erste von insgesamt drei Theorien vorstellen, die den aktuellen religionssoziologischen Diskurs bestimmen. Die Bühne der Religionssoziologie betrat die Säkularisierungstheorie Mitte der 1960er Jahre, ausgelöst insbesondere durch eine einschlägige Monografie von Peter L. Berger (1967). Ihr Grundgedanke ist zu diesem Zeitpunkt allerdings keineswegs neu, sondern vielmehr als unmittelbares Erbe und wissenschaftliche Wendung der Religionskritik zu verstehen. Diese wurde bereits von Immanuel Kant, David Hume und Voltaire vorgebracht und hat sich im Nachgang der europäischen Aufklärung immer stärker etabliert. Zu denken ist in diesem Zusammenhang beispielsweise an Friedrich Nietzsches (1882) Formel „Gott ist tot“ oder an Karl Marx (1844), der Religion als „Seufzer der bedrängten Kultur“ und „Opium des Volkes“ polemisiert hatte. Darüber hinaus zählten Ludwig Feuerbach und Sigmund Freud zu den prominenten Vertretern der Religionskritik, die letztlich den Ausgangspunkt der Religionssoziologie bildet (Pickel 2011: 60ff.).

Diesem langen historischen Vorlauf mag es geschuldet sein, dass die Säkularisierungstheorie ihre Vormachtstellung innerhalb des religionssoziologischen Diskurses über mehrere Jahrzehnte verteidigen konnte. Bis in die 1990er Jahre galt es vielen Soziologinnen und Soziologen als Selbstverständlichkeit, dass Religion in modernen Gesellschaften zunehmend an Bedeutung verliert. Auch außerhalb der Religionssoziologie gewann die Vorstellung einer religionsfreien Gesellschaft an Bedeutung – die Rede von Säkularisierung wurde zum Gemeinplatz in den Massenmedien ebenso wie im öffentlichen Diskurs. Erst zögerlich, dann aber immer deutlicher wurden ab den 1970er Jahren jedoch auch kritische Stimmen laut. Ihre Kritik an den Annahmen der Säkularisierungstheorie werde ich im Folgenden ebenfalls nachzeichnen. Schließlich bildeten sich mit der Individualisierungstheorie und Marktmodellen alternative religionssoziologische Erklärungsansätze aus, auf die ich in den weiteren Kapiteln dieses Buches zu sprechen kommen werde.

2.2.1 Die Säkularisierungstheorie

Die Säkularisierungstheorie geht also davon aus, dass Religion in modernen Gesellschaften zunehmend an Bedeutung verliert. Diese Annahme wird von den einschlägigen Autorinnen und Autoren in unterschiedlicher Weise begründet, wobei sich zwei Argumentationslinien herauskristallisiert haben:

Die differenzierungstheoretische Variante der Säkularisierungstheorie geht von einer Beschränkung des Zuständigkeitsbereichs von Religion durch die funktionale Differenzierung moderner Gesellschaften aus.

Die modernisierungstheoretische Variante hingegen konstatiert ein unauflösbares Spannungsverhältnis zwischen Moderne und Religion.

Nehmen wir zunächst die *differenzierungstheoretische* Begründung der Säkularisierungstheorie in den Blick: Die Theorie funktionaler Differenzierung beschreibt den historischen Entwicklungsprozess von archaischen zu modernen Gesellschaftsformen (Abbildung 6). Archaische Gesellschaften waren geprägt von einer segmentären Differenzierung. Nebeneinander existierten kleine und räumlich voneinander getrennte soziale Einheiten, beispielsweise Clans, Stämme und Dörfer. Deren Mitglieder hatten im Wesentlichen gleiche soziale Rollen inne; Rollendifferenzierungen hatten nur marginale Bedeutung und bezogen sich allenfalls auf das Geschlecht (Jäger vs. Sammlerinnen) oder das Lebensalter (Dorfältester). Folglich zeichneten sich segmentär differenzierte Gesellschaften durch ein allgemeines „Kollektivbewusstsein" (Durkheim 1893) aus, sodass jedes Individuum einer Einheit über den gleichen Wissensbestand verfügte – und mithin auch über die gleiche Religion. Die sozialen Einheiten waren in ihrem Verhältnis zueinander gleichartig und gleichrangig. In den antiken Hochkulturen und dem europäischen Mittelalter bildete sich dann jedoch eine stratifikatorische Differenzierung aus. Gesellschaften waren nun geprägt von einer Hierarchie sozialer Schichten, wie etwa Adel, Klerus, Bürgertum, Bauern und Besitzlose. Diese sozialen Einheiten waren nun ungleichartig und ungleichrangig; sie waren – wie man sich unschwer vorstellen kann – mit extrem unterschiedlichen Lebenschancen verknüpft. Auch die Religion war schichtspezifisch ausgeprägt: Verwaltet wurde sie ausschließlich vom Klerus; die unteren Schichten hingegen zeichneten sich durch eine eher passive Volksfrömmigkeit aus. Jedes Individuum konnte in stratifikatorisch differenzierten Gesellschaften nur genau einer einzigen Schicht angehören; ein Wechsel beispielsweise von Bauern in den Adel war ausgeschlossen.

Unsere heutigen funktional differenzierten Gesellschaften zeichnen sich schließlich durch eine hochspezialisierte Arbeitsteilung aus. Durch sie hat sich ein Nebeneinander verschiedener Teilsysteme etabliert, unter anderen die Teilsysteme *Politik, Wirtschaft, Wissenschaft* und *Religion.* Diese Teilsysteme verfügen über jeweils eigenständige Sinnstrukturen und autonome Regeln. Das Individuum gehört dabei in Form unterschiedlicher sozialer Rollen jeweils verschiedenen Teilsystemen gleichzeitig an. Beispielsweise bewege ich mich als Soziologe im Teilsystem *Wissenschaft,* als Kunde im Teilsystem *Wirtschaft* und als Gläubiger im Teilsystem *Religion.* Für unsere Zwecke entscheidend ist, dass die Teilsysteme funktional differenzierter Gesellschaften zwar ungleichartig, aber prinzipiell gleichrangig sind. Auch das Religionssystem ist folglich eines von mehreren gleichrangigen Teilsystemen.

Wenn Religion aber ‚nur noch' als eines von mehreren gleichrangigen Teilsystemen zu verstehen ist, dann bildet sie eben keinen „heiligen Baldachin" (Berger

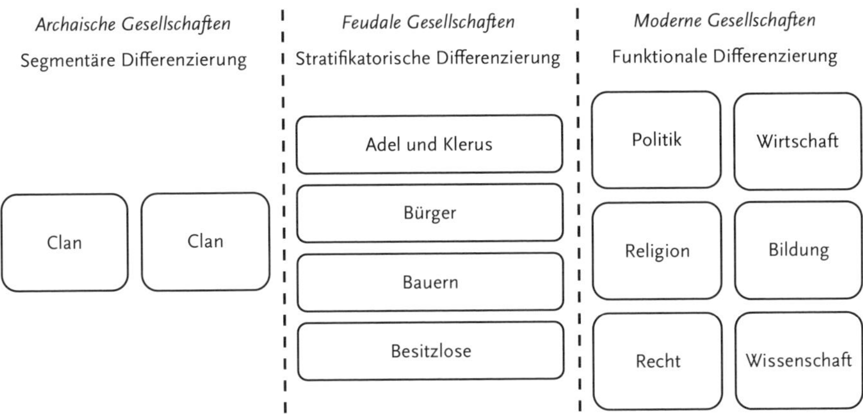

Abbildung 6: Gesellschaftliche Differenzierungsformen
Eigene Darstellung

1967) mehr, der einen herausgehobenen Einfluss auf die gesamte Gesellschaft aufweisen würde. Vielmehr haben sich die Teilsysteme moderner Gesellschaften auf spezifische Aufgabenbereiche spezialisiert, bei deren Lösung die Religion ihre Zuständigkeit verliert. Der Zuständigkeitsbereich von Religion wird daher – so die zentrale Argumentation der differenzierungstheoretischen Säkularisierungstheorie – durch funktionale Differenzierung beschränkt. In den Worten des US-amerikanischen Religionssoziologen Peter L. Bergers (1967: 103) werden „Teile der Gesellschaft und Ausschnitte aus der Kultur aus der Herrschaft religiöser Institutionen und Symbole entlassen". In modernen Gesellschaften kommt es zu einem „Rückzug der christlichen Kirchen aus Bereichen, die vorher unter ihrer Kontrolle oder ihrem Einfluss gestanden haben".

Die *moderinisierungstheoretische* Variante der Säkularisierungstheorie konstatiert demgegenüber ein unauflösbares Spannungsverhältnis zwischen Moderne und Religion. Religion verliere deshalb ihre Bedeutung, weil die Merkmale moderner Gesellschaften grundsätzlich inkompatibel seien mit den Merkmalen von Religion. Genannt werden in diesem Zusammenhang insbesondere die folgenden Prozesse:

- *Rationalisierung*: Durch Rationalisierungsprozesse, insbesondere durch immer umfangreichere wissenschaftliche Erkenntnisse, kommt es zu einem Vertrauensverlust in religiöse Erklärungsansätze. Beispielsweise vermuten wir hinter einem Gewitter heute im Allgemeinen nicht mehr einen zornigen Zeus, der Blitze vom Olymp schleudert, sondern erklären das Phänomen auf physikalisch-meteorologische Weise. Einen ähnlichen Vertrauensverlust hat auch die christliche Schöpfungsgeschichte angesichts des Siegeszugs der Evolutionstheorie erlebt. Eine derartige Ersetzung religiöser durch wissenschaftliche Erklärungen hat bereits Max Weber (1919: 535) als „Entzauberung“ der Lebenswelt bezeichnet.

- *Industrialisierung*: Durch die fortschreitende Industrialisierung moderner Gesellschaften kam es zu einer verstärkten Bindung des Individuums an Arbeit und Beruf. In ökonomischen Arbeitsprozessen jedoch spielen religiöse Orientierungen nur eine untergeordnete Rolle. Berufsarbeit und die mit ihr einhergehende Zugehörigkeit zu einer bestimmten Berufsgruppe hingegen spielen entscheidende Rollen für die Identität eines Individuums. Sie verdrängen religiöse Quellen der Identitätsbildung.
- *Demokratisierung*: Auch demokratische Entscheidungsprozesse, welche die Entscheidungsgewalt auf den Souverän der Bevölkerung übertragen, sind wesentliches Kennzeichen moderner Gesellschaften. Sie stellen die Legitimität der hierarchisch organisierten Kirchenstruktur, in der die Entscheidungsgewalt einer begrenzten Elite vorbehalten bleibt, grundsätzlich in Frage.
- *Bürokratisierung*: Die zunehmende Bürokratisierung aller Lebensbereiche führt zur Versachlichung von Organisationsstrukturen und des in ihrem Rahmen vollzogenen Handelns. Moderne Organisationen basieren auf Prinzipien, die als sachlich-rationale Notwendigkeiten deklariert werden. Ideelle und religiöse Begründungen von Strukturen und Handlungen hingegen werden im Regelfall nicht mehr als legitim anerkannt.
- *Urbanisierung*: In modernen Gesellschaften lebt ein stetig wachsender Anteil der Bevölkerung in (Groß-)Städten. Diese Urbanisierung entzieht insbesondere der kirchlich organisierten Religion ihre lokale Basis. In den immer dünner besiedelten ländlichen Räumen hingegen können die Kirchen ihre gesellschaftliche Bedeutung aufgrund ihrer dort stabileren Netzwerkstrukturen erfolgreicher verteidigen (Bruce 2002).
- *Wohlstandssteigerung*: Finanzieller Wohlstand ermöglicht dem Individuum eine verstärkte Kontrolle über seine Umwelt; er reduziert Unsicherheiten und Kontingenz (Davie 2007: 225ff.). Damit übernimmt der zunehmende Wohlstand moderner Gesellschaft eine Funktion, die ich in Kapitel 1.1 als wichtige Funktion von Religion diskutiert hatte. Norris und Inglehart (2004) können anhand einer umfangreichen empirischen Vergleichsstudie zeigen, dass die gesellschaftliche Bedeutung von Religion dort besonders hoch ist, wo die Bevölkerung von Armut bedroht ist und unter erheblicher sozialer Unsicherheit leidet.
- *Pluralisierung*: In Kapitel 4.2 werde ich genauer auf die Pluralisierung des religiösen Felds zu sprechen kommen. Für den Moment ist wichtig, dass sich in modernen Gesellschaften neben den Kirchen eine Reihe weiterer Religionsgemeinschaften etabliert hat – seien es andere Weltreligionen, deren Organisationsgrad durch Migration steigt, oder neue religiöse Bewegungen wie New Age und Esoterik. Eine derartige Vielfalt konterkariert den Anspruch einzelner Religionen auf allgemeine Gültigkeit. Durch ein Nebeneinander von mehr oder minder gleichberechtigten Deutungsangeboten, entsteht darüber hinaus der Zwang, sich für einen Glauben entscheiden zu müssen.

Offenbar sind also moderne Gesellschaften geprägt von einer ganzen Reihe von Merkmalen, die denjenigen religiöser Traditionen teils fundamental entgegenstehen. Moderne Gesellschaften haben säkulare Werte ausgebildet, die zwar häufig religiösen Ursprungs sind, sich aber zunehmend von ihren religiösen Wurzeln gelöst haben. Der schweizerische Soziologe Peter Gross (2007: 21) hat hierfür ein recht lyrisches Bild biblischen Ursprungs geprägt: Die Himmelsleiter, auf der einst die Engel gen Himmel stiegen, schreibt er, sei gleichsam auf den Boden gefallen. Sie richte sich nun nicht mehr nach oben, sondern nach vorne. Will heißen: Statt ihr Heil im Jenseits zu suchen, indem sie im Diesseits ein frommes Leben führen, suchen moderne Menschen ihr Heil in der diesseitigen Zukunft. Diese Auffassung vertritt auch der deutsche Soziologe Ulrich Beck:

> „An die Stelle des Glaubens an die Erlösung durch göttliche Gnade tritt das subjektive Wissen, das aus Erfahrung und Experiment hervorgegangen ist; der Begriff der Sünde wird säkularisiert und seine Funktion übernimmt der Begriff der Ignoranz; und die Idee des Paradieses als zukünftiger Ort der Gesegneten wird ersetzt durch das Konzept der Selbstverwirklichung im Hier und Jetzt. [...] Immer seltener wird das Ideal mit dem künftigen Reich Gottes [...] gleichgesetzt, immer häufiger dagegen dem Individuum selbst auferlegt. Er oder sie soll im Reiche seines/ihres eigenen Lebens erreichen und errichten, was früher dem Paradies überantwortet oder zugemutet wurde: paradise now – im Hier und Jetzt des eigenen Lebens." (Beck 2008: 166)

Die für Religion konstitutive Verbindung von Diesseits und Jenseits – die Verbindung von Immanenz und Transzendenz – wird mithin immer mehr durch eine ausschließlich immanente Handlungsorientierung abgelöst. Dieser Prozess vollzieht sich keineswegs von heute auf morgen, sondern über mehrere Generationen hinweg. Es handelt sich um einen „schleichenden Prozess, der sich von Generation zu Generation vertieft und einiges mit einer immer stärker abnehmenden religiösen Sozialisation [...] zu tun hat". Gert Pickel (2011: 139) spricht hier an, wie man sich den von Generation zu Generation fortschreitenden Bedeutungsverlust von Religion konkret vorzustellen hat. Zentraler Mechanismus der Säkularisierung ist der abnehmende Stellenwert, den Religion im Rahmen der Erziehung von Kindern einnimmt. Etwas soziologischer formuliert, trägt die rückläufige religiöse Sozialisation wesentlich zum Bedeutungsverlust von Religion bei. Dies lässt sich auch empirisch gut beobachten: 70 Prozent der über 65-Jährigen Westdeutschen nämlich gaben bei ihrer Befragung im Rahmen des Religionsmonitors (Bertelsmann Stiftung 2014: 15) an, religiös erzogen worden zu sein. Von den unter 25-Jährigen Ostdeutschen hingegen, taten dies weniger als 15 Prozent. Die rückläufige religiöse Sozialisation bleibt freilich nicht folgenlos (Tabelle 4): Wer religiös erzogen wurde, gibt signifikant häufiger an, dass ihm bzw. ihr auch im Erwachsenenalter Religion (noch) wichtig sei. Wer hingegen nicht religiös erzogen wurde, glaubt später deutlich seltener an Gott und besucht deutlich seltener Gottesdienste. Ganz offenbar führen ein abnehmender Umfang an religiösem Wissen und, damit einhergehend, ausbleibende religiöse Erfahrungen dazu, dass ein Leben ohne Religion immer mehr Menschen als selbstverständlich erscheint.

Dass es vor diesem Hintergrund in absehbarer Zeit zu einer Renaissance der Religion kommt, erscheint ausgesprochen unwahrscheinlich.

Tabelle 4: Religiöse Sozialisation und Religiosität

	Wichtigkeit von Religion		Glaube an Gott		Regelmäßiger Gottesdienstbesuch	
	West	Ost	West	Ost	West	Ost
religiös erzogen	66	58	66	50	33	27
nicht religiös erzogen	20	14	29	11	8	9

Quelle: Bertelsmann Stiftung 2014: 16. Angaben in Prozent.

Schließlich möchte ich Sie noch auf einen der prominentesten zeitgenössischen Vertreter der Säkularisierungstheorie aufmerksam machen: den britischen Religionssoziologen Steve Bruce. In seinem pointiert betitelten Buch „God is dead" (2002) – wie Sie bereits wissen: eine Anspielung auf Nietzsches Religionskritik – setzt er sich ausführlich mit den beiden Varianten der Säkularisierungstheorie auseinander, um sie zu einem eigenen Säkularisierungsmodell zu integrieren. Zwar spricht Bruce einerseits vom Tode Gottes, da ein Verschwinden von Religion die logische Konsequenz ihres fortschreitenden Bedeutungsverlusts sei. Gleich-

Die Säkularisierungstheorie

Laut der Säkularisierungstheorie verliert Religion in der Moderne zunehmend an gesellschaftlicher Bedeutung. Begründet wird diese Annahme einerseits mit der *funktionalen Differenzierung* moderner Gesellschaften, in deren Folge das Teilsystem Religion ein anderen gegenüber gleichrangiges Teilsystem mit immer stärker begrenztem Zuständigkeitsbereich werde. Andererseits gerate Religion in ein *Spannungsverhältnis zur Moderne*. Zentrale Merkmale moderner Gesellschaften (Rationalisierung, Industrialisierung, Demokratisierung, Bürokratisierung, Urbanisierung, Wohlstandssteigerung und Pluralisierung) stünden in unauflösbarem Gegensatz zu den Merkmalen von Religion. Säkularisierung ist als langfristiger Prozess zu verstehen, der durch die abnehmende Bedeutung *religiöser Sozialisation* vorangetrieben wird.

Vertiefende Literatur zur Säkularisierungstheorie:

Bruce, Steve (2002) God is dead. Secularization in the West. Oxford: Blackwell.

Pollack, Detlef (2003) Säkularisierung – ein moderner Mythos? Studien zum religiösen Wandel in Deutschland. Tübingen: Mohr Siebeck.

Norris, Pippa/Ronald Inglehart (2004) Sacred and secular. Religion and politics worldwide. Cambridge: University Press.

Wolf, Christof (2008) How secularized is Germany? Cohort and comparative perspectives, Social Compass 55(2): 111-126.

zeitig aber schränkt er ein, dass es zu ihrem völligen Verschwinden nicht kommen werde: „The decline in the social significance of religion, in turn, reduces the number of people interested in religion. [...] But [...] there is no expectation that religion will disappear" (Bruce 2002: 41). Mit dieser Prognose reagiert Bruce auch auf die zunehmende Kritik an der Säkularisierungstheorie, die ich im folgenden Abschnitt nachzeichnen werde. Seine Prognose begründet er unter anderem mit der immer wieder zu beobachtenden Verteidigung der eigenen Kultur („cultural defense"): Wenn die eigene Kultur von außen bedroht werde, komme es zu Verteidigungsreaktionen, in deren Rahmen auch religiöse Traditionen wieder relevant gemacht werden – selbst wenn diese ansonsten eher wenig gesellschaftliche Bedeutung aufweisen. Bruce illustriert die Verteidigung der eigenen Kultur an den Beispielen des Nordirlandkonflikts und der Terroranschläge vom 11. September 2001. Aber auch dann, wenn in Deutschland bestimmte Gruppen und Parteien ihre „Leitkultur" vom Islam bedroht sehen, werden plötzlich wieder christliche Traditionen hervorgehoben, die in weiten Teilen der Bevölkerung eigentlich fast schon in Vergessenheit geraten waren.

2.2.2 Kritik an der Säkularisierungstheorie

Die These, dass Religiosität in modernen Gesellschaften zunehmend an Bedeutung verliert, ist freilich nicht ohne Kritik geblieben. Thomas Luckmann (1967) und Robert Bellah (1971), von denen in Kapitel 3.3 noch die Rede sein wird, haben die Säkularisierungstheorie bereits früh als „modernen Mythos" bezeichnet, der zwar in emotionaler Hinsicht ein kohärentes Bild der Wirklichkeit entwerfe, selbst aber eher einer religiösen Lehre gleiche als einer wissenschaftlichen Theorie (vgl. auch Pollack 2003). In ähnlicher Weise begreift Franz-Xavier Kaufmann (1989) Säkularisierung als beschreibenden, aber wenig erklärenden Begriff. Im aktuellen religionssoziologischen Diskurs zur Säkularisierungstheorie werden vor allem ihr teleologischer Charakter und ihr latenter Eurozentrismus kritisiert. Darüber hinaus wird das oben erläuterte Spannungsverhältnis von Moderne und Religion grundsätzlich in Frage gestellt. Diese drei Kritikpunkte werde ich im Folgenden näher beleuchten.

Der *teleologische Charakter* der Säkularisierungstheorie besteht darin, dass sie einen linearen, also immer weiter fortschreitenden Bedeutungsverlust von Religion annimmt. Schließlich wird sich die Begrenzung ihres Zuständigkeitsbereichs durch funktionale Differenzierung ebenso wenig auflösen lassen wie das Spannungsverhältnis zwischen säkularen Werten und religiösen Traditionen. In der logischen Konsequenz heißt dies jedoch, dass Religion irgendwann überhaupt keine Bedeutung mehr hätte. Folglich wäre Gott eines Tages – ganz im Sinne Nietzsches, aber nicht im Sinne von Bruce – tatsächlich tot. Eine derartige Teleologie übersieht jedoch, dass der Bedeutungsverlust von Religion eben nicht linear verläuft, sondern in Schüben und Wellen. Säkularisierung ist sowohl begrenzt auf bestimmte zeitliche Phasen als auch auf bestimmte Regionen. In Hinblick auf die zeitliche Begrenzung lässt sich nach dem Zweiten Weltkrieg zwar in der Tat ein gesellschaftlicher Bedeutungsverlust von Religion beobachten. Keineswegs jedoch trifft dies beispielsweise auf die Erweckungsbewegung des 17. und 18. Jahrhunderts oder auf das sogenannte ‚zweite konfessionelle Zeitalter' zwischen der Mitte des 19. und der Mitte des 20. Jahrhunderts zu. Grace Davie (2007: 225ff.) weist außerdem darauf hin, dass die ansonsten nur mäßig besuchten Kirchen in Krisenzeiten durchaus zu stark nachgefragten symbolischen Zentren einer Gesellschaft werden können. In Hinblick auf die regionale Begrenzung von Säkularisierung lassen sich weltweit zahlreiche Beispiele dafür finden, dass Religion in bestimmten Regionen keineswegs an Bedeutung verliert – dass sie stellenweise sogar an Bedeutung gewinnt. In den USA beispielsweise sind nach wie vor 90 Prozent der Bevölkerung Mitglied einer Religionsgemeinschaft und 40 Prozent der Bevölkerung besuchen wöchentlich einen Gottesdienst. 80 Prozent der US-Amerikaner geben darüber hinaus an, dass sie an Gott glauben. In Südamerika hat die dort vorherrschende katholische Kirche bislang kaum Mitglieder oder Gottesdienstbesucher/innen verloren; in Indien finden sich mehr und mehr neue Formen des Hinduismus. Im postsozialistischen China indes lebt der Buddhismus wieder auf, während in Russland die orthodoxe Kirche heute wieder vermehrt auf gesellschaftliche Anerkennung stößt (Knoblauch 2009: 27f.). Wenn man diese Beispiele genauer betrachtet, muss man bedenken, dass die gesellschaftliche Bedeutung von Religion insbesondere in denjenigen Regionen konstant bleibt – oder sogar ansteigt –, in denen die Bevölkerung besonders schnell anwächst. Hans Joas (2007) prognostiziert daher, dass es in den kommenden Jahren unter dem Strich zu einem internationalen Bedeutungsgewinn von Religion kommen werde:

> „Man denke nur an Brasilien, Uganda oder die Philippinen, deren Bevölkerung sich seit 1974 verdoppelt hat. Einige dieser Länder werden 2050 erneut eine Verdoppelung oder mehr erfahren [...] Dabei ist die Demographie nicht die einzige Ursache für die rapide Ausbreitung des Christentums in der Welt. Entgegen den Erwartungen der Kritiker des Kolonialismus, die das Christentum als Implantat des Westens ohne Zukunft in fremder Umwelt betrachteten, begann eine rapide Ausbreitung des Christentums in Afrika, auch durch massenhafte Konversionen erst recht nach Ende der Kolonialherrschaft. Schätzungen besagen, daß gegenwärtig in Afrika pro Tag 23000 Menschen zur Zahl der Christen hinzukommen – durch Geburt, aber auch zu mehr als einem Sechstel durch Konversion. Der christliche Anteil an der afrikanischen Bevölkerung ist von 1965 bis 2001 von 25 auf 46 Prozent gestiegen. [...] Auch in Asien gibt es erstaunliche Erfolgsgeschichten des Christentums, am spektakulärsten wohl in Südkorea. [...] In Lateinamerika ist der Siegeszug der Pfingstbewegung und der protestantischen Sekten offensichtlich mehr als ein kurzlebiges Phänomen." (Joas 2007: 983)

Wir müssen also festhalten, dass es sich bei dem sinkenden Organisationsgrad, der sinkenden Teilhabe und dem sinkenden Transzendenzbezug, die wir in Kapitel 2.1 beobachtet haben, um spezifisch europäische Phänomene handelt. Ulrich Beck (2008: 39) spricht daher von einer „Enteuropäisierung des Christentums", das sein Zentrum nun auf andere Kontinente verlagere. Säkularisierung kann daher als europäischer Sonderweg verstanden werden, dessen Ursache in spezifischen historischen Rahmenbedingungen zu suchen ist: In Europa wurde die Moderne einer von kirchlicher Religion bestimmten Vormoderne abgerungen. Dazu waren regelrechte Revolutionen nötig, die zumeist gegen den erbitterten Widerstand der Kirchen vollzogen wurden. In Amerika hingegen ging es den europäischen Auswanderern in erster Linie darum, eine freiheitliche Gesellschaft aufzubauen, die sich explizit auf Europas religiöse Traditionen stützt (Zulehner 2002: 23).

Gegen die Säkularisierungstheorie muss angesichts dieses europäischen Sonderwegs eingewandt werden, dass sie sich allzu häufig auf empirische Daten stützt, die in Europa erhoben wurden. Der Säkularisierungstheorie wohnt – so der zweite wesentliche Kritikpunkt an ihr – ein *latenter Eurozentrismus* inne. Darüber hinaus beziehen sich die von der Säkularisierungstheorie zugrunde gelegten Daten in vielen Fällen ausschließlich auf die großen christlichen Kirchen. Will man valide Aussagen über die gesellschaftliche Bedeutung von Religion treffen, muss man jedoch auch andere Religionen berücksichtigen. In Deutschland gilt dies insbesondere für den Islam:

> „Gerade in Deutschland vollzieht sich die Wiederkehr der Religionen in die Öffentlichkeit nun aber vor dem Hintergrund, daß Moscheen gebaut, Kirchen jedoch geschlossen werden; ähnliches gilt auch für andere europäische Länder. Der Islam löst in Mitteleuropa Schreckensvisionen aus, die in vielen Kreisen eine regelrechte Islamphobie nach sich ziehen. Es ist daher kaum sinnvoll und möglich, den Säkularisierungstrend in Deutschland und Europa zu beschreiben, geschweige denn fortzuschreiben, wenn man die Lage der Muslime in Deutschland und Europa ausklammert. Das geht schon aus den unterschiedlichsten demographischen Daten (Geburtenzahlen) für Christen und Muslime hervor." (Beck 2008: 59f.)

Grundsätzlich in Frage gestellt wird drittens das von der Säkularisierungstheorie angenommene *Spannungsverhältnis von Moderne und Religion*. Problematisch erscheint in der Tat, dass die Säkularisierungstheorie Religion ausschließlich als abhängige Variable begreift. Ihre gesellschaftliche Bedeutung wird allein von den oben skizzierten Modernisierungsprozessen abhängig gemacht, von der Rationalisierung, der Industrialisierung, der Demokratisierung, der Bürokratisierung, der Urbanisierung, der Wohlstandssteigerung und der Pluralisierung moderner Gesellschaften. Gegen diese Annahme wendet die französische Religionssoziologin Danièle Hervieu-Léger (1990) ein, dass auch die Moderne religionsproduktiv sei. Sie bringe religiös begründete politische Utopien ebenso hervor wie individualisierte Formen von Religiosität. Diese Beobachtung kann auch dadurch erklärt werden, dass die Moderne neue Unsicherheiten und Kontingenzen hervorbringt, die einen „neuen Bedarf an Religion" erzeugen (Gabriel 1992: 158). Der Bedarf an „religiösen Hintergrundgewissheiten" sinke nämlich keinesfalls, ergänzt Friedrich Wilhelm Graf (2004) in seiner Monografie „Die Wiederkehr der Götter". Auf religiöse Hintergrundgewissheiten würden auch moderne Menschen „jenseits aller Zweckrationalität [...] angewiesen bleiben, in denen sie die steigenden Kontingenzen modernen Lebens, die vielen neuen Mobilitätsrisiken und die zeitlos elementaren Grunderfahrungen des Menschen [...] deuten können" (Graf 2004: 202). Dass bestimmte Formen von Religion in der Moderne somit an Bedeutung verlieren, andere Formen von Religion jedoch gleichzeitig an Bedeutung gewinnen, bezeichnet Ulrich Beck als „Säkularisierungsparadox":

> „Wir erleben am Beginn des 21. Jahrhunderts die Paradoxie des gleichzeitigen Falls und Aufstiegs von Religion. Europas Kathedralen sind in der Tat so inspirierend, so großartig, so leer. Wer dies mit einem abnehmenden Einfluss der Religion gleichsetzt, irrt. Das Gegenteil ist gleichzeitig wahr: Religiöse Themen und Konflikte haben die Spitze der Agenda erklommen in der Politik ebenso wie im Alltag und den biographisch-existentiellen Erfahrungen der Menschen. Dies äußert sich nicht in der massenhaften Ausbreitung von Duldsamkeit und Demut. Gott hat nun für viele etwas mit Terrorismus, Haß und Diskriminierung von Homosexuellen zu tun. Gemeindepfarrer, Nonnen und Priester, die sich in dem Modus vivendi als Mittler zwischen dem Heiligen und dem Säkularen in der Gottnische, mit Sonntagspredigt, Taufe und Totenmesse eingerichtet haben, verstehen – ähnlich wie die Gewerkschaften, deren Macht dahinschmilzt – die Welt nicht mehr." (Beck 2008: 161f.)

Zwar stellt Beck ein gesteigertes öffentliches und wissenschaftliches Interesse am Thema Religion fest, das empirisch auch tatsächlich nachweisbar ist. Fraglich ist jedoch, ob die gesteigerte Aufmerksamkeit für Religion wirklich mit einem Bedeutungsgewinn bestimmter Formen von Religion einhergeht. Unklar bleibt daher, ob die Aufmerksamkeitssteigerung tatsächlich in einer Bedeutungssteigerung begründet ist – oder ob sie ganz andere Gründe hat.

Basierend auf der Kritik an der Teleologie und dem Eurozentrismus der Säkularisierungstheorie sowie an dem von ihr unterstellten Spannungsverhältnis zwischen Moderne und Religion haben sich im religionssoziologischen Diskurs zunehmend Gegenbegriffe zur Säkularisierung etabliert. Peter L. Berger (1999) beispielsweise spricht angesichts des Bedeutungsgewinns bestimmter Formen von Religion in bestimmten Regionen von „Entsäkularisierung" bzw. – im englischsprachigen Original – von „desecularization". Darüber hinaus betont der deutsche Philosoph und Soziologe Jürgen Habermas (2001) in einer vielbeachteten Rede zur Verleihung des Friedenpreises des Deutschen Buchhandels die hohe Resistenz von Religion gegenüber Modernisierungsprozessen. Für diese prägt er den Begriff „postsäkulare Gesellschaft":

> „Damit ist nicht nur die Tatsache gemeint, dass sich die Religion in einer zunehmend säkularen Umgebung behauptet und dass die Gesellschaft bis auf weiteres mit dem Fortbestehen der Religionsgemeinschaften rechnet. Der Ausdruck ‚postsäkular' zollt den Religionsgemeinschaften auch nicht nur öffentliche Anerkennung für den funktionalen Beitrag, den sie für die Reproduktion erwünschter Motive und Einstellungen leisten. Im öffentlichen Bewusstsein einer postsäkularen Gesellschaft spiegelt sich vielmehr eine normative Einsicht, die für den politischen Umgang von ungläubigen mit gläubigen Bürgern Konsequenzen hat. In der postsäkularen Gesellschaft setzt sich die Erkenntnis durch, dass die ‚Modernisierung des öffentlichen Bewusstseins' phasenverschoben religiöse wie weltliche Mentalitäten reflexiv erfasst." (Habermas und Ratzinger 2005: 33)

Kritik an der Säkularisierungstheorie

Die von der Säkularisierungstheorie vertretene Annahme, dass Religion in modernen Gesellschaften zunehmend an Bedeutung verliere, wird in drei Hinsichten kritisiert. Ihr *teleologischer Charakter* führt – logisch zu Ende gedacht – zu der Prognose, dass Religion ihre gesellschaftliche Bedeutung eines Tages völlig eingebüßt hat. Hierfür jedoch gibt es keine Anzeichen. Ihr *latenter Eurozentrismus* führt dazu, dass die Säkularisierungstheorie hauptsächlich europäische Kennzahlen berücksichtigt. Außerhalb Europas aber hat Religion eine deutlich höhere und mitunter sogar zunehmende gesellschaftliche Bedeutung. Das von der Säkularisierungstheorie vorausgesetzte *Spannungsverhältnis von Moderne und Religion* schließlich wird kritisiert, weil auch die Moderne (neue) Formen von Religion hervorbringt.

Zusammenfassend können wir festhalten, dass die These von der Säkularisierung moderner Gesellschaft sicherlich nicht unbegründet ist. Man wird die Säkularisierungstheorie daher keineswegs zu Grabe tragen müssen, wie es Rodney Stark und Roger Finke (2000: 79) recht polemisch zu tun versucht haben:

> „Nach beinah drei Jahrzehnten großartig gescheiterter Prognosen und irreführender Einschätzungen der Vergangenheit und Zukunft ist es nun an der Zeit, die Säkularisierungsthese auf dem Friedhof der falschen Theorien zu begraben und dort ein requiescat in pace zu flüstern."

Angesichts der durchaus frappierenden Unterschiede der gesellschaftlichen Bedeutung von Religion in verschiedenen Epochen und Regionen muss man jedoch von nicht-linearen und multiplen Säkularisierungsprozessen ausgehen (Martin 2005). Säkularisierung manifestiert sich in Westeuropa anders als in Osteuropa, sie nimmt in den USA einen anderen Verlauf als in Südamerika, Afrika oder Asien. Auch in den einzelnen sozialstrukturellen Milieus einer Gesellschaft nimmt Säkularisierung unterschiedliche Formen an. In den USA beispielsweise erfasst sie zwar das Denken der Eliten, nicht jedoch die Massen der Bevölkerung (Beck 2008: 58). Als akzeptabler Kern der Säkularisierungstheorie ist die Begrenzung der Zuständigkeit von Religion angesichts der funktionalen Differenzierung moderner Gesellschaften zu verstehen. Überall dort kann also unproblematisch von Säkularisierung gesprochen werden, wo gemeint ist, dass nicht-religiöse gesellschaftliche Funktionsbereiche sich von den Vorgaben und der Kontrolle durch religiöse Institutionen lösen (Wohlrab-Sahr 2001). Ein allgemeiner Verlust der gesellschaftlichen Bedeutung von Religion geht mit der funktionalen Differenzierung allerdings nicht zwangsläufig einher. Zwar lässt sich ein derartiger Bedeutungsverlust in Teilen Europas durchaus beobachten – auch und insbesondere in Deutschland. In der Moderne strukturell angelegt ist er aber offenbar nicht. Nur dort ist es zu Verfallserscheinungen gekommen, wo sich religiöse Institutionen gegen die Beschränkung ihres Zuständigkeitsbereichs zu wehren versucht haben. Wo sich religiöse Institutionen hingegen auf die funktionale Differenzierung eingelassen und ihre Rolle als Freiwilligen-Organisation frühzeitig angenommen haben – wie beispielsweise in den USA –, haben sich säkularisierungsresistente und modernitätskonforme Formen von Religion etabliert.

Eine derartige Anpassung von Religion an ihre gesellschaftliche Umwelt bedeutet auch, dass es zu einem Wandel der Formen von Religion kommt. Jenseits etablierter religiöser Institutionsformen, wie etwa der Kirchen, zeigt sie sich in modernen Gesellschaften auch in individualisierten und pluralisierten Formen. Auf diese werde ich in den Kapiteln 3 und 4 genauer zu sprechen kommen. Zuvor jedoch werden wir uns mit der Frage beschäftigen, was die Klassiker der Soziologie zur gesellschaftlichen Bedeutung von Religion gedacht und geschrieben haben.

2.3 Klassische Konzeptionen der gesellschaftlichen Bedeutung von Religion

Im Folgenden werfen wir einen Blick zurück zu den Anfängen der Soziologie. Mit August Comte, Émile Durkheim und Max Weber werde ich drei ihrer wichtigsten Gründerväter vorstellen. Im Zentrum unserer Betrachtung wird dabei freilich ihr jeweiliges religionssoziologisches Werk stehen. Gleichwohl werde ich zunächst jeweils einige Anmerkungen zum allgemeinen Soziologieverständnis der einzelnen Autoren machen. Die Kenntnis einiger Grundbegriffe nämlich erscheint mir nötig, um ihre spezifischeren religionssoziologischen Überlegungen nachvollziehen zu können. Darüber hinaus kann man das Werk eines Autors bzw. einer Autorin meines Erachtens nur dann adäquat verstehen, wenn man es vor dem Hintergrund seiner historischen und persönlichen Kontextbedingungen exegiert. Daher werde ich holzschnittartig auch die Biografien der vorgestellten Autoren nachzeichnen.

2.3.1 Auguste Comte und das Drei-Stadien-Gesetz

Beginnen wir mit dem Mann, dem die Soziologie ihren Namen zu verdanken hat: Auguste Comte. Der französische Philosoph beschäftigte sich bereits in der ersten Hälfte des 19. Jahrhunderts mit soziologischen Fragestellungen – in einer Zeit also, in der sich die Soziologie noch nicht als eigenständige wissenschaftliche Disziplin etabliert hatte. Seine soziologischen Überlegungen haben zwar eher den Charakter vager Gemeinplätze, die einer empirischen Überprüfung nicht unmittelbar standhalten. Grundlegend für die später von Émile Durkheim vorangetriebene akademische Etablierung der Soziologie ist gleichwohl, dass schon Comte die Gesellschaft als singuläres Phänomen begreift – als *Realität sui generis.* Insbesondere sei sie nicht durch eine bloße Aggregation individuellen Handelns zu erklären. Gesellschaft ist in Comtes Vorstellung mehr als die Summe ihrer

Teile, sie ist – wie man heute sagen würde – ein emergentes Phänomen. Auch deshalb solle Gesellschaft zum Untersuchungsgegenstand einer eigenständigen wissenschaftlichen Disziplin werden, die Comte erstmals als Soziologie bezeichnet. Aus der Biologie übernimmt er die Beobachtung als wichtigste Methode zur Untersuchung der Gesellschaft. Im Gegensatz zur Biologie solle die Soziologie bei der Gewinnung neuer Erkenntnisse jedoch historisch-komparativ vorgehen. Dies mache sie zu einer singulären Disziplin, die unter den Wissenschaften eine Führungsrolle bei der Reorganisation der Gesellschaft einnehmen könne (Bock 2012).

AUGUSTE COMTE

Isidore Marie Auguste François Xavier Comte wurde 1798 in Montpellier als Sohn eines Finanzbeamten geboren. Als ältestes von vier Geschwistern absolvierte er seine schulische Ausbildung in Montpellier, bevor er 1814 ein mathematisch-naturwissenschaftliches Studium an der renommierten École Polytechnique in Paris aufnahm. Schon früh zeigten sich hier Charakterzüge, die ihm zeit seines Lebens Schwierigkeiten bereiten sollten: ein aufbrausendes Temperament, die Ablehnung von Autoritäten und ein häufig arrogant wirkendes Selbstbewusstsein (Bock 2012: 39f.). Nach einer Studentenrevolte wurde die École Polytechnique im Jahr 1816 vorübergehend geschlossen, sodass Comte sein Studium kurzzeitig an der medizinischen Hochschule daheim in Montpellier fortsetzen musste. Schon bald jedoch kam es zum Zerwürfnis mit seiner streng katholischen und monarchistischen Familie. Comte zog daraufhin erneut nach Paris und verdiente seinen Lebensunterhalt mit Gelegenheitsarbeiten. Parallel setzte er sein Studium in Eigenregie fort und beschäftigte sich insbesondere mit den Schriften von Montesquieu, David Hume und Immanuel Kant.

1818 wurde Comte Student, Freund und Sekretär des Politikers und Schriftstellers Graf Claude-Henri de Saint-Simon, der seinen Schüler in die intellektuelle Pariser Gesellschaft einführte. In dessen Zeitschriften veröffentlichte Comte auch seine ersten Aufsätze, bevor er 1822 mit „Plan der wissenschaftlichen Arbeiten, die für eine Reorganisation der Gesellschaft notwendig sind" ein bis heute grundlegendes Werk des Positivismus publizierte. 1824 trennten sich Comte und Saint-Simon im Streit. Vergeblich bemühte sich Comte daraufhin um die Anstellung an einer Universität, sodass er Vorträge zunächst in seiner Privatwohnung halten musste; Vorlesungen, die durchaus auch von renommierten Wissenschaftlern besucht wurden. 1826 erkrankte Comte an schweren Depressionen und wurde in eine psychiatrische Anstalt eingewiesen, die er jedoch auf eigenen Wunsch schon bald wieder verließ; 1827 misslang ein Selbstmordversuch (Pickering 2006). In den folgenden Jahren veröffentlichte Comte auf Basis seiner Vorlesungen sein sechsbändiges Hauptwerk „Cours de philosophie positive". Ab 1832 war er als Repetitor an den Aufnahmeprüfungen der École Polytechnique beteiligt – auch diese Anstellung verlor er jedoch. Ab 1844 war Comtes Leben geprägt von einer unerwiderten Liebe zu Clotilde Marie de Vaux, die er nach ihrem Tod kultisch verehrte. Aus dieser Verehrung entwickelte er 1847 die von ihm gleichsam prophetisch verkündete „Religion der Menschheit", eine Art neuer Kirche, die auf positivistischen Erkenntnissen einer soziologischen Wissenschaft beruhen sollte. Der Positivismus verdankt Comte einen bedeutsamen Vertreter, die Soziologie verdankt ihm ihren Namen. Die Reputation einer akademischen Position blieb Comte dennoch stets verwehrt. Er starb 1857 in Paris an Magenkrebs.

19. Februar 1798	Geburt in Montpellier
1814	Studium an der École Polytechnique, Paris
1816	Studium an der medizinischen Hochschule, Montpellier
1818	Sekretär von Claude-Henri de Saint-Simon
1824	Tätigkeit als Privatgelehrter
1832	Repetitor an der École Polytechnique, Paris
5. September 1857	Verstorben in Paris

Zu den Hauptwerken Comtes zählen:

Comte, Auguste (1822/1973) Plan der wissenschaftlichen Arbeiten, die für eine Reorganisation der Gesellschaft notwendig sind. München: Hanser.

Comte, Auguste (1838/1933) Die Soziologie. Die Positive Philosophie. Leipzig: Kröner.

Comte, Auguste (1842/1969) Cours de philosophie positive. Paris: Culture et Civilisation.

Alle wissenschaftlichen Publikationen Comtes finden sich in einem von der Pariser Edition Anthropos herausgegebenen französischsprachigen Gesamtwerk.

Neben dem Eigentum, der Familie, der Sprache und der Arbeitsteilung ist die Religion für Comte das wichtigste Phänomen, das von der Soziologie untersucht werden solle. Von analytischem Interesse sei sie insbesondere, weil sie sowohl das individuelle wie auch das gesellschaftliche Leben regele und auf diese Weise den Zusammenhalt der Gesellschaft sicherstelle. Darüber hinaus bestehe eine Besonderheit von Religion darin, dass sie den Menschen ganzheitlich anspreche: Über religiöse Dogmen würden der Verstand des Menschen adressiert, über religiöse Rituale seine Gefühle. In Hinblick auf den Wandel der gesellschaftlichen Bedeutung von Religion ist vor allem das von Comte (1838: 2f.) formulierte *Drei-Stadien-Gesetz* von Belang, für das er universelle Gültigkeit reklamiert. Diesem ‚Gesetz' zufolge durchlaufen sämtliche soziale Phänomene – von der lebensgeschichtlichen Entwicklung des menschlichen Geistes über die Entwicklungsgeschichte der positiven Wissenschaften bis hin zur historischen Entwicklung von Gesellschaften – drei Stadien. Motor der Entwicklung ist für Comte das Bestreben von Individuen, Wissenschaften und Gesellschaften, ihre jeweilige Umwelt erfassen und in eine sinnstiftende Ordnung bringen zu wollen. Sie streben nach einem kohärenten, also letztlich völlig positivistischen, Weltbild. Dabei durchlaufen sie zunächst ein theologisch-fiktives, sodann ein metaphysisch-abstraktes und schließlich ein wissenschaftlich-positives Stadium.

- Im *theologisch-fiktiven Stadium* werden alle Erkenntnisse und Erfahrungen menschengleich gedachten Göttern zugeschrieben. Beispielsweise hatte ich bereits darüber gesprochen, dass Gewitter in diesem Entwicklungsstadium durch den Zorn des Göttervaters Zeus erklärt werden, der Blitze vom Olymp schleudert. In Bezug auf die Entwicklung des menschlichen Geistes entspricht ein derartiges Erklärungsmuster dem Stadium der Kindheit, in Bezug auf die Gesellschaft der vorwissenschaftlichen Epoche.
- Im *metaphysisch-abstrakten Stadium* werden hinter Erkenntnissen und Erfahrungen keine menschengleichen Götter mehr vermutet, sondern abstrakte Einheiten, wie beispielsweise ‚die Natur' oder ‚das Leben'. Die Besonderheit des metaphysisch-abstrakten Stadiums besteht darin, dass religiöse Erklärungsmuster ihre Relevanz zwar nicht völlig verlieren, aber zunehmend von naturwissenschaftlichen Erklärungsmustern determiniert werden. Auch hierfür hatte ich bereits ein Beispiel genannt: die biblische Schöpfungsgeschichte. Ihre Grundidee wird von den jüdisch-christlichen Religionen weiterhin vertreten, ihre Details aber müssen nun mit der Evolutionstheorie in Einklang gebracht werden.
- Im *wissenschaftlich-positiven Stadium* schließlich können nahezu alle Erkenntnisse und Erfahrungen durch wissenschaftliche Modelle erklärt werden. Bei seiner Ordnung der Welt begnügt sich der Mensch nun also mit der Aufstellung allgemeiner Gesetze – ohne weiter nach metaphysischen Ursachen zu fragen. Religion wird daher im wissenschaftlich-positiven Stadium zu einem überholten Erklärungsmuster der menschlichen und gesellschaftlichen Entwicklung.

Trotz ihres besonderen Stellenwerts verliert Religion dem Drei-Stadien-Gesetz zufolge immer weiter an gesellschaftlicher Bedeutung; sie wird mehr und mehr durch wissenschaftliche Erkenntnisse ersetzt (Knoblauch 1999: 25). Allerdings werden die drei Entwicklungsstadien unterschiedlich schnell durchlaufen: Bei einfachen Phänomenen geht die Entwicklung vom theologisch-fiktiven zum wissenschaftlich-positiven Stadium schneller voran als bei komplexeren. Dies stellt für Comte den eigentlichen Motor der Entwicklung dar und bedeutet für unsere Zwecke zweierlei: Zum einen wird es in absehbarer Zukunft weiterhin hochkomplexe Phänomene geben, die (noch) nicht rein wissenschaftlich erklärt werden können. In Bezug auf derartige Phänomene behalten auch religiöse Erklärungsmuster ihre Bedeutung. Es kommt folglich nicht zu einem völligen Verlust der gesellschaftlichen Bedeutung von Religion, sondern lediglich zu einer Beschränkung des Zuständigkeitsbereichs, wie wir ihn oben bereits diskutiert haben. Zum anderen hat man es als Soziologe bzw. als Soziologin bei der Gesellschaft mit ei-

Das Drei-Stadien-Gesetz

Das Drei-Stadien-Gesetz stellt die prominenteste Theorie Comtes dar, mit der er die Entwicklung des menschlichen Geistes ebenso wie diejenige der Gesellschaft universell zu beschreiben versucht. Ihr zufolge durchlaufen Individuen, Gruppen und Gesellschaften drei aufeinanderfolgende Entwicklungsstufen: Im *theologisch-fiktiven Stadium* werden sämtliche Erkenntnisse und Erfahrungen menschengleich gedachten Göttern zugeschrieben. Im *metaphysisch-abstrakten Stadium* werden religiöse Erklärungen durch abstrakte naturwissenschaftliche Erkenntnisse determiniert. Im *wissenschaftlich-positiven* Stadium werden religiöse Erklärungen zunehmend durch wissenschaftliche ersetzt, was den Zuständigkeitsbereich von Religion immer weiter beschränkt. Die Entwicklungsstadien werden nicht in Bezug auf alle Erkenntnisse und Erfahrungen gleich schnell durchlaufen; daher verbleibt der Religion auch weiterhin gesellschaftliche Bedeutung zur Erklärung hochkomplexer Phänomene.

nem ausgesprochen komplexen Phänomen zu tun, das sich in all seiner Komplexität kaum wissenschaftlich erfassen lässt. Auch hiermit rechtfertigt Comte die von ihm reklamierte Führungsrolle der Soziologie innerhalb der Wissenschaten. Neben der philosophisch-soziologischen Analyse der Bedeutung von Religion in modernen Gesellschaften entwirft Comte – auch hierauf müssen wir trotz aller Skurrilität kurz zu sprechen kommen – selbst eine eigene Religion (sic!). Deren Hintergrund ist ein biografisch-tragischer: Ab dem Jahr 1844 war Comtes Leben bestimmt von seiner enttäuschten, weil unerwiderten Liebe zur Großbürgersgattin Clotilde Marie de Vaux. Nach deren frühem Tod beginnt Comte damit, de Vaux kultisch und gottgleich zu verehren. Aus dieser Verehrung heraus entwickelt er die von ihm sogenannte *„Religion der Menschheit“*. Nahezu prophetisch ruft er eine Art neuer Kirche aus, die allein auf soziologischen Erkenntnissen beruhen und das Zentrum positivistischer Gesellschaften bilden solle. Da die moderne Gesellschaft ihr theologisch-fiktives Stadium jedoch mittlerweile weitgehend überwunden hat, kann nicht eine transzendente Göttlichkeit im Mittelpunkt seiner Religion stehen. Objekt der Verehrung ist vielmehr ein immanentes: die Menschheit selbst. Verehrungswert sei insbesondere die „ideale Menschheit“, die sich in „vorbildlichen Menschen“ äußere. Comte ist nahezu besessen von seiner Religion: Leidenschaftlich buchstabiert er sie immer detaillierter aus, indem er positivistische Dogmen verfasst und einen positivistischen Kalender entwickelt sowie die Architektur und personelle Besetzung positivistischer Tempel en detail beschreibt.

Comtes analytisches Frühwerk ist mithin ausgesprochen produktiv für die Soziologie: Diese verdankt ihm nicht nur ihren Namen, sondern auch ihren Untersuchungsgegenstand, dessen Entwicklungsstadien Comte in Form eines theoretischen Modells konzeptionell beschreibt. Sein Spätwerk hingegen nimmt ausgesprochen skurrile Züge an.

2.3.2 Émile Durkheim und die elementaren Formen des religiösen Lebens

Blieben die Überlegungen Comtes zur Entwicklung moderner Gesellschaften eher vager philosophischer Natur (vgl. Kap. 2.3.1), ging es Émile Durkheim darum, die Soziologie systematisch und nachhaltig als eigenständige wissenschaftliche Disziplin zu etablieren. Dieses Anliegen machte er im Jahr 1887 bereits im Rahmen seiner Antrittsvorlesung als Dozent für Pädagogik an der Universität von Bordeaux deutlich. Dort grenzte Durkheim die Soziologie nicht nur von anderen Wissenschaften ab, sondern beschrieb vor allem die beiden Dinge, die jede Wissenschaft für ihre Eigenständigkeit benötigt: einen spezifischen Untersuchungsgegenstand und eine spezifische Methode, mit der sie diesen Gegenstand untersuchen kann.

ÉMILE DURKHEIM

Émile David Durkheim wurde 1858 im lothringischen Städtchen Épinal als Sohn eines Rabbiners in achter Generation geboren. Als mit Abstand jüngstes von fünf Geschwistern wuchs er – bis zu einer größeren Erbschaft der Familie Durkheim – zunächst in eher bescheidenen Verhältnissen auf. Überschattet wurde seine Kindheit vom preußisch-französischen Krieg der Jahre 1870 und 1871. Bereits in dieser Zeit begann sich bei Durkheim eine Ansicht auszubilden, die er zeit seines Lebens vehement vertreten sollte: Der (Neu-)Aufbau der französischen Nation könne nur mit Hilfe einer Wissenschaft gelingen, die es als ihre Aufgabe betrachte, anhand objektiver Maßstäbe eine demokratische Moral zu entwickeln. Durkheims Schulzeit verläuft problemlos; er überspringt gar zwei Klassen (Müller 2009: 7f.). Schwieriger hingegen gestaltet sich die Aufnahme an der École Normale Supérieure (ENS), Frankreichs intellektueller Kaderschmiede, deren Absolventen die Tür zu einer Professorenlaufbahn im Regelfall weit offen stand. Erst im dritten Anlauf besteht Durkheim die Aufnahmeprüfung – was in ihm nachhaltige Minderwertigkeitsgefühle auslöste (Šuber 2012: 13ff.). Während seines Studiums lernt Durkheim die Schriften von Auguste Comte und Herbert Spencer kennen; geprägt wird er darüber hinaus von seinen Lehrern Denis Fustel und Émile Boutroux. In diesem anregenden Kontext entwickelt er wesentliche Standpunkte seines soziologischen Denkens, allen voran den Wunsch nach einer Versöhnung von Individualismus und Sozialismus – einer Dialektik, die durchaus als Grundmotiv der Soziologie gelten kann.

Ab 1882 arbeitet Durkheim, wie für Absolventen der ENS üblich, zunächst für einige Jahre als Philosophie-Lehrer an verschiedenen französischen Gymnasien. Im Schuldienst jedoch fühlt er sich nicht sonderlich wohl und betätigt sich daher nebenberuflich als Rezensent wissenschaftlicher Schriften. Während eines Deutschlandaufenthalts im Jahr 1886 lernt er in Leipzig die innovative Experimentalpsychologie Wilhelm Wundts kennen sowie in Berlin und Marburg den Kathedersozialismus. Nach seiner Rückkehr nach Frankreich heiratet er Louise Dreyfus, mit der er zwei Kinder bekommen wird. 1887 tritt Durkheim seine erste Dozentur an: als Dozent für Pädagogik in Bordeaux. Schnell macht er sich innerhalb der Wissenschaftsgemeinde einen Namen – auch weil er seine öffentlichen Vorlesungen dazu nutzt, erstmals an einer französischen Universität soziologische Analysen zu präsentieren. Seine 15-jährige Tätigkeit in Bordeaux ist eine extrem arbeitsame Lebensphase, die seine Gesundheit an ihre Grenzen bringt (Šuber 2012: 29ff.). Neben seinen beiden Dissertationsschriften – seinerzeit war es in Frankreich üblich, sowohl eine lateinische als auch eine französische Arbeit zu verfassen – publizierte er zahlreiche Aufsätze, Rezensionen und zwei weitere seiner Hauptwerke. 1894 kam es zu einer Umwidmung seiner Dozentur: Fortan war Durkheim auch offiziell als Dozent für Soziologie tätig – ein Titel, den er sicherlich mit einigem Stolz trug. 1902 ging ein weiterer Traum Durkheims in Erfüllung: Er wurde als Dozent an die traditionsreiche Pariser Sorbonne berufen. Auch hier gerieten seine Vorlesungen zu legendären Massenveranstaltungen, und spätestens mit der Veröffentlichung seines Hauptwerks „Die elementaren Formen des religiösen Lebens" im Jahr 1912 wurde Durkheim weltweit bekannt. Mit Beginn des Ersten Weltkrieges jedoch wurden zahlreiche seiner Mitarbeiter eingezogen; viele begonnene Projekte, wie beispielsweise ein geplantes Opus Magnum mit dem Titel „Die Moral", mussten eingestellt werden. Bereits im zweiten Kriegsjahr fiel sein Sohn André – ein Schicksalsschlag, von dem sich Durkheim nie völlig erholen sollte. Er starb 1917 im Alter von 59 Jahren.

15. April 1858	Geburt in Lothringen
1879	Studium der Philosophie an der École Normale Supérieure in Paris
1882	Agrégation und Beginn des Schuldienstes als Lehrer an verschiedenen Gymnasien
1886	Auslandsaufenthalt in Leipzig, Berlin und Marburg
1887	Dozent für Pädagogik an der Universität Bordeaux
1892	Promotion zum Dr. phil.
1894	Professor für Pädagogik und Soziologie an der Universität Bordeaux
1898	Gründung des Jahrbuchs Année Sociologique
1902	Dozent für Pädagogik und Soziologie an der Sorbonne, Paris
1913	Professor für Pädagogik und Soziologie an der Sorbonne, Paris
17. November 1917	Verstorben in Paris

Durkheims wissenschaftliche Arbeiten machen ihn heute zu einem der wichtigsten Klassiker der Soziologie. Zu seinen Hauptwerken zählen:

Durkheim, Émile (1893/1992) Über soziale Arbeitsteilung. Studie über die Organisation höherer Gesellschaften. Frankfurt/Main: Suhrkamp.

Durkheim, Émile (1895/1961) Die Regeln der soziologischen Methode. Neuwied: Luchterhand.

Durkheim, Émile (1897/1983) Der Selbstmord. Frankfurt/Main: Suhrkamp.

Durkheim, Émile (1912/1998) Die elementaren Formen religiösen Lebens. Frankfurt/Main: Suhrkamp.

Durkheims Auffassung nach verfügt die Soziologie über

> „einen ausreichend definierten Gegenstand und eine Methode, ihn zu studieren. Der Gegenstand, das sind die sozialen Tatsachen, die Methode ist die Beobachtung und das indirekte Experimentieren, mit anderen Worten die vergleichende Methode." (Durkheim 1887: 44).

Nicht die Gesellschaft im Sinne eines abstrakten Oberbegriffs solle also Untersuchungsgegenstand der neuen Wissenschaft Soziologie sein – so wie Comte es vorgeschlagen hatte –, sondern die von Durkheim sogenannten *sozialen Tatsachen*. Hierunter versteht er

> „jede mehr oder minder festgelegte Art des Handelns, die die Fähigkeit besitzt, auf den Einzelnen einen äußeren Zwang auszuüben; oder auch, die im Bereiche einer gegebenen Gesellschaft allgemein auftritt, wobei sie ein von ihren individuellen Äußerungen unabhängiges Eigenleben besitzt." (Durkheim 1895: 114)

Durkheim benennt vier grundlegende Merkmale sozialer Tatsachen: ihre Äußerlichkeit, ihren Zwang, ihre Allgemeinheit und ihre Unabhängigkeit.

- *Äußerlichkeit*: Soziale Tatsachen existieren außerhalb des individuellen Bewusstseins. Sie sind daher weder biologisch noch psychologisch erklärbar und entspringen weder der Natur der Menschheit noch der Natur des Menschen. Soziale Tatsachen müssen vielmehr durch Sozialisation erworben werden.
- *Zwang*: Soziale Tatsachen haben imperativen Charakter und beeinflussen das Handeln von Akteuren. In den Worten Durkheims (1895: 106) sind sie „mit einer gebieterischen Macht ausgestattet". Diese kann ganz unterschiedliche Facetten annehmen: Sie kann beispielsweise durch rechtliche Normen auferlegt sein oder durch gesellschaftliche Gepflogenheiten.
- *Allgemeinheit*: Da soziale Tatsachen nicht der Natur des Menschen entspringen, treten sie nicht universell auf – also nicht zu jeder Zeit und an jedem Ort. Vielmehr haben wir es in spezifischen Gesellschaften mit je spezifischen sozialen Tatschen zu tun.
- *Unabhängigkeit*: Soziale Tatsachen führen ein von individuellen Ausprägungen unabhängiges Eigenleben. Sie können daher nicht unmittelbar von einzelnen

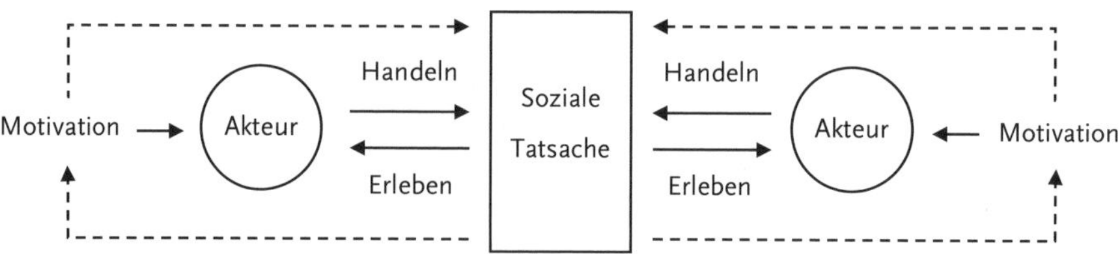

Abbildung 7: Interaktion und soziale Tatsachen
Eigene Darstellung

> Akteuren beeinflusst oder gar verändert werden. Vielmehr werden individuelle Besonderheiten durch die Aggregation der hohen Anzahl von Individuen innerhalb einer Gesellschaft wechselseitig neutralisiert.

Bei sozialen Tatsachen handelt es sich mithin um Phänomene, die zwar aus dem handelnden Zusammenwirken von Menschen – etwas soziologischer würde man sagen: aus der Interkation von Akteuren – entstehen, dann jedoch ein strukturelles Eigenleben entwickeln und auf das Handeln der Akteure zurückwirken. Verdeutlichen wir uns diesen essentiellen Zusammenhang zwischen Handeln und Struktur anhand eines Schaubildes (Abbildung 7).

Abbildung 7 stellt schematisch die kleinstmögliche Untersuchungseinheit dar, mit der sich ein Soziologe bzw. eine Soziologin beschäftigen kann: eine Dyade aus zwei Akteuren. Niemals nämlich wird soziologische Forschung die innerindividuellen Prozesse eines einzelnen Akteurs in den analytischen Blick nehmen; vielmehr geht es ihr um die Interaktionen mehrerer Akteure sowie insbesondere um die Folgen, die aus ihrer Interaktion entstehen. Dabei sind zwei Akteure eben die kleinstmögliche Anzahl, im Regelfall haben wir es bei soziologischen Analysen aber freilich mit deutlich höheren Akteurzahlen zu tun – beispielsweise wenn wir eine ganze Religionsgemeinschaft oder gar die gesamte Gesellschaft betrachten. Da mit einer zunehmenden Anzahl beteiligter Akteure aber die Interaktionsmuster exponentiell an Komplexität gewinnen, verbleiben wir zunächst bei der Dyade, um uns das Grundprinzip – Durkheim würde vielleicht sagen: die elementaren Formen – der Interaktion zu verdeutlichen. Das Handeln der beiden abgebildeten Akteure ist aufeinander bezogen. Initiiert wird es durch bestimmte Motivationen, die jedoch zunächst nicht Gegenstand einer soziologischen Analyse sind. Soziologinnen und Soziologen nämlich begreifen Akteure gemeinhin als sogenannte black boxes. Sie interessiert das nach außen hin sichtbare und wirksame Handeln. Was innerhalb eines Akteurs passiert, können soziologische Methoden hingegen nicht erfassen; dies bleibt anderen wissenschaftlichen Disziplinen vorbehalten, beispielsweise der Psychologie. Entscheidend ist, dass sich durch eine verstetigte Interaktion von Akteuren das institutionalisiert, was Durkheim als soziale Tatsachen bezeichnet. Diese lösen sich mit der Zeit vom Handeln der Akteure und werden zunehmend als von außen vorgegebenes Phänomen erlebt. Indirekt wirken soziale Tatsachen daher auch zurück auf die Motivation der Akteure: Bestimmte Gegebenheiten werden von ihnen als gesellschaftliche Selbstverständlichkeiten erlebt.

Durkheim (1895: 114f.) selbst verdeutlicht seine Überlegungen anhand eines breiten Spektrums sozialer Tatsachen – „von ausgesprochen strukturierten Tatbeständen zu den freien Strömungen des sozialen Lebens". Zu den stark strukturierten sozialen Tatsachen zählt er einerseits „morphologische" Daten, wie Populationsdichte, Verkehrswege und Wohnfläche, sowie andererseits „kristallisierte" Handlungsformen, wie Rechtsnormen, Moralgebote und religiöse Dogmen. Zu den flüchtigen Kollektivphänomenen zählt er einerseits „kollektive Gewohnheiten", wie sittliche Gebote, Sprichwörter und Geschmacksregeln, sowie andererseits „soziale Strömungen", wie Aufruhr, Massenpanik und Jubel. Verdeutlichen wir uns die vier Merkmale sozialer Tatsachen jedoch an einem erneut recht simplen Beispiel aus dem Bereich „kollektiver Gewohnheiten": anhand des Händeschüttelns. Offenbar gehört es zu den Gepflogenheiten unserer Gesellschaft, sich zur Begrüßung die Hände zu schütteln. An kleinen Kindern können Sie gut die Äußerlichkeit sozialer Tatsachen beobachten: Kinder wissen zunächst nicht um diese Begrüßungsgeste, vielmehr müssen sie diese im Laufe ihrer Sozialisation erst erlernen. Das Händeschütteln geht außerdem mit einem gewissen Zwang einher. Sie können es selbst ausprobieren: Wenn Ihnen das nächste Mal jemand die Hand entgegenstreckt, erwidern Sie die Geste einfach nicht. Vermutlich werden Sie dann mindestens Verwirrung zu spüren bekommen, vielleicht aber auch so etwas wie moralische Verachtung. Der Zwang hat in unserem Fall mithin keinen rechtlichen Charakter – auch wenn die Justiz sich bereits mit der Frage beschäftigen musste, ob man auf das Händeschütteln auch dann bestehen darf, wenn es religiösen Vorschriften widerspricht. Die Allgemeinheit sozialer Tatsachen wird deutlich, wenn wir die Begrüßungsgesten anderer Gesellschaften in den Blick nehmen. Offenbar nämlich ist das Händeschütteln kein universales Phänomen: Schon in Südeuropa begrüßt man sich eher durch Umarmungen und in Japan ist das Händeschütteln zugunsten von Verbeugungen völlig unüblich. Die Unabhängigkeit sozialer Tatsachen schließlich liegt, sozusagen, ebenfalls auf der Hand: Kein einzelner Akteur wird das Händeschütteln einfach so durch eine alternative Begrüßungsgeste ersetzen können. Die Etablierung einer sozialen Tatsache ist vielmehr als langfristiger Prozess zu verstehen, mit dem eine gewisse Wandlungsresistenz einhergeht.

Soziale Tatsachen sind laut Durkheim (1895: 115) „wie Dinge zu betrachten", die eigenen Gesetzmäßigkeiten unterliegen. Sie können also weder durch physische, noch durch biologische oder psychologische Faktoren erklärt werden. Soziales kann vielmehr – so eine legendäre Formel des durkheimschen Denkens – nur durch Soziales erklärt werden. Genau dieser Umstand ist es, der die Soziologie von anderen Wissenschaften abgrenzt.

Die wesentliche Frage, die sich durch das gesamte Werk Durkheims zieht, ist die Frage, was die Gesellschaft eigentlich zusammenhält. Sie drängte sich ihm am

Soziale Tatsachen

Soziale Tatsachen bilden den zentralen Untersuchungsgegenstand der Soziologie Durkheims. Sie entstehen aus der Interaktion von Akteuren und sind gekennzeichnet durch die Merkmale *Äußerlichkeit*, *Zwang*, *Allgemeinheit* und *Unabhängigkeit*.

Ende des 19. Jahrhunderts geradezu auf. Wie wir nämlich in Kapitel 2.2.1 gesehen haben, waren archaische und feudale Gesellschaften durch die europäische Aufklärung endgültig überwunden. Stattdessen war die Gesellschaft nun von einer funktionalen Differenzierung geprägt, mit der eine zunehmende Arbeitsteilung einherging. Immer mehr spezialisieren sich die Menschen noch heute auf bestimmte Zuständigkeitsbereiche – bis hin zu Soziologinnen und Soziologen, die sich ausschließlich mit Religion beschäftigen. Während archaische Gesellschaften von einer großen Ähnlichkeit der Lebensbedingungen ihrer Mitglieder geprägt waren, werden die Lebensbedingungen moderner Menschen daher immer unterschiedlicher. Die Antwort darauf, was sie nichtsdestoweniger zusammenhält, findet Durkheim in dem, was er als *„organische Solidarität"* beschreibt. So wie bei den Organen des menschlichen Körpers weisen gesellschaftliche Gruppen zwar hochspezifische Funktionen und Lebenswelten auf. Genau deshalb aber sind sie aufeinander angewiesen – so wie ein Organ nicht ohne die anderen überleben kann. In seinem Frühwerk beschäftigt sich Durkheim also in erster Linie mit sozialstrukturellen Fragen. Zu Beginn des 20. Jahrhunderts jedoch kommt es dann zu einer kulturellen Wende. Statt den Strukturwandel moderner Gesellschaften weiter zu untersuchen, wendet sich Durkheim in seinem Spätwerk der Struktur von Wertesystemen zu. Statt sich weiter mit der Arbeitsteilung und ihren Folgen für den Zusammenhalt der Gesellschaft zu beschäftigen, untersucht er nun in erster Linie die Religion. Diese Wende seines Interesses beschreibt Durkheim in einem Brief aus dem Jahr 1907 folgendermaßen:

> „Erst im Jahre 1895 hatte ich ein klares Verständnis von der zentralen Rolle, die die Religion im gesellschaftlichen Leben spielt. In diesem Jahr entdeckte ich zum ersten Mal die Methode, das Studium der Religion soziologisch zu betreiben. Das war für mich wie eine Offenbarung." (Durkheim zitiert nach Drehsen 1975: 59)

Religion spielt für Durkheim insbesondere deshalb eine zentrale Rolle für das gesellschaftliche Zusammenleben, weil er sie als konstitutiv für den gesellschaftlichen Zusammenhalt betrachtet. Darüber hinaus stellt Religion seiner Auffassung nach Regeln zur Verfügung, die als Handlungsorientierungen fungieren, und sie kanalisiert Gefühle und Empfindungen. Im Zentrum von Durkheims Religionsverständnis steht somit weniger eine transzendente Göttlichkeit als die immanente religiöse Praxis nebst ihrer Wirkungen (Helle 1997). Durkheim legt seinen Überlegungen daher keinen substanziellen, sondern einen funktionalen

Religionsbegriff zugrunde (vgl. Kap. 1.1). In diesem Sinne definiert Durkheim Religion folgendermaßen:

> „Eine Religion ist ein solidarisches System von Überzeugungen und Praktiken, die sich auf heilige, d.h. abgesonderte und verbotene Dinge, Überzeugungen und Praktiken beziehen, die in einer und derselben moralischen Gemeinschaft, die man Kirche nennt, alle vereinen, die ihr angehören." (Durkheim 1912: 75)

Als Durkheims religionssozilogisches Hauptwerk – und angesichts seines frühen Todes auch insgesamt als sein Opus Magnum – sind die *Elementaren Formen des religiösen Lebens* zu nennen, die er im Jahr 1912 veröffentlicht hat. In diesem dreibändigen Werk beschäftigt sich Durkheim ebenso ausführlich wie systematisch mit der Frage, was das Wesen einer jeglichen Religion ausmacht. Da mit der Komplexität der Gesellschaft auch die Bandbreite und Komplexität ihrer Religion zunimmt, ist es in Durkheims Augen unmöglich, den zentralen Kern von Religion anhand ihrer modernen Formen zu identifizieren. Daher wendet er einen analytischen Kniff an, dessen Ausgangsthese lautet: Wenn es etwas Allgemeines an der Religion gibt, lässt es sich in einfachen Gesellschaften eher erkennen als in komplexen. Daher hofft Durkheim, in archaischen Gesellschaften die elementaren Formen aller Religionen zu finden – inklusive ihrer modernen und säkularisierten Ausprägungen. Er greift auf ethnografische Berichte über fremde Kulturen zurück, die zu seiner Schaffenszeit gerade im angelsächsischen Raum zahlreich vorgelegt wurden – beispielsweise von James G. Frazer und William Robertson Smith. Ihre Berichte über den Totemismus australischer Ureinwohner hatte Durkheim über einen Zeitraum von annährend 30 Jahren gesammelt. Obwohl er nie eigene Feldforschungen betrieben hat, beeindrucken seine tiefen Kenntnisse der totemistischen Stammesgesellschaft noch Jahre später Anthropologinnen und Anthropologen (Šuber 2012: 97f.). Insbesondere bezieht sich Durkheim auf eine bestimmte Gruppe von Aborigines: die Arunta. Deren Totemismus ist geprägt von bestimmten religiösen Symbolen, Geboten und Ritualen. Zu den Symbolen zählt in erster Linie das Totem selbst, zu den Geboten beispielsweise die Exogamie, also die Vorschrift, dass Ehen nur zwischen verschiedenen Totemgruppen möglich sind. Die Rituale der Arunta hängen insbesondere mit der Vorstellung eines Abstammungsverhältnisses zum Totem zusammen. Jedes Mitglied einer Gruppe verfügt dabei über ein bestimmtes Totemsymbol. Dies kann beispielsweise ein Stein oder ein Stück Holz sein, auf dem der jeweilige Gott der Gruppe abgebildet ist (Knoblauch 1999: 61).

Durch die Analyse des Totemismus der Arunta macht Durkheim zwei Kernpunkte von Religion aus: die Unterscheidung von heilig und profan sowie die Institutionalisierung von Kirchen im Sinne moralischer Gemeinschaften. Auf Durkheims Verständnis von Kirche werde ich in Kapitel 4.3 genauer zu sprechen kommen; beschäftigen wir uns hier zunächst mit der Unterscheidung von *heilig und profan*. Durkheim erläutert diese folgendermaßen:

> „Alle bekannten religiösen Überzeugungen, wie einfach oder komplex sie auch seien, haben den gleichen Zug: sie setzen eine Klassifizierung der realen oder idealen Dinge, die sich die Menschen vorstellen, in zwei Klassen, in zwei entgegengesetzte Gattungen voraus, die man im allgemeinen durch zwei unterschiedliche Ausdrücke bezeichnet hat, nämlich durch profan und heilig. Die Aufteilung der Welt in zwei Bereiche, von denen der eine alles umfaßt, was heilig ist, und der andere alles, was profan ist; das ist Unterscheidungsmerkmal des religiösen Denkens“ (Durkheim 1912: 62).

Durkheim geht also davon aus, dass alle Gesellschaften eine bestimmte Sphäre definieren, die sie als heilig deklarieren und mit bestimmten Ge- und Verboten belegen. Dies geschieht beispielsweise durch die Ausdifferenzierung religiöser Expertenrollen, denen der Zugang zum Bereich des Heiligen exklusiv vorbehalten bleibt. Wichtig im Sinne von Durkheims Konzeption sozialer Tatsachen ist, dass die Grenze zwischen heilig und profan absoluten Charakter hat; die Dinge können nur entweder dem einen oder dem anderen Bereich zugeordnet werden. Jedoch verläuft die Grenze zwischen heilig und profan nicht immer gleich. Unterschiedliche Religionen nämlich definieren unterschiedliche Bereiche als heilig. Es handelt sich daher um ein universelles Prinzip, aber nicht um eine universelle, sondern eine allgemeine Unterscheidung:

> „Charakteristisch für das religiöse Phänomen ist aber, dass es immer eine zweiseitige Teilung des bekannten und erkennbaren Universums in zwei Arten voraussetzt, die alles Existierende umfasst, die sich aber gegenseitig radikal ausschließen. Heilige Dinge sind, was die Verbote schützen und isolieren. Profane Dinge sind, worauf sich diese Verbote beziehen und die von den heiligen Dingen Abstand halten müssen. Religiöse Überzeugungen sind Vorstellungen, die die Natur der heiligen Dinge und die Beziehungen ausdrücken, die sie untereinander oder mit den profanen Dingen halten. Riten schließlich sind Verhaltensregeln, die dem Menschen vorschreiben, wie er sich den heiligen Dingen gegenüber zu benehmen hat.“ (Durkheim 1912: 67)

Entscheidend für unsere Frage nach der gesellschaftlichen Bedeutung von Religion sind schließlich die Zusammenhänge von Religion und Gesellschaft, von denen Durkheim drei näher beschreibt: Erstens ist *Religion sozial bestimmt.* Die Grenze zwischen heilig und profan wird daher durch die Interaktion von Akteuren erzeugt. Sie geht auch mit einer Zweiteilung des sozialen Lebens einher: Im profanen Alltag gehen kleine Gruppen bestimmten Tätigkeiten wie dem Jagen oder Fischen nach. Im Rahmen religiöser Feste hingegen versammelt sich die gesamte Gruppe, um gemeinsam Rituale zu vollziehen. Hierbei gerät sie in einen kollektiven Erregungszustand, der religiöse Regeln festigt oder neu definiert:

> „In der einen schleppt er träge sein tägliches Leben dahin, in die andere kann er aber nicht eindringen, ohne alsbald mit außerordentlichen Mächten in Verbindung zu treten, die ihn bis zur Raserei aufpeitschen. Die erste ist die profane Welt, die zweite die Welt der heiligen Dinge. In diesem gärenden sozialen Milieu und aus dieser Gärung selbst scheint also die religiöse Idee geboren worden zu sein. Die Bestätigung, daß das ihr wahrer Ursprung ist, scheint damit gegeben zu sein, daß in Australien die eigentlich religiöse Tätigkeit fast ausschließlich auf die Zeiten konzentriert ist, in der solche Versammlungen stattfinden.“ (Durkheim 1912: 300f.)

Zweitens *erfüllt Religion bestimmte Funktionen*. Wir hatten bereits gesehen, dass sie in der Vorstellung Durkheims zur Integration der Gesellschaft beiträgt. Für das einzelne Individuum erfüllt sie darüber hinaus die Funktion der Disziplinierung ebenso wie die einer psychischen Stärkung:

> „Der Gläubige, der mit seinem Gott kommuniziert hat, ist nicht nur ein Mensch, der neue Wahrheiten sieht, die der Ungläubige nicht kennt: er ist ein Mensch, der mehr kann. Er fühlt mehr Kraft in sich, entweder um die Schwierigkeiten des Lebens zu ertragen oder um sie zu überwinden. Er scheint über der menschlichen Not zu stehen, weil er sich über den Zustand des Menschen erhoben hat. Er glaubt, vom Übel, unter welcher Form er es auch auffassen mag, befreit zu sein. Der erste Artikel eines jeden Glaubens ist der Glaube an das Heil durch den Glauben." (Durkheim 1912: 558)

Drittens schließlich – und dies ist der entscheidende Zusammenhang zwischen Religion und Gesellschaft – *verkörpert Religion Repräsentationen der sozialen Wirklichkeit*. Das Heilige ist für Durkheim eine dramatisierte Version der Gesellschaft selbst. Auch Gott ist folglich als symbolischer Ausdruck der Gesellschaft zu verstehen (vgl. Gabriel/Reuter 2004: 51). Dies verdeutlicht Durkheim an folgender Beobachtung: Gelegentlich durfte das Totemtier während einer religiösen Zeremonie von den Teilnehmenden sogar verspeist werden, während um sein Bildnis getanzt wurde. Das Totem selbst scheint also nicht der eigentliche Gegenstand von Religion zu sein – dann würde es nicht gegessen. Seine Bedeutung liegt nicht in seiner Materie, sondern in seiner Symbolik (Durkheim 1912: 185). Aus diesem symbolhaften Charakter des verehrten Objekts folgert Durkheim, dass die Religion sich letztlich nicht auf etwas Transzendentes beziehe, sondern auf die Gesellschaft selbst. Mit religiösen Ritualen stellt die Gesellschaft keine Verbindung zu Gott her, sondern eine zu sich selbst – Gott und Gesellschaft fallen in eins. „Wenn die Religion alles, was in der Gesellschaft wesentlich ist, hervorgebracht hat, dann deshalb, weil die Idee der Gesellschaft die Seele der Religion ist" (Durkheim 1912: 561). Religion repräsentiert die Gesellschaft somit in symbolischer Weise – und ist daher keineswegs als bloße psychische Illusion zu sehen:

> „Wir können in der Tat sagen, daß sich der Gläubige keinen Täuschungen hingibt, wenn er an die Existenz einer moralischen Kraft glaubt, von der er abhängt und von der er den besten Teil seiner selbst bezieht: diese Macht existiert: es ist die Gesellschaft. Wenn der Australier außer sich gerät, wenn er ein Leben in sich hineinfließen fühlt, dessen Stärke ihn überrascht, dann hat ihn nicht etwa eine Illusion getäuscht. Dieser Überschwang ist wirklich; er ist das Ergebnis äußerer und das Individuum übersteigender Kräfte. [...] Die Religion bekommt damit einen Sinn und einen Grund, den auch der unbeugsamste Rationalist nicht verkennen kann. Ihr Hauptziel ist nicht, dem Menschen eine Darstellung der physischen Welt zu geben. Denn wenn das der Fall wäre, dann könnte man nicht verstehen, wie sie sich hat erhalten können; da sie in dieser Beziehung nicht mehr als ein Netz von Irrtümern ist. Vielmehr ist sie im Gegenteil vor allem ein Begriffssystem, mit dessen Hilfe sich die Menschen die Gesellschaft vorstellen, deren Mitglieder sie sind, und die dunklen, aber engen Beziehungen, die sie mit ihr haben. [...] Allein dadurch, daß ihre offensichtliche Funktion darin besteht, die Bande, die den Gläubigen an seinen Gott binden, zu verstärken, verstärken sie gleichzeitig tatsächlich die Bande, die das Individuum mit

> seiner Gesellschaft verbindet, denn der Gott ist nur der bildhafte Ausdruck der Gesellschaft.“ (Durkheim 1912: 309)

Aus diesem engen, gar konstitutiven Zusammenhang von Religion und Gesellschaft folgt für Durkheim fast zwangsläufig, dass keine Gesellschaft auf Dauer ohne Religion auskommen kann. Selbst wenn alte Götter untergehen, werden neue kommen. Unter dem Strich aber – so können wir unseren Blick in das Werk Émile Durkheims zusammenfassen – kann es nicht zu einem endgültigen Bedeutungsverlust kommen:

> „Mit einem Wort: die alten Götter werden alt und sterben, und andere sind noch nicht geboren [...] Nur aus dem Leben selbst kann ein lebendiger Kult entstehen und nicht aus einer toten Vergangenheit. Aber dieser Zustand der Unsicherheit und der verwirrenden Unruhe kann nicht ewig dauern. Ein Tag wird kommen, an dem unsere Gesellschaften aufs neue Stunden der schöpferischen Erregung kennen werden, in deren Verlauf neue Ideen auftauchen und neue Formen erscheinen werden, die eine Zeitlang als Führer der Menschheit dienen werden.“ (Durkheim 1912: 572)

Durkheims Religionssoziologie ist nicht ohne Kritik geblieben. In Frage gestellt wird in erster Linie seine Grundannahme, dass die elementaren Formen von Religion tatsächlich von einfachen auf moderne Gesellschaften übertragbar sind. In der Tat ist diese Sichtweise von einem strikt evolutionären Denken geprägt, wie es zu Zeiten Durkheims weit verbreitet war (Pickel 2011: 85). Auch Durkheims Betonung der integrativen Kraft von Religion wird im religionssoziologischen Diskurs immer wieder kritisch hinterfragt, weil sie beispielsweise interreligiöse Konflikte außer Acht lässt. Schließlich beziehen sich einige Einwände auf Durkheims ethnografische Methode. Es ist nämlich so, dass der von ihm beschriebene Totemismus für Australien eher untypisch ist und dass der australische Totemismus weder die früheste Form von Totemismus noch von Religion überhaupt darstellt. Trotz dieser Kritik hat Durkheim mit seiner Analyse von Religion ganz fraglos einen Beitrag geleistet, der im religionssoziologischen Diskurs bis heute nachhallt. Ganz zu schweigen von seinen grundsätzlichen Überlegungen zu sozialen Tatsachen und gesellschaftlicher Arbeitsteilung, die heute zu den Selbstverständlichkeiten soziologischen Denkens zählen.

Die elementaren Formen des religiösen Lebens

Als Kernelemente einer jeglichen Religion identifiziert Durkheim die *Unterscheidung von heilig und profan* sowie die Institutionalisierung von *Kirchen im Sinne moralischer Gemeinschaften*. Das Heilige versteht er als symbolisiertes und dramatisiertes Abbild der Gesellschaft. Religion bezieht sich nicht auf eine transzendente Göttlichkeit, sondern auf die Gesellschaft selbst. Keine Gesellschaft kann daher auf Dauer ohne Religion auskommen.

2.3.3 Max Weber, die protestantische Ethik und der Geist des Kapitalismus

Max Weber kann heute mit Fug und Recht als bedeutendster deutscher Soziologe bezeichnet werden. Zu Beginn des 20. Jahrhunderts hat auch er zu den Gründervätern der neuen Wissenschaft Soziologie gezählt.

MAX WEBER

Maximilian Carl Emil Weber kam 1864 in Erfurt zur Welt und verbrachte seine Kindheit und Jugend in wohlbehüteten Verhältnissen. Sein Vater, der ebenfalls den Vornamen Max trug, war einer der ersten deutschen Berufspolitiker. Bereits als Jugendlicher befasste sich Weber mit den Schriften Schopenhauers, Kants und Machiavellis; im Alter von 15 Jahren hatte er sämtliche Klassiker der Antike gelesen. „Ich bin intellektuell früh, in allem übrigen aber sehr spät reif geworden", hat Weber über sich selbst gesagt (Fügen 1985). Er promovierte und habilitierte nach seinem Studium der Rechtswissenschaft, Geschichte, Nationalökonomie und Philosophie in Heidelberg, Berlin und Göttingen. Sein Gesundheitszustand hingegen gab immer wieder Anlass zur Sorge. Ein schwerwiegender Streit mit seinem Vater, der verstarb, bevor eine Versöhnung möglich war, führte schließlich zu Depressionen, sodass Weber in psychiatrischen Anstalten behandelt werden musste (Kaube 2014). Seine Tätigkeit als Professor – mit gerade einmal 30 Jahren war er im Jahr 1894 auf den Lehrstuhl für Nationalökonomie an der Albert-Ludwigs-Universität in Freiburg berufen worden – musste er 1898 aufgrund seiner Gesundheitsprobleme aufgeben. Die Unterbrechung seiner Lehrtätigkeit kann indes auch als Glücksfall gesehen werden, ging mit ihr doch einerseits ausreichend Muße für die Erschaffung eines umfangreichen wissenschaftlichen Werkes einher sowie andererseits die Hinwendung zu soziologischen Fragestellungen.

Im Jahr 1893 heiratete Weber Marianne Schnitger, eine entfernt verwandte Cousine. Zwar war sie als Soziologin und Frauenrechtlerin in wissenschaftlichen Angelegenheiten eine kongeniale Partnerin, ihre Ehe spielte sich jedoch auf einer eher emotional-asketischen Ebene ab (Kaesler 2014: 40). Nach der Aufgabe seiner Professur war Weber zwischen 1902 und 1914 als Privatgelehrter tätig. In dieser Zeit übernahm er 1904 die Redaktion des „Archivs für Sozialwissenschaft und Sozialpolitik" sowie 1909 die des „Grundrisses der Sozialökonomik". Regelmäßig veranstaltete er Gesprächszirkel mit Politikern und Intellektuellen in seinem Heidelberger Haus und zählte zu den Gründungsmitgliedern der Deutschen Gesellschaft für Soziologie. Zu Beginn des Ersten Weltkrieges wurde Weber als Reserveoffizier eingezogen. Zunächst teilte er die allgemeine Kriegsbegeisterung, wurde angesichts der ausufernden Kriegsziele aber immer skeptischer. 1919 nahm er als Mitglied der deutschen Friedensdelegation an den Verhandlungen zum Versailler Vertrag teil, wurde Mitglied der Deutschen Demokratischen Partei und arbeitete an der Weimarer Reichsverfassung mit. Seine Rückkehr in den Wissenschaftsbetrieb erfolgte ebenfalls im Jahr 1919 mit dem Ruf auf den Lehrstuhl für Nationalökonomie an der Universität München; Rufe an die Universitäten Göttingen, Berlin und Bonn lehnte er ab.

Webers Hauptwerk „Wirtschaft und Gesellschaft“ wurde 1922 posthum von seiner Frau herausgegeben. Auch seine breite wissenschaftliche Rezeption in Deutschland erfolgte erst nach seinem Tod im Jahr 1920. Der Heidelberger Soziologentag 1964 war Webers 100. Geburtstag gewidmet. Dort machte unter anderem Talcott Parsons auf die internationale Rezeption von Webers Werk aufmerksam. Der US-amerikanische Soziologe war es auch, der Weber in den amerikanischen Soziologiediskurs einführte. So wurde Weber gewissermaßen auf Umwegen zum bedeutendsten Soziologen Deutschlands.

21. April 1864	Geburt in Erfurt
1882	Studium der Rechtswissenschaften, Nationalökonomie, Philosophie und Geschichte in Heidelberg, Berlin und Göttingen
1889	Promotion zum Dr. jur. in Berlin
1892	Habilitation in Berlin
1893	Außerordentlicher Professor für Handelsrecht in Berlin
1894	Lehrstuhl für Nationalökonomie an der Universität Freiburg
1896	Lehrstuhl für Nationalökonomie an der Universität Heidelberg
1898	Aufgabe der Professorentätigkeit aus gesundheitlichen Gründen
1909	Gründung der Deutschen Gesellschaft für Soziologie (DGS) gemeinsam mit Rudolf Goldscheid, Ferdinand Tönnies, Georg Simmel und Werner Sombart
1919	Lehrstuhl für Nationalökonomie an der Universität München
14. Juni 1920	Verstorben in München

Webers wissenschaftliche Arbeiten machen ihn heute zu einem der wichtigsten Klassiker der Soziologie. Als Hauptwerk ist zu nennen:

Weber, Max (1922/1980) Wirtschaft und Gesellschaft. Grundriß einer verstehenden Soziologie. Tübingen: Mohr.

Zu seinen wichtigsten religionssoziologischen Werken zählen:

Weber, Max (1905/1986) Die protestantische Ethik und der Geist des Kapitalismus, in: Gesammelte Aufsätze zur Religionssoziologie. Band 1. Tübingen: Mohr, S. 17-206.

Weber, Max (1916/1986) Die Wirtschaftsethik der Weltreligionen, in: Gesammelte Aufsätze zur Religionssoziologie. Band 1. Tübingen: Mohr, S. 237-573.
Nach seinem Tod entstanden Bände mit gesammelten Aufsätzen (z.B. zur Religionssoziologie), Bücher mit Vortragsverschriftlichungen (z.B. Wissenschaft als Beruf) sowie eine Max Weber-Gesamtausgabe (MWG) und eine Max-Weber-Studienausgabe (MWS).

Webers Definition dessen, was Soziologie sein soll, unterscheidet sich grundlegend von derjenigen Durkheims (vgl. Kap. 2.3.2):

> „Soziologie [...] soll heißen: Eine Wissenschaft, welche soziales Handeln deutend verstehen und dadurch in seinem Ablauf und seinen Wirkungen ursächlich erklären will" (Weber 1922: 4).

In diesem auf einen oberflächlichen Blick eher unscheinbar wirkenden Satz steckt bei genauerer Betrachtung eine bemerkenswerte Aussagekraft. Zunächst nämlich definiert Weber die Soziologie als eine Wissenschaft, um zwei Worte später ihren Untersuchungsgegenstand zu benennen: das *soziale Handeln*. Hierbei handelt es sich um zwei voraussetzungsvolle und gedankenreiche Begriffe. Handeln nämlich grenzt Weber vom bloßen Verhalten ab. Es zeichnet sich dadurch aus, dass es mit einer Intention, mit einem subjektiven Sinn, verbunden ist. Wohlgemerkt geht es dabei um einen subjektiven Sinn, den der Akteur selbst mit seinem Handeln verbindet. Weber meint hier also dezidiert nicht einen alltagsweltlichen Sinnbegriff, der eher auf eine objektive Sinnhaftigkeit gerichtet ist. Stellen wir uns beispielsweise vor, ich würde mich beim Schreiben dieser Zeilen auf den Kopf stellen. Der alltagsweltliche Protestruf würde dann wohl lauten: „Das macht doch gar keinen Sinn!" Weber hingegen würde dies nicht behaupten; vielmehr würde es ihm darum gehen, zu verstehen, welchen subjektiven Sinn ich mit meinem seltsamen Handeln verbinde, welche Intention ich damit verknüpfe, ein Buch auf dem Kopf stehend zu schreiben. Im Fokus seines Interesses steht jedoch nicht das Handeln im Allgemeinen, sondern das soziale Handeln im Speziellen. Als solches versteht er all dasjenige Handeln, „welches seinem von dem oder den Handelnden gemeinten Sinn nach auf das Verhalten anderer bezogen wird und daran in seinem Ablauf orientiert ist" (Weber 1922: 4). Bei genauerer Betrachtung wird man feststellen, dass das Gros unseres Handelns auf andere bezogen, also im weberschen Sinne sozial ist. So schreibe ich dieses Buch beispielsweise, damit Sie etwas über Religionssoziologie erfahren. Sie lesen es vermutlich aus dem gleichen Grund, vielleicht aber auch um ein Soziologiestudium abzuschließen. Und mit einem derartigen Abschluss werden Sie wiederum bestimmte Intentionen verbinden, die sich auf andere beziehen – etwa eine bessere berufliche, private oder gesellschaftliche Position.

Auch Webers Begriff des Sozialen unterscheidet sich mithin grundlegend von unserem alltagsweltlichen Sprachgebrauch. Im Alltag nämlich verstehen wir das

Adjektiv ‚sozial' meist normativ im Sinne von ‚etwas Gutes für andere Menschen tun'. Wir sprechen daher von ‚sozialen Einrichtungen' oder ‚sozialem Engagement'. Weber hingegen würde es auch als sozial verstehen, wenn ich Ihnen eine Keule über den Kopf haue. Schließlich wäre auch ein derartiges Handeln auf einen anderen bzw. eine andere bezogen. Überhaupt würde es sich um Handeln handeln, weil ich mit meinem Angriff vermutlich einen subjektiven Sinn verbinde – beispielsweise die Intention, Sie auszurauben oder mich für etwas zu rächen.

Webers Methode, soziales Handeln zu analysieren – in seinen Worten: es zu verstehen –, ist die Bildung sogenannter *Idealtypen*. Damit ist eine Heuristik von Handlungstypen gemeint, die zum Ziel hat, soziales Handeln analytisch zu klassifizieren. In der sozialen Wirklichkeit kommen Idealtypen selten in Reinform vor; hier haben wir es im Regelfall eher mit Mischtypen zu tun. Analytisch hingegen helfen Idealtypen Soziologinnen und Soziologen dabei, empirisch beobachtetes Handeln zu verstehen. Vor diesem Hintergrund beschreibt Weber (1922: 12) vier Idealtypen sozialen Handelns: affektuelles, traditionales, zweckrationales und wertrationales Handeln:

- *Affektuelles Handeln* ist von Gefühlen getrieben. Es bewegt sich an der Grenze zum bloßen Verhalten.
- *Traditionales Handeln* orientiert sich an Routinen und Gewohnheiten. Es ist im Regelfall durch ein geringes Reflexionsniveau gekennzeichnet.
- *Zweckrationales Handeln* ist am eigenen Nutzen orientiert: Ich handle in bestimmter Art und Weise, um unter Berücksichtigung der Kosten meines Handelns ein bestimmtes Ziel zu erreichen und meinen Nutzen zu maximieren. Handeln dieses Idealtyps kommt dem alltagsweltlichen Verständnis von Rationalität am nächsten.
- *Wertrationales Handeln* orientiert sich an normativen Kriterien wie Pflicht, Würde, Schönheit oder religiöse Gebote. Handeln dieses Idealtyps ist in erster Linie auf gesellschaftliche Funktionen ausgerichtet, weniger hingegen auf individuelle Zwecke.

Soziales Handeln

Handeln versteht Weber als dasjenige Verhalten eines Akteurs, dem ein *subjektiver Sinn* zugrunde liegt. Es wird dann zum *sozialen Handeln*, wenn es sich auf einen anderen Akteur bezieht. Weber unterscheidet vier Idealtypen sozialen Handelns: *affektuelles, traditionales, zweckrationales und wertrationales Handeln.*

Hier sehen wir den wesentlichen Unterschied zwischen den Soziologieverständnissen von Weber und Durkheim (vgl. Kap. 2.3.2): Während Durkheim den Fokus seiner Analyse mit den „sozialen Tatsachen" auf gesellschaftliche Strukturen gelegt hatte, die aus dem handelnden Zusammenwirken von Akteuren entstehen, richtet Weber seinen Fokus auf das Handeln selbst. Mit dieser Unterscheidung sind zwei grundsätzliche Perspektiven benannt, die hie und da gar zu zwei verschiedenen Soziologien überhöht werden: der „sociology of social structure“ und der „sociology of social action.“

Weber (1909) hat sich selbst stets als „religiös unmusikalischen“ Menschen bezeichnet. Auch wenn er persönlich mithin keinen Glauben praktizierte, hat er sich als Soziologe intensiv mit Religion beschäftigt, die er – seinem allgemeinen Soziologieverständnis folgend – aus einer handlungstheoretischen Perspektive betrachtet:

> „Wir haben es überhaupt nicht mit dem Wesen der Religion, sondern mit den Bedingungen und Wirkungen einer bestimmten Art von Gemeinschaftshandeln zu tun, dessen Verständnis auch hier nur von den subjektiven Erlebnissen, Vorstellungen, Zwecken der Einzelnen – vom Sinn – aus gewonnen werden kann, da der äußere Ablauf ein höchst vielschichtiger ist.“ (Weber 1922: 245)

Eine exakte Definition dessen, was mit Religion gemeint ist, hat Weber zeit seines Schaffens vermieden – und sogar explizit abgelehnt. Seinem Religionsbegriff können wir uns aber über seine Unterscheidung von *religiösem und magischem Handeln* nähern. Beide Handlungsformen beziehen sich auf jenseitige Kräfte und stellen durch spezielle Vermittler – Priester einerseits, Schamanen und Zauberer andererseits – eine Verbindung zwischen dem Jenseits und dem Diesseits her. Im Fall von religiösem Handeln ist die Verbindung von Jenseits und Diesseits als Zeichenbeziehung zu verstehen: Jenseitige Götter offenbaren sich im Diesseits durch bestimmte Zeichen und werden entsprechend behandelt (Knoblauch 1999: 53). Im Fall des magischen Handelns haben wir es hingegen mit einer Kausalbeziehung zwischen Jenseits und Diesseits zu tun. Beispielsweise bitten Schamanen und Zauberer, die in einfachen Kulturen sehr verbreitet waren, ganz konkret um Regen. Weber folgert aus den unterschiedlichen Beziehungen von Jenseits und Diesseits, dass die Magie in modernen Gesellschaften insbesondere deshalb an Bedeutung verliert, weil sie einem permanenten Begründungszwang ausgesetzt ist. Da magisches Handeln unmittelbar mit diesseitigen Wirkungen verbunden wird, kann es nämlich auf seine Wirksamkeit hin überprüft werden:

> „Bittet zum Beispiel ein Schamane um Regen, so kann der Erfolg der angebeteten Gottheit oder des Schamanen recht praktisch abgeschätzt werden. Tritt dieser nicht ein, so stellt sich mit zunehmender Rationalisierung Misstrauen und zuletzt Ablehnung ein. Religiöse Deutungssysteme besitzen den Vorteil, auf ein Symbol- und Zeichensystem zurückgreifen zu können, welches sich so genauen Kausalbeziehungen entzieht. Eine direkte Kausalbeziehung wird mit dem Hinweis auf den selbständig entscheidenden Gott und zeitlichen Verzögerungen (bis hin zum Übertritt des Menschen ins Jenseits) gelöst.“ (Pickel 2011: 94)

Religion ist Webers Auffassung nach eine rationalisierte, entzauberte Form von Magie, die für moderne Gesellschaften typisch ist. Auch religiöses Handeln versteht er folglich als rationales Handeln. Zwar sei es nicht unmittelbar auf einen Zweck hin ausgerichtet – also nicht zweckrational im idealtypischen Sinne. Gleichwohl aber sei religiöses Handeln als wertrational zu verstehen. Mit dieser Verortung greift Weber einen Diskurs auf, der bereits im Zuge der europäischen Aufklärung begonnen hatte und bis heute anhält. In diesem Diskurs geht es um die Frage, ob es sich bei Religion und (wissenschaftlicher) Vernunft tatsächlich um Gegensätze handelt. Auf diese Frage möchte ich hier aus Platzgründen nicht näher eingehen, Sie jedoch in Form eines kurzen Exkurses auf eine einschlägige Diskussion von Jürgen Habermas und Joseph Ratzinger verweisen:

Exkurs: Religion vs. Vernunft

Im Januar 2004 haben der Philosoph und Soziologe Jürgen Habermas und der Theologe Joseph Kardinal Ratzinger, der ein Jahr später zu Papst Benedikt XVI. gewählt wurde, im Rahmen eines Symposiums in München über den Zusammenhang von Religion und Vernunft diskutiert. Ratzinger spricht in seinem Vortrag „Was die Welt zusammenhält: Vorpolitische moralische Grundlagen eines freiheitlichen Staates" von „Pathologien der Religion" ebenso wie von „Pathologien der Vernunft". Religion und Vernunft sind es seiner Auffassung nach aber auch, die diese Pathologien wechselseitig zu begrenzen vermögen:

> „Wenn Terrorismus auch durch religiösen Fundamentalismus gespeist wird – und er wird es –, ist dann Religion eine heilende und rettende, oder nicht eher eine archaische und gefährliche Macht, die falsche Universalismen aufbaut und dadurch zu Intoleranz und Terror verleitet? Muss da nicht Religion unter das Kuratel der Vernunft gestellt und sorgsam eingegrenzt werden? Dabei stellt sich dann freilich die Frage: Wer kann das? Wie macht man das? Aber die generelle Frage bleibt: Ist die allmähliche Aufhebung der Religion, ihre Überwindung, als nötiger Fortschritt der Menschheit anzusehen, damit sie auf den Weg der Freiheit und der universalen Toleranz kommt, oder nicht? Inzwischen ist eine andere Form von Macht in den Vordergrund gerückt, die zunächst rein wohltätig und allen Beifalls würdig scheint, in Wirklichkeit aber zu einer neuen Bedrohung des Menschen werden kann. Der Mensch ist nun imstande, Menschen zu machen, sie sozusagen im Reagenzglas zu produzieren. Der Mensch wird zum Produkt, und damit verändert sich das Verhältnis des Menschen zu sich selbst von Grund auf. Er ist nicht mehr ein Geschenk der Natur oder des Schöpfergeistes; er ist sein eigenes Produkt. Der Mensch ist in die Brunnenstube der Macht heruntergestiegen, an die Quellorte seiner eigenen Existenz. Die Versuchung, Menschen als Müll anzusehen und zu beseitigen ist kein Hirngespinst fortschrittsfeindlicher Moralisten. Wenn sich uns vorhin die Frage aufdrängte, ob die Religion eine positive moralische Kraft sei, so muss nun der Zweifel an der Verlässlichkeit der Vernunft aufsteigen. Schließlich ist ja auch die Atombombe ein Produkt der Vernunft; schließlich sind Menschenzüchtungen und -selektion von der Vernunft ersonnen worden. Müsste also jetzt nicht umgekehrt die Vernunft unter Aufsicht gestellt werden? Aber durch wen oder was? Oder sollten vielleicht Religion und Vernunft sich gegenseitig begrenzen und je in ihre Schranken weisen und auf ihren positiven Weg bringen?"

Vernunft, so Ratzinger weiter, sei ebenso wenig universal wir Religion. Das was als rational bzw. vernünftig zu verstehen sei, werde folglich von jeder Gesellschaft selbst bestimmt – genauso wie Religion von jeder Gesellschaft in spezifischer Weise hervorgebracht werde:

> „Tatsache ist jedenfalls, dass unsere säkulare Rationalität, so sehr sie unserer westlich geformten Vernunft einleuchtet, nicht jeder Ratio einsichtig ist, dass sie als Rationalität, in ihrem Versuch, sich evident zu machen, auf Grenzen stößt. Ihre Evidenz ist faktisch an bestimmte kulturelle Kontexte gebunden, und sie muss anerkennen, dass sie als solche nicht in der ganzen Menschheit nachvollziehbar und daher in ihr auch nicht im ganzen operativ sein kann." (Ratzinger in Habermas und Ratzinger 2005: 46ff.)

Webers wichtigstes religionssoziologisches Werk trägt den Titel *Die protestantische Ethik und der Geist des Kapitalismus*. Hier beschäftigt er sich mit der Frage, welchen Einfluss religiöse Ideen auf das ökonomische Handeln von Individuen und die ökonomische Entwicklung der Gesellschaft haben. Ausgangspunkt dieser Fragestellung waren zwei Phänomene, die Weber fasziniert haben. Zum einen konnte er zu Beginn des 20. Jahrhunderts beobachten, dass Protestanten einen durchschnittlich höheren sozialen Status aufweisen als Angehörige anderer Konfessionen. Sie verfügten über umfangreichere Besitztümer, bekleideten häufiger Führungspositionen und wertschätzten ihre Arbeit stärker als Katholiken. Ähnliches galt zum anderem auf gesellschaftlicher Ebene: Offenbar waren die protestantisch geprägten Staaten des Okzidents ökonomisch erfolgreicher als die nicht-protestantisch geprägten Staaten des Orients. Der moderne Kapitalismus hatte sich – trotz gegebener Ansätze in anderen Hochkulturen – nur im Okzident herausgebildet.

Wie war dies zu erklären? Okzidentale Gesellschaften waren zu Webers Zeiten wesentlich geprägt von Rationalisierungsprozessen, die in orientalen so nicht gegeben waren. Webers diesbezügliche These lautet, dass die Rationalisierung moderner okzidentaler Gesellschaften bereits in ihrer protestantischen Tradition angelegt war und über eine „protestantische Ethik" vermittelt wurde. Diese recht steile These begründet Weber zum einen mit Martin Luthers Berufsbild: Luther zufolge sei nicht die passive Askese „in den Mönchszellen" der beste Weg zu göttlicher Gnade, sondern die pflichtbewusste, sorgfältige und leistungsorientierte Erfüllung der eigenen Berufung im Rahmen einer beruflichen Tätigkeit:

> „Nun ist unverkennbar, daß schon in dem deutschen Worte ‚Beruf' ebenso wie in vielleicht noch deutlicherer Weise in dem englischen Wort ‚calling' eine religiöse Vorstellung – die einer göttlichen Aufgabe liegt. Es kommt also in dem Begriff ‚Beruf' jenes Zentraldogma aller protestantischen Denominationen zum Ausdruck, welches [...] als das einzige Mittel, Gott wohlgefällig zu leben, nicht eine Überbietung der inner-weltlichen Sittlichkeit durch mönchische Askese, sondern ausschließlich die Erfüllung inner-weltlichen Pflichten kennt, wie sie sich aus der Lebensstellung des Einzelnen ergeben, die dadurch eben sein Beruf wird." (Weber 1905: 69)

Zum anderen liege der Zusammenhang von Konfession und ökonomischem Erfolg in der calvinistischen Prädestinationslehre begründet. Bei genauerer Betrachtung bezieht Weber seine Überlegungen also gar nicht auf den Protestantismus insgesamt, sondern ausschließlich auf den Calvinismus – den sein Freund Ernst Troeltsch (1912) allerdings als „eigentliche Hauptmacht des Protestantismus" versteht. Wesentliche Kennzeichen des Calvinismus bestehen in einer Planmäßigkeit der Lebensgestaltung und im Ideal einer selbst- und rastlosen Arbeit. Kernpunkt der calvinistischen Prädestinationslehre ist, dass die göttliche Gnadenwahl bereits seit Anbeginn festgeschrieben ist und durch den Menschen nicht beeinflusst werden kann – weder durch aktives Handeln noch durch passive Askese:

> „Was wir wissen, ist nur: dass ein Teil der Menschen selig wird, ein anderer verdammt bleibt. Anzunehmen, dass menschliches Verdienst oder Verschulden dieses Schicksal mitbestimme, hieße Gottes absolut freie Entschlüsse, die von Ewigkeit her feststehen, als durch menschliche Einwirkung wandelbar anzusehen: ein unmöglicher Gedanke." (Weber 1905: 93)

Dass es sein Schicksal nicht beeinflussen kann, ist für das religiöse Individuum freilich eine höchst unbefriedigende und verunsichernde Feststellung. Angesichts der Ungewissheit seines Schicksals verbleiben ihm als Handlungsoptionen nur ein frommer Lebensstil, seine pflichtbewusste Berufstätigkeit – und Sparsamkeit. Einziges Anzeichen göttlicher Gnade ist laut Prädestinationslehre nämlich die durch Sparsamkeit erreichte Akkumulation von Kapital. Diese dient nicht der egoistischen Selbstbereicherung, sondern vielmehr der Akkumulation weiteren Kapitals und seiner Reinvestition. Die Menge des akkumulierten Kapitals ist der letztliche Gradmesser für die zu erwartende göttliche Gnade. Auf dieser ideellen Grundlage bildet sich eine „protestantische Ethik" aus, zu der Fleiß, Leistungsorientierung und Selbstverpflichtung gehören, während Müßiggang verpönt ist. Aus einer religiösen Idee entwickelt sich in protestantisch geprägten Ländern daraufhin der von Weber sogenannte „Geist des Kapitalismus". Weber spricht also nicht direkt von Kapitalismus, sondern von dessen Geist. Damit meint er letztlich einen bestimmten Habitus, also spezifische psychische Dispositionen, die stark genug sind, sich zu einem allgemeinen Geist zu verfestigen:

> „Der ‚Idealtypus' des kapitalistischen Unternehmers scheut [...] den unnötigen Aufwand ebenso wie den bewußten Genuß seiner Macht und die ihm eher unbequeme Entgegennahme von äußeren Zeichen der gesellschaftlichen Achtung, die er genießt. Seine Lebensführung trägt m.a.W. oft [...] einen gewissen asketischen Zug an sich. [...] Er ‚hat nichts' von seinem Reichtum für seine Person – außer: der irrationalen Empfindung guter ‚Berufserfüllung'." (Weber 1905: 55)

Der Geist des Kapitalismus löst sich im Laufe der Zeit immer mehr von seinen religiösen Wurzeln. Statt religiösen Ideen (der protestantischen Ethik) wirken in modernen Gesellschaften daher zunehmend ökonomische Prinzipien (der Geist des Kapitalismus) handlungsleitend:

> „Indem die Askese die Welt umzubauen und in der Welt sich auszuwirken unternahm, gewannen die äußeren Güter dieser Welt zunehmende und schließlich unentrinnbare Macht über den Menschen, wie niemals zuvor in der Geschichte. Heute ist ihr Geist [...] aus diesem Gebäude entwichen. Der siegreiche Kapitalismus jedenfalls bedarf [...] dieser Stütze nicht mehr." (Weber 1905: 203f.)

Die protestantische Ethik und der Geist des Kapitalismus

Weber beobachtet, dass Protestanten in modernen okzidentalen Gesellschaften einen höheren sozialen Status innehaben als Angehörige anderer Konfessionen. Die protestantisch geprägten Staaten des Okzidents waren außerdem wirtschaftlich erfolgreicher als die nicht protestantisch geprägten des Orients. Weber begründet dies mit *Luthers Berufsbild* und der *calvinistischen Prädestinationslehre.* Aus beiden Quellen habe sich eine „protestantische Ethik" entwickelt, deren wesentliche Bestandteile eine selbst- und rastlose Berufsarbeit sowie die Akkumulation von Kapital waren. Dieser „Geist des Kapitalismus" hat sich schließlich mehr und mehr *von seinen religiösen Wurzeln gelöst.*

Fassen wir Webers Überlegungen in Hinblick auf unsere Frage nach der gesellschaftlichen Bedeutung von Religion zusammen: Der „kapitalistische Geist" moderner okzidentaler Gesellschaften entspringt der calvinistischen Orientierung an einem verborgenen Gott, dessen Prädestination nicht beeinflusst werden kann. Frühe Protestanten nutzten diese transzendente Göttlichkeit dazu, ihr Handeln zu legitimieren, das sich ausschließlich an wirtschaftlichem Erfolg messen lassen sollte. Zunächst hatte die Religion mithin hohe Bedeutung für das soziale Handeln von Individuen und Gruppen. Zunehmend jedoch löste sich die ursprünglich religiöse Idee von ihren Wurzeln. Zwischen der „protestantischen Ethik" und dem „Geist des Kapitalismus" besteht daher – wie Weber es ausdrückt – eher eine „Wahlverwandtschaft" als ein kausaler Zusammenhang. Rationalität und Wohlstandssteigerung führten schließlich dazu, dass die religiöse Grundidee an Bedeutung verloren hat, während sich die aus ihr hervorgegangene kapitalistische Grundhaltung immer weiter durchsetzen konnte.

2.4 Zwischenfazit

In diesem Kapitel haben wir die Makroebene des religiösen Feldes beleuchtet, indem wir uns mit der Frage beschäftigt haben, ob Religion in modernen Gesellschaften an Bedeutung verliert. Ausgangspunkt war eine Beobachtung, die wir im Alltag vermutlich alle schon gemacht haben: Die Kirchen bleiben immer häufiger leer. Diese alltagsweltliche Beobachtung haben wir in soziologischer Manier zunächst systematisiert. Dabei haben wir festgestellt, dass sowohl der Organisationsgrad beider christlichen Kirchen Deutschlands als auch die Teilhabe an ihren religiösen Angeboten seit mehreren Jahrzehnten kontinuierlich rückläufig sind. In Hinblick auf die Entwicklung der Kirchenmitgliedschaft haben wir erhebliche Unterschiede nicht nur zwischen Deutschland und anderen europäischen Ländern, sondern auch zwischen den alten und den neuen Bundesländern festgestellt. Wann immer man Kennzahlen zur gesellschaftlichen Bedeutung von Religion in den Blick nimmt, sollte man daher zwischen Ost- und Westdeutschland differenzieren. Bedingt ist die abnehmende Anzahl von Kirchenmitgliedern durch eine steigende Anzahl von Kirchenaustritten. Offenbar verbreitet sich in der deutschen Bevölkerung langfristig eine latent indifferente bis explizit kirchenkritische Haltung. Die Kirchensteuer kann auf dieser Grundlage als Anlass wirken, einen Austritt tatsächlich zu vollziehen. In Hinblick auf die sinkende Teilhabe an kirchlichen Angeboten haben wir gesehen, dass auch die Anzahl der Gottesdienstbesuche seit Jahren rückläufig ist; in Anbetracht der Altersstruktur von Gottesdienstbesucherinnen und -besuchern ist diesbezüglich keine Trendwende in Sicht. Nimmt man die Entwicklung von Kirchenmitgliedschaft und Gottesdienstbesuchen zusammen, stellt man fest, dass der quantitative Mitgliederverlust keineswegs zu einer höheren Qualität der Kirchenmitgliedschaft führt. Vielmehr muss man für Deutschland von einem recht dramatisch verlaufenden Entkirchlichungsprozess sprechen.

Nicht nur (kirchlich) organisierte Formen von Religion scheinen ihre gesellschaftliche Bedeutung zu verlieren. Wir haben außerdem festgestellt, dass auch Gottesglaube und Gebetspraxis rückläufig sind. Von Generation zu Generation sinkt der Anteil von Menschen, die an Gott glauben, während der Anteil von Menschen steigt, die niemals beten. Auch hier zeigen sich erhebliche Differenzen zwischen Ost- und Westdeutschland. Zu berücksichtigen sind ferner biografische Effekte: Offenbar gewinnen Gottesglaube und Gebetspraxis mit zunehmendem Lebensalter an Bedeutung. Gleichwohl muss man insgesamt einen abnehmenden Transzendenzbezug der Gesellschaft konstatieren.

Unsere Befunde lassen sich mit Hilfe der Säkularisierungstheorie erklären, die Sie in zwei Varianten kennengelernt haben. Die differenzierungstheoretische Variante erklärt den Bedeutungsverlust von Religion durch die funktionale Differenzierung moderner Gesellschaften. Religion ist zu einem Teilsystem degradiert worden, das anderen Teilsystemen gegenüber gleichrangig ist. Dies beschränkt ihren Zuständigkeitsbereich: Überall dort kann von Säkularisierung gesprochen werden, wo nicht-religiöse Gesellschaftsbereiche sich von den Vorgaben und der Kontrolle durch religiöse Institutionen gelöst haben. Die modernisierungstheoretische Variante der Säkularisierungstheorie hingegen beschreibt ein unauflösbares Spannungsverhältnis zwischen Religion und Moderne. Religiöse Traditionen geraten ihr zufolge immer stärker in Konflikt mit den säkularen Werten moderner Gesellschaften. Zentraler Mechanismus einer fortschreitenden Säkularisierung ist dabei die rückläufige religiöse Sozialisation: Wer religiös erzogen wurde, gibt nämlich häufiger an, dass ihm bzw. ihr auch im Erwachsenenalter Religion wichtig ist; wer nicht religiös erzogen wurde, glaubt seltener an Gott und besucht seltener Gottesdienste. Offenbar führen ein geringerer Grad an religiösem Wissen und ausbleibende religiöse Erfahrungen dazu, dass ein Leben ohne Religion immer mehr Menschen als selbstverständlich erscheint.

Die Annahme einer immer weiter fortschreitenden Säkularisierung muss jedoch kritisch eingeschränkt werden. Auch dies haben wir im vorliegenden Kapitel getan und festgehalten, dass es sich bei Säkularisierung um einen nicht-linearen und multiplen Prozess handelt. Die Teleologie und der Eurozentrismus der Säkularisierungstheorie übersehen nämlich, dass der Bedeutungsverlust von Religion einerseits in Schüben und Wellen verläuft und andererseits auf bestimmte Regionen beschränkt bleibt. Säkularisierung manifestiert sich in Westeuropa anders als in Osteuropa, sie nimmt in den USA einen anderen Verlauf als in Südamerika, Afrika oder Asien. Insbesondere dort, wo die Bevölkerung stark anwächst, baut Religion ihre gesellschaftliche Bedeutung mitunter sogar aus; international betrachtet haben wir daher eher einen Bedeutungsgewinn prognostiziert. Säkularisierung ist folglich als europäischer Sonderweg zu verstehen, der darin begründet ist, dass moderne Werte hierzulande gegen eine konservative Kirche durchgesetzt werden mussten. Auch in den sozialstrukturellen Milieus einer Gesellschaft nimmt Säkularisierung einen durchaus unterschiedlichen Verlauf. Für einen endgültigen Bedeutungsverlust von Religion gibt es daher keine Anzeichen. Vielmehr bringt auch die Moderne neue Formen von Religion hervor.

Schließlich habe ich Ihnen in diesem Kapitel mit Auguste Comte, Max Weber und Émile Durkheim drei Klassiker der Religionssoziologie vorgestellt. Von Comte haben wir gelernt, dass religiöse Überzeugungen in modernen Gesellschaften zunehmend durch wissenschaftliche Erkenntnisse determiniert werden. Dies mindert sowohl ihre Erklärungskraft als auch ihre Reichweite. Diese Beobachtung haben wir mit Max Weber konkretisiert. Von ihm haben wir gelernt, dass sich religiöse Ideen in modernen Gesellschaften von ihren religiösen Wurzeln lösen. Sie nehmen dabei rationalisierte und entzauberte Formen an. Von Durkheim haben wir aber gelernt, dass keine Gesellschaft auf Dauer ohne Religion auskommen kann. Es wird immer Bereiche geben, die eine Gesellschaft als heilig deklariert, indem sie diese mit bestimmten Ge- und Verboten belegt. Durch religiöse Rituale nämlich nimmt die Gesellschaft letztlich Bezug auf sich selbst und sichert so ihre kulturelle Identität.

Offen bleiben an dieser Stelle zwei Fragen: Zum einen ist unklar, wie genau neue Formen von Religion in modernen Gesellschaften hervorgebracht werden und wodurch sie gekennzeichnet sind. Zum anderen ist offen, wie etablierte religiöse Institutionen auf den Form- und Bedeutungswandel von Religion reagieren und welche Folgen dies für ihre gesellschaftliche Anerkennung hat. Auf diese beide Fragen werden wir in den folgenden Kapiteln eingehen.

3 Volle Pilgerwege. Oder: Die Individualisierung religiösen Handelns

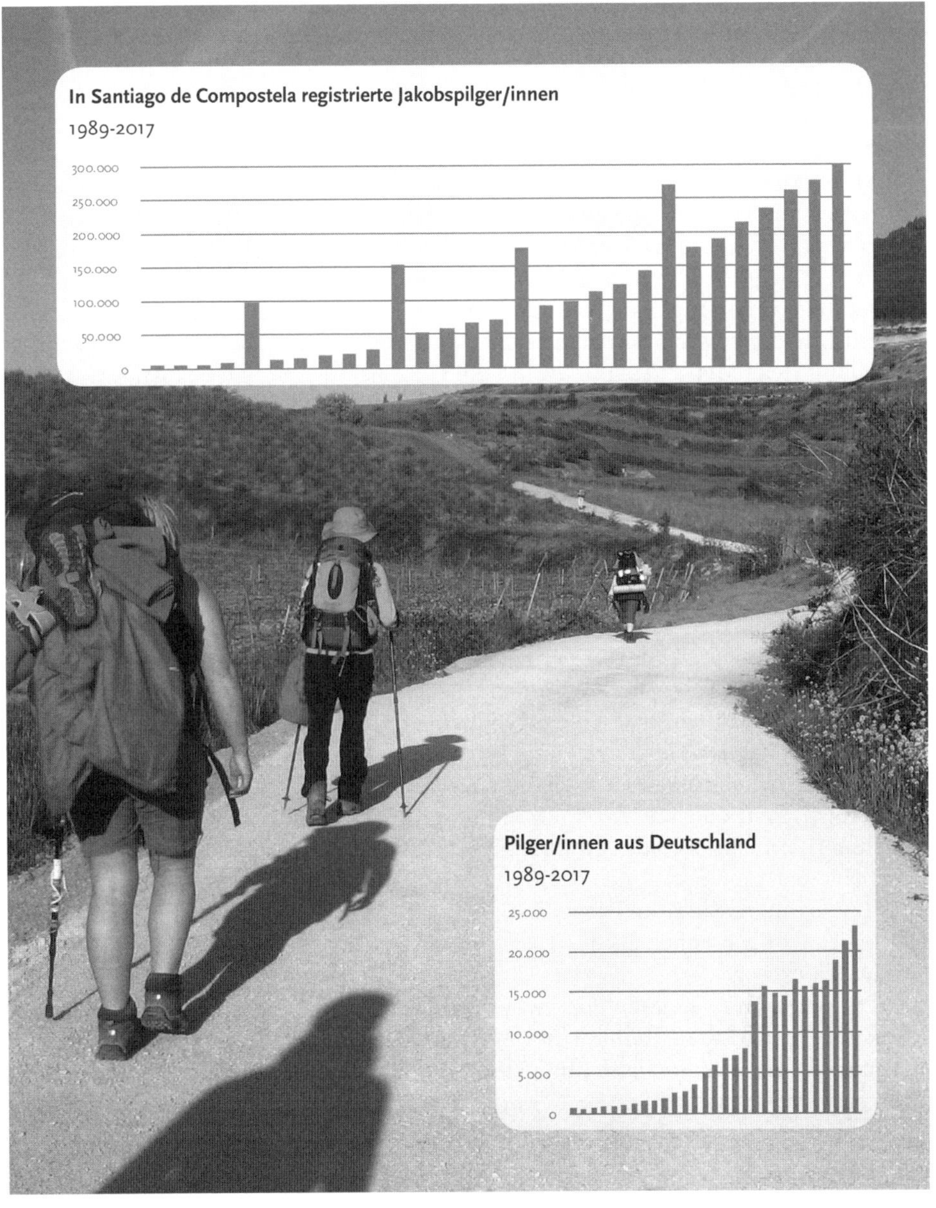

Im vorhergehenden Kapitel waren Sie fast ausschließlich mit Diagrammen konfrontiert, deren Kurven abwärts verliefen – beispielsweise diejenigen zum Organisationsgrad kirchlicher Religion, zur Teilhabe an kirchlichen Angeboten und zum Transzendenzbezug der Gesellschaft. In der obenstehenden Abbildung hingegen sehen Sie nun ein völlig konträres Bild: Die hier so beeindruckend aufwärts verlaufenden Kurven stellen die zunehmende Anzahl von Pilgerinnen und Pilgern dar, die im Pilgerbüro von Santiago de Compostela registriert wurden. Offenbar lassen sich innerhalb des religiösen Feldes also sehr wohl Phänomene finden, die an Beliebtheit und Bedeutung gewinnen. Während es sich beim Jakobspilgern bis in die 1990er Jahre um ein eher marginales Phänomen handelte, werden heute Jahr für Jahr neue Rekorde gebrochen: Im Jahr 2017 pilgerten erstmals mehr als 300.000 Menschen einen der verschiedenen Jakobswege, davon gut 23.000 aus Deutschland.[3] Auch diese Zahlen gilt es methodologisch zu reflektieren: Zunächst muss man wissen, dass die Daten vom Pilgerbüro der katholischen Kirche erhoben werden; gezählt werden daher nur diejenigen Pilgerinnen und Pilger, die das Pilgerbüro proaktiv aufsuchen, um ihre Pilgerurkunde in Empfang zu nehmen. Berücksichtigen wir jedoch die latent indifferente bis explizit kirchenkritische Haltung vieler Menschen, die wir in Kapitel 2.1 herausgearbeitet haben, so ist zu vermuten, dass es eine Dunkelziffer von Pilgerinnen und Pilgern gibt, die diesem formalen Akt gleichgültig bzw. ablehnend gegenüberstehen. Darüber hinaus müssen bestimmte Voraussetzungen erfüllt sein, um sich im Pilgerbüro registrieren lassen zu können: Mit ihrem Pilgerausweis müssen die Pilgerinnen und Pilger nachweisen, dass Sie mindestens 100 Kilometer zu Fuß bzw. 200 Kilometer mit Fahrrad oder Pferd bis nach Santiago de Compostela zurückgelegt haben. Freilich wird es aber auch Menschen geben, die kürzere oder alternative Abschnitte des Jakobswegs pilgern. Schließlich existiert neben dem Jakobsweg noch eine Reihe weiterer christlicher Pilgerwege, deren Begehung weniger gut erfasst ist: Auf protestantischer Seite ist etwa an den norwegischen Olavsweg oder an die neu entstandenen Luther-Wege rund um Wittenberg zu denken. Und auch in anderen Religionen hat das Pilgertum einen mehr oder minder hohen Stellenwert inne. Zu nennen sind in erster Linie das weit verbreitete Pilgern zu buddhistischen und hinduistischen Kultstätten – die Kumbh Mela etwa ist mit ca. 34 Millionen Teilnehmern im Jahr 2013 das größte religiöse Fest weltweit – und die Haddsch, die als eine der fünf Säulen des Islam einen exponierten religiösen Stellenwert für sich reklamiert. Kurzum: Die Anzahl der weltweit Pilgernden liegt insgesamt sicherlich deutlich höher, als die in der Abbildung dargestellten ‚offiziellen' Werte zum Jakobsweg.

Im Vergleich zu anderen Pilgerwegen weist der Jakobsweg einige Besonderheiten auf – und zwar in Hinblick auf Natur und Körperlichkeit, seine Pilgerherbergen sowie die Vergemeinschaftungsformen während des Pilgerns (Heiser 2012).

3 Statistische Daten zu den verschiedenen Jakobswegen sind auf der Webseite der Erzdiözese Santiago de Compostela verfügbar unter https://oficinadelperegrino.com/estadisticas/.

Dem Erleben von *Natur und Körperlichkeit* kommt insofern eine besondere Bedeutung zu, als auf dem Jakobsweg ausgesprochen lange Strecken zu Fuß zurückgelegt werden. Dies ist beim Pilgern anderer Religionen nicht der Fall: Im Buddhismus und Hinduismus werden die Kultstätten häufig mit privaten oder öffentlichen Verkehrsmitteln aufgesucht; im Islam werden zwischen Mekka und Mina nur vergleichsweise kurze Wegstrecken zurückgelegt. Der Camino Francés hingegen führt als beliebtester unter den Jakobswegen auf über 800 Kilometern vom französischen Pyrenäenstädtchen Saint-Jean-Pied-de-Port über Pamplona, Burgos und León nach Santiago de Compostela. Von diesen Städten abgesehen handelt es sich um einen Weg, der weitgehend durch dünn besiedelte Kulturlandschaften führt. Derart weite Strecken ohne technische Hilfsmittel in der freien Natur zurückzulegen, steht für die meisten Pilgerinnen und Pilger in diametralem Gegensatz zu ihrer Alltagswelt. Im Alltag nutzen wir beständig verschiedenste Fortbewegungsmittel und sind bemüht, jeglichen ‚störenden' Einfluss der Natur zu minimieren. Beim Pilgern handelt es sich daher um ein außeralltägliches Phänomen (Heiser und Kurrat 2015).

Das mittlerweile sehr gut ausgebaute *Herbergsnetz* entlang der Jakobswege ermöglicht es den Pilgernden, ihre Pilgerschaft vergleichsweise flexibel, spontan und kostengünstig zu gestalten. Das Spektrum der Herbergen reicht dabei von großen, funktional wirkenden öffentlichen Herbergen, über kleine, oft alternativ angehauchte private Herbergen bis zu kirchlichen Herbergen, in denen häufig ein religiöses Begleitprogramm angeboten wird – beispielsweise Andachten, Pilgergottesdienste und der beliebte Pilgersegen. Pilgerherbergen sind einer der zentralen Orte, an denen Kontakte zu anderen Pilgernden aufgebaut werden. Aus soziologischer Sicht ist durchaus beeindruckend, mit welcher Geschwindigkeit und Intensität dort soziale Beziehungen geknüpft werden. Die *Vergemeinschaftungsformen* während des Pilgerns können daher mit Victor Turner (2009) als gesteigerte Form der Gemeinschaft beschrieben werden – als sogenannte „Communitas". Dabei lassen sich zwei Formen unterscheiden: Eine synchrone Communitas entsteht durch die Vergemeinschaftung von Pilgerinnen und Pilgern, die den Jakobsweg zur gleichen Zeit begehen. Wie wir gleich sehen werden, erfüllt diese Form der Communitas wichtige Funktionen bei der Bearbeitung biografischer Ausnahmesituationen. Die diachrone Communitas hingegen bezeichnet das von vielen Pilgerinnen und Pilgern geäußerte Gefühl, Teil einer „lebendigen Geschichte" und „größeren Gemeinschaft" zu sein. Dieses Gefühl richtet sich einerseits in die Vergangenheit: an die Pilgerinnen und Pilger früherer Generationen, mit denen man sich durch eine lange Tradition verbunden fühlt. Andererseits wird mit diachroner Communitas der Wunsch beschrieben, Pilgerinnen und Pilgern zukünftiger Generationen etwas zu hinterlassen. Dies können beispielweise kurze Botschaften entlang des Weges oder in den Herbergen sein, insbesondere aber die Hinterlassenschaften am Cruz de Ferro (Heiser 2012: 130).

3.1 Warum sind die Kirchen leer und die Pilgerwege voll?

Im vorliegenden Kapitel werde ich einen Erklärungsansatz für die immer weiter zunehmenden Pilgerzahlen entwickeln. Wir beschäftigen uns also mit der Frage, wie es sein kann, dass die Pilgerwege voll sind, während die Kirchen häufig leer bleiben (vgl. Kap. 2). Nach der Makroebene werden wir nun die Mikroebene des religiösen Feldes in den Blick nehmen, um die Charakteristika des religiösen Handelns moderner Gesellschaften herauszuarbeiten. Erneut gehen wir dabei in drei Schritten vor: In einem ersten Schritt (Abschnitt 3.1) lassen wir die Pilgerinnen und Pilger selbst zu Wort kommen. Durch eine Analyse ihrer Lebensgeschichten lassen sich typische Auslöser für eine Pilgerschaft ebenso identifizieren wie bestimmte Handlungsmuster während der Pilgerschaft. Zu diesem Zweck greifen wir auf Daten zurück, die im Rahmen von Interviews erhoben wurden. Ich hatte ja nämlich bereits darauf hingewiesen, dass bestimmte religionssoziologische Perspektiven mit bestimmten Forschungsansätzen verbunden sind (vgl. Kap. 2.1.4). Die makrosoziologische Frage nach der gesellschaftlichen Bedeutung von Religion haben wir daher im vorhergehenden Kapitel anhand quantitativer Daten diskutiert; die mikrosoziologische Frage nach den Charakteristika religiösen Handelns werden wir nun anhand qualitativer Daten diskutieren. Darüber hinaus gilt es zu klären, ob und inwiefern es sich beim Pilgern überhaupt um ein religiöses Phänomen handelt.

In einem zweiten Schritt (Abschnitt 3.2) werden wir das Abstraktionsniveau erhöhen und uns vom Untersuchungsgegenstand Pilgern lösen, um einen allgemeinen Erklärungsansatz für religiöses Handeln in modernen Gesellschaften zu entwickeln. Mit der Individualisierungstheorie werde ich Ihnen die zweite zentrale Theorie vorstellen, die den religionssoziologischen Diskurs seit den 1990er Jahren bestimmt. Insbesondere werden wir uns mit dem Zusammenhang von individualisiertem religiösem Handeln und Synkretismus beschäftigen und die Frage erörtern, wie die Evidenz eines individualisierten Glaubens gesichert werden kann.

In einem dritten Schritt (Abschnitt 3.3) werden wir unsere Erkenntnisse schließlich zurückbinden an einige zentrale Modelle des religionssoziologischen Diskurses zum religiösen Handeln. Mit Thomas Luckmann, José Casanova und Robert Bellah werde ich Ihnen drei prominente Autoren aus der neoklassischen Phase der Religionssoziologie vorstellen. Mit ihren jeweiligen Überlegungen lernen Sie nicht nur eine außereuropäische Perspektive auf die Religion moderner Gesellschaften kennen, sondern auch Gegenmodelle zur Säkularisierungstheorie. Bleiben wir aber zunächst beim Phänomen der vollen Pilgerwege.

3.1.1 Warum Menschen pilgern – eine Typologie

Der deutsche Soziologe Christian Kurrat (2015) hat entlang des Camino Francés 30 sogenannte narrative Interviews mit Pilgerinnen und Pilgern geführt. Hierbei handelt es sich um ausführliche biografische Interviews, deren Verlauf den Interviewten weitgehend selbst überlassen wird. Im Prinzip werden diese lediglich darum gebeten, ihre Lebensgeschichte zu erzählen. Die daraus entstandenen lebensgeschichtlichen Erzählungen hat Kurrat induktiv mit Hilfe der Grounded Theory Methodologie ausgewertet (Heiser 2017a). Auf diese Weise konnte er fünf Haupttypen „biografischer Auslöser" identifizieren, welche die Interviewten zum Pilgern veranlasst haben: Bilanzierungspilger, Krisenpilger, Auszeitpilger, Neustartpilger und Übergangspilger. Darüber hinaus konnte er zeigen, dass mit diesen Typen bestimmte Handlungsmuster verknüpft sind. Alle fünf nämlich lassen sich dadurch voneinander abgrenzen, dass die jeweiligen Pilgerinnen und Pilger während ihrer Pilgerschaft typische Kommunikationsformen aufweisen, dass sie die körperliche Belastung ihrer Pilgerschaft in typischer Weise deuten und dass sie ihrem sozialen Umfeld in der Heimat eine jeweils typische Bedeutung beimessen (Kurrat 2015: 131ff.). Im Folgenden werde ich die fünf Pilgertypen portraitieren und Beispielfälle zitieren, weil wir aus ihren Erzählungen einiges sowohl über die Praxis des Pilgerns als auch über religiöses Handeln in modernen Gesellschaften erfahren können.

Pilgerinnen und Pilger des Typs *Bilanzierung* weisen ein fortgeschrittenes Alter auf, aufgrund dessen sie sich mit dem vermeintlich bevorstehenden Ende ihres Lebens auseinandersetzen. Ihre Pilgerschaft nutzen sie dazu, auf ihr bisheriges Leben zurückzublicken und seine wichtigsten Stationen zu reflektieren. Ihre Kommunikation während der Pilgerschaft ist von Kontemplation geprägt: Um ihr Leben bilanzieren zu können, suchen sie Stille und Einkehr; sie führen vergleichsweise wenige Gespräche mit anderen Pilgernden. Die körperliche Belastung empfinden Bilanzierungspilger als Buße für sündhaftes Verhalten in der Vergangenheit. Ihr soziales Umfeld in der Heimat hat für sie eine hohe Bedeutung: Sie sind bestrebt, eine Art Vermächtnis zu schaffen. Aus diesem Grund fertigen sie ausführliche Reiseberichte ebenso an wie zahlreiche Fotos, die sie ihren Angehörigen nach Rückkehr präsentieren wollen. Diese Absicht verfolgt auch ein 80-jähriger katholischer Rentner, den Kurrat mit folgenden Worten zitiert:

> „Ich muss sagen, dass ich das Ganze als Dankeschön ansehe, Dankeschön nach oben. [...] Ich bin achtzig Jahre, habe früh schon [...] ein sehr hartes Berufsleben gehabt. Schönes Berufsleben, aber auch sehr mit großen Forderungen [...] an mich und auch an die Familie. [...] Da gab es ja auch Menschen oder Leute, die einen gefördert haben und an die ich gerne denke, die vielleicht auch nicht mehr leben oder nicht mehr da sind. Aber man erinnert sich an diese Menschen, die es mit einem gut gemeint haben. [...] Nicht alles, was man selbst erreicht hat, ist nur aus eigener Körperkraft oder Intelligenz entstanden, sondern es haben auch andere mitgeholfen. Das darf man nicht vergessen und diese Dinge gehen natürlich auch zurück bis ins Elternhaus, wo man sich auch seinen Eltern oder Großeltern gegenüber gerne erinnert und an Geschwister, die nicht mehr leben und so

> weiter […] Ich möchte an mein Leben, das ich bisher gelebt habe, und die Stationen gerne zurückdenken. Und dafür brauche ich die Stille. Und wenn ich am Anfang gesagt habe, es war ein Wunsch von mir, muss ich mittlerweile sagen, es ist fast schon so, es ist kein Wunsch, sondern es ist ein Ruf gewesen, das zu tun und es bestätigt mich auch mit jedem Schritt, mit allem was ich sehe." (Pilger zitiert nach Kurrat 2015: 133)

Pilgerinnen und Pilger des Typs *Krise* haben vor ihrer Pilgerschaft einen Schicksalsschlag erlitten, den sie auf dem Jakobsweg zu verarbeiten suchen – beispielsweise den Tod eines Angehörigen oder eine schmerzhafte Trennung von einer Partnerin. Ihre Kommunikation ist von zahlreichen trostspendenden Gesprächen mit anderen Pilgerinnen und Pilgern geprägt. Die körperliche Belastung erleben Krisenpilger als Befreiung von Leid und Schmerz, die Körper und Seele wieder in ein Gleichgewicht zu bringen vermag. Das soziale Umfeld in der Heimat hingegen ist für sie völlig unbedeutend, da sie sich während ihrer Pilgerschaft voll und ganz auf die Verarbeitung der eigenen Krisenerfahrung konzentrieren wollen. Nach dem Tod ihres Vaters beispielsweise pilgert eine 46-jährige katholische Heilpraktikerin den Jakobsweg:

> „Dann ist mein Papa gestorben und das hat mich sehr mitgenommen, weil ich sehr an meinem Vater hing. Und dann war das irgendwie für mich klar: Um mit diesem Schmerz besser umgehen zu können, muss ich irgendwie aktiv werden. […] Und dann war plötzlich klar: Jakobsweg, das war es dann einfach […], weil durch die Bewegung hast du die Möglichkeit, etwas zu verarbeiten, was schmerzt. Und ich glaube, es ist viel besser, so etwas in der Bewegung zu verarbeiten, als im stillen Kämmerchen. […] Für mich war es wichtig, […] etwas zu tun, dass der Schmerz besser verarbeitet werden kann, dass das raus kommen kann. […] Und auch die Begegnungen auf dem Weg, vor allem wenn es Begegnungen mit einzelnen Menschen waren, die waren sehr intensiv, weil ich habe mein Herz ausschütten können und darüber reden befreit schon mal. Und die haben ihr Herz ausgeschüttet. Man kriegt mit: Okay, man ist ja nicht alleine. Auch andere haben ihr Päckchen zu tragen. Und es tröstet. Es war einfach gut, hat gut getan." (Pilgerin zitiert nach Kurrat 2015: 140f.)

Pilgerinnen und Pilger des Typs *Auszeit* sind in ihrem Alltag mit hohen Anforderungen und beruflichem Stress konfrontiert. Häufig sind sie daraufhin in eine Sinnkrise geraten, die sie während ihrer Pilgerschaft zu überwinden versuchen. Die Kommunikation mit anderen Pilgerinnen und Pilgern spielt für sie eine bedeutende Rolle. Häufig nämlich ist eine Gemeinschaft, die keine Erwartungen an sie stellt, eine völlig neue Erfahrung für Auszeitpilger. Die körperliche Belastung empfinden sie als Entschleunigung und Beruhigung. Zu ihrem sozialen Umfeld in der Heimat haben sie explizit keinen Kontakt, da sie den Abstand zu Gewohntem benötigen, um neue Prioritäten setzen zu können. In besonders plastischer Weise schildert dies eine 46-jährige konfessionslose Mediengestalterin, die den Jakobsweg gemeinsam mit ihrem 16-jährigen Sohn pilgert:

> „Ich bin selbständig im Beruf. Das heißt eben sehr strenges, sehr volles Arbeitspensum im Alltag. Ich arbeite im Prinzip sieben Tage die Woche, bin ständig unterwegs, hab ständig Termindruck. Mein Sohn und ich unterhalten uns teilweise in Kurzform. An der Tafel steht: ‚Häng die Wäsche auf, ich bin nicht da und bin um zwanzig Uhr zurück'. Und er

> schreibt dann: ‚Habe ich gemacht, bin beim Fußball, wir sehen uns morgen' oder so ungefähr. Und das kann es auf Dauer [...] nicht sein. [...] Natürlich ist Erfolg schön, aber es füllt mich irgendwann nicht mehr aus. Wenn das nicht mehr den Sinn ergibt, den man eigentlich sucht [...], dann muss man irgendwann mal umdenken. [...] Und da habe ich gedacht, dass ich für mich erst mal so einen Cut brauche, wo ich sage, ich muss mal wirklich längere Zeit raus. [...] Das Handy ist aus und wird auch erst wieder in Deutschland eingeschaltet. Also das hat es noch nie gegeben und viele mussten sich da erst mal dran gewöhnen, dass ich das wirklich ernst meine [...], dass ich wirklich 36 Tage nicht erreichbar bin." (Pilgerin zitiert nach Kurrat 2015: 145f.)

Pilgerinnen und Pilger des Typs *Neustart* wollen ein neues Leben beginnen und haben daher selbst einen Bruch ihrer Biografie initiiert. Beispielsweise haben sie ihre Arbeitsstelle gekündigt oder ihren Partner bzw. ihre Partnerin verlassen. Die Pilgerschaft wirkt für sie in erster Linie identitätsstiftend. Daher spielt die Kommunikation mit anderen Pilgerinnen und Pilgern auch für sie eine existenzielle Rolle. In deren Rahmen nämlich erfahren Neustartpilger Bestätigung und konstruieren eine neue Identität. Manifestiert wird diese durch die körperliche Belastung: Die Bezwingung des eigenen Körpers gilt ihnen als Beweis für den Neustart – wenn ich diesen Weg bewältigen kann, dann kann ich auch mein neues Leben bewältigen. Der Bezug zu ihrem sozialen Umfeld in der Heimat kann bei Neustartpilgern als Demonstration ihrer neu gewonnenen Lebenskraft beschrieben werden: Ihnen ist daran gelegen, sich nach ihrer Rückkehr als neuer Mensch zu präsentieren. In diesem Sinne berichtet ein 30-jähriger konfessionsloser Dreher von der Unzufriedenheit mit seiner bisherigen Arbeitsstelle:

> „Dann habe ich den Betrieb gewechselt. Und da habe ich jetzt gearbeitet acht Jahre. Und habe aber die ganze Zeit schon gemerkt, dass der Beruf mir nichts gibt, also ich war unglücklich und habe aber nie den Mut gehabt, irgendwas neues anzufangen. [...] In der Zeit [...] habe ich halt auch viel getrunken und habe versucht, die Probleme damit zu beseitigen. Was natürlich Schwachsinn ist. Habe dann gedacht: [...] Du musst jetzt noch 30 oder 35 Jahre arbeiten, habe gesagt, es muss doch noch was anderes geben als das, so kannst du nicht weiterleben. Ich wusste nicht, was ich machen will, was ich arbeiten kann, nach was ich suchen soll. Habe dann mit dem Trinken aufgehört. [...] Es ist halt schwer eine Tür zuzumachen, weil du hast monatlich dein Geld, du gewöhnst dich daran, und es ist schwer zu sagen: Ich mache jetzt was anderes. Da hatte ich Angst vor. Aber dann habe ich halt von heute auf morgen gesagt: Ich kündige meinen Job, weil ich einfach eine Zeit gebraucht habe für mich, nachzudenken, was will ich, wer bin ich, wo soll es weitergehen. [...] Ja, und so habe ich mir dann gedacht, [...] du musst die Tür zu machen, um eine andere halt aufzumachen. Dass ich dann gesagt habe: Okay, den Jakobsweg gehst du jetzt, da wirst du bestimmt viele Leute treffen, viele Gespräche haben, du wirst viel Zeit haben, über dich selber nachzudenken." (Pilger zitiert nach Kurrat 2015: 158ff.)

Pilgerinnen und Pilger des Typs *Übergang* schließlich wollen mit ihrer Pilgerschaft das Ende einer Lebensphase rituell begleiten – beispielsweise den Übergang von der Schulzeit ins Studium oder von der Berufstätigkeit in den Ruhestand. Auch für sie spielt die Kommunikation mit anderen Pilgerinnen und Pilgern eine wichtige Rolle, da sie Inspiration suchen für die neue Lebensphase, die nun vor ihnen liegt. Die körperliche Belastung stellt sich für Übergangspilger als Reifeprüfung dar: In jungen Jahren wollen sie prüfen, ob sie eine Pilgerschaft schon, im höheren Alter, ob sie eine Pilgerschaft noch bewältigen können. Entsprechend dient ihnen das soziale Umfeld in der Heimat als Präsentationsfolie: Ältere Pilger dieses Typs wollen ihre Leistungsfähigkeit demonstrieren, jüngere wollen sich von Gleichaltrigen abgrenzen. So auch ein 19-jähriger evangelischer Schüler, der trotz größerer Zweifel den Mut gefunden hat, alleine zu pilgern – während seine Mitschüler ihre letzten Sommerferien auf Mallorca verbringen:

> „Und dann ist Hape Kerkeling diesen Weg hier gepilgert und dann habe ich das Buch gelesen [...]. Ja, dann habe ich [...] mich gefragt, ob ich das machen kann, ob ich es körperlich schaffe, ob ich, ja, das ist ja auch eine geistige Herausforderung, sich mit sich selbst auseinanderzusetzen. Also, ich war mir noch nicht so ganz klar, was ich nach der Schule machen soll, ich hatte überlegt, zur Bundeswehr zu gehen und da zu studieren und mich auf längere Zeit [...] zu verpflichten und als Soldat auf Zeit zu arbeiten. Und hatte aber noch zwei, drei andere Optionen, wie zum Beispiel Lehrer oder Förster [...]. Ich glaube, dass ich auf dem Weg hier zumindest schon den Soldaten ausschließen konnte für mich. Und so, wie ich mir das momentan überlegt habe, war die Tendenz dazu, dass ich das, was ich hier für mich gelernt habe, auch anderen weitergeben will, und ich glaube deswegen ist Lehrer doch die 90-Prozent-Tendenz. [...] So Sachen wollte ich mir hier überlegen und bisher hat es eigentlich ganz gut funktioniert." (Pilger zitiert nach Kurrat 2015: 152f.)

Liest man die hier stark gekürzt zitierten Lebensgeschichten genau, fallen zwei Dinge auf: Zum einen ist der Auslöser einer Pilgerschaft in der individuellen Biografie eines Pilgers bzw. einer Pilgerin zu suchen. Folglich haben wir es nicht mit genuin religiösen Motiven zu tun – so wie es beispielsweise im Islam der Fall ist, wo das Pilgern nach Mekka jedem Muslim bzw. jeder Muslimin als eine der fünf Säulen des Islam auferlegt ist. Zum anderen wird eine Pilgerschaft in Hinblick auf die Kommunikation mit anderen, den Umgang mit körperlicher Belastung und den Kontakt in die Heimat individuell gestaltet. Zwar lassen sich typische Muster identifizieren, normative Vorgaben oder religiöse Gebote scheint es diesbezüglich auf dem Jakobsweg jedoch nicht zu geben. Die Gestaltungsmuster einer modernen Pilgerschaft werden in Tabelle 5 noch einmal zusammengefasst.

Tabelle 5: Pilgertypologie

Pilgertyp	Kommunikation	Körperlichkeit	Soziales Umfeld
Bilanzierung	Kontemplation	Buße	Vermächtnis
Krise	Trost	Befreiung	keine Bedeutung
Auszeit	Gemeinschaft	Entschleunigung	Priorisierung
Neustart	Konstruktion	Manifestation	Demonstration
Übergang	Inspiration	Prüfung	Präsentation

In Anlehnung an: Kurrat 2015: 132ff.

3.1.2 Pilgern als religiöses Phänomen

Wenn wir es beim Pilgern also mit einem individuell ausgelösten und individuell gestalteten Phänomen zu tun haben, stellt sich die Frage, ob und inwiefern es sich überhaupt um ein religiöses Phänomen handelt – und nicht etwa um ein rein touristisches oder sportliches. Um diese Frage beantworten zu können, hilft ein genauerer Blick auf die vorliegenden Daten zur Entwicklung der Pilgerzahlen (Abbildung 8).

Zwei Befunde halte ich in Hinblick auf die Frage nach dem religiösen Charakter einer modernen Pilgerschaft für wesentlich: einerseits den Anstieg der Zahl deutscher Pilgerinnen und Pilger sowie andererseits die Ausschläge in den sogenannten Heiligen Jahren. In Abbildung 8 fällt aufgrund der Darstellungsform zunächst kaum auf, dass sich die *Anzahl deutscher Pilgerinnen und Pilger* zwischen den Jahren 2006 und 2007 um bemerkenswerte 70 Prozent gesteigert hat – der mit Abstand höchste Anstieg innerhalb eines Jahres seit 1986. Zwischen 2006 und 2017 ist ihre Anzahl gar um das Zweieinhalbfache angestiegen. Zu erklären ist diese Steigerung durch ein Buch, dessen Titel vielleicht auch in Ihrem Sprachgebrauch schon zum geflügelten Wort geworden ist: „Ich bin dann mal weg" von Hape Kerkeling. Der im Jahr 2006 erschienene Pilgerbericht des deutschen Komikers und Unterhalters hatte offenbar bereits kurz nach seiner Veröffentlichung immense Auswirkungen auf die Pilgerzahlen – weshalb man auch vom „Kerkeling-Effekt" sprechen kann (Kurrat 2015: 56; Heiser und Kurrat 2015). Wie sich dieser Effekt genau auswirkt, erfahren wir ebenfalls aus Interviews mit Pilgerinnen und Pilgern: Viele von ihnen berichten davon, im Vorfeld ihrer Pilgerschaft die Sorge gehabt zu haben, sich auf dem Jakobsweg in einen von der katholischen Kirche strikt normierten Kontext zu begeben. Sie hatten Sorge, bestimmte Verhaltensweisen an den Tag legen zu müssen, beispielsweise an Pilgergottesdiensten und ähnlichem teilnehmen zu müssen. Angesichts der weitverbreiteten indifferenten oder kritischen Haltung gegenüber der Kirche ist diese Sorge durchaus nachvollziehbar. Kerkelings Buch aber hat seiner breiten Leserschaft eindrücklich vermittelt, dass man Pilgern sehr wohl individuell gestalten und die Nähe bzw. Distanz zur katholischen Kirche selbst bestimmen kann. Diese Einsicht hat wesentlich zum sprunghaften Anstieg der Pilgerzahlen beigetragen, weil sie mit dem Bedürfnis nach individueller Gestaltung – wie Sie in Abschnitt 3.2 sehen werden – ein wesentliches Merkmal des religiösen Handelns in modernen Gesellschaften adressiert.

Andererseits stechen in Abbildung 8 unmittelbar die *Ausschläge der Pilgerzahlen* in den Jahren 1993, 1999, 2004 und 2010 ins Auge. Hierbei handelt es sich um sogenannte Heilige Jahre. Diese werden von der katholischen Kirche immer dann ausgerufen, wenn der Festtag des heiligen Jakobus, der 25. Juli, auf einen Sonntag fällt. Im Durchschnitt steigen die Pilgerzahlen in diesen Jahren auf das Fünffache. Wir müssen also feststellen, dass eine Pilgerschaft nicht nur von individuellen Lebenssituationen, Präferenzen und Praktiken beeinflusst wird – sondern nach

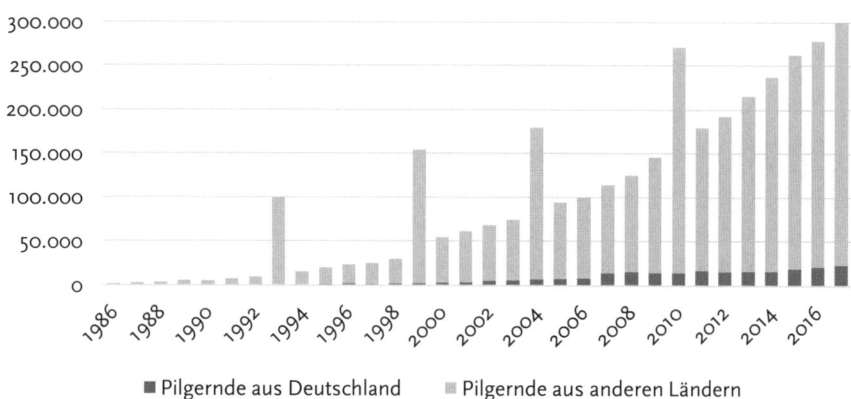

Abbildung 8: In Santiago de Compostela registrierte Pilger
Eigene Darstellung. Daten: Pilgerstatistik der Erzdiözese Santiago de Compostela.

wie vor auch von kirchlichen Vorgaben. Um daraufhin die Frage zu beantworten, ob es sich beim Pilgern um ein religiöses Phänomen handelt, können wir auf unsere Unterscheidung von substanziellen und individuellen Religionsbegriffen zurückgreifen. In Kapitel 1.1 hatte ich diesbezüglich herausgearbeitet, dass *substanzielle Definitionen* Religion von ihrem Inhalt und ihrer Tradition her bestimmen. In dieser Hinsicht handelt es sich beim Pilgern ganz fraglos um ein religiöses Phänomen: Das Jakobspilgern nämlich stellt eine christliche Tradition dar, die bereits seit dem 9. Jahrhundert nachweisbar und in der Annahme begründet ist, in Santiago de Compostela befinde sich das Grab von Jakobus dem Älteren. Gepilgert wird mithin zu einer heiligen Stätte: der hiesigen Kathedrale, die den Endpunkt des Jakobswegs bildet und deren Gottesdienste von zahlreichen Pilgerinnen und Pilgern als ritueller Abschluss ihrer Pilgerschaft genutzt werden. Darüber hinaus haben wir anhand der im Pilgerbüro ausgestellten Pilgerurkunden, der religiösen Angebote in kirchlichen Herbergen und der Ausschläge in den Heiligen Jahren gesehen, dass der Jakobsweg auch heute noch in wesentlichen Aspekten von der katholischen Kirche verwaltet wird.

Gemäß eines *funktionalen Religionsbegriffs* hingegen ist all das als Religion zu verstehen, was für einen Akteur religionstypische Funktionen erfüllt. Auch in dieser Hinsicht handelt es sich beim Pilgern um ein religiöses Phänomen:

1. *Identitätsstiftung*: Anhand der Interviewzitate haben wir gesehen, dass eine Pilgerschaft identitätsstiftende Wirkung haben kann. Dies gilt insbesondere für Neustart- und Übergangspilger, die auf dem Jakobsweg eine neue Identität konstruieren, manifestieren und demonstrieren.
2. *Moralische Handlungsführung*: Trotz aller Individualität entwickeln die meisten Pilgerinnen und Pilger eine Art Pilgermoral. Hohe Bedeutung haben beispielsweise bestimmte Rituale, die sich auf die diachrone Communitas beziehen. In

Bezug auf die synchrone Communitas ist vielen daran gelegen, ‚richtig' zu pilgern, indem sie beispielsweise auf technische Fortbewegungsmittel verzichten.

3. *Kontingenzbewältigung*: Die Kontingenz erlebter Schicksalsschläge wird während einer Pilgerschaft dadurch bewältigt, dass Pilgerinnen und Pilger sich mit Menschen in ähnlichen Lebenssituationen austauschen. Dabei entwickeln insbesondere Krisenpilger sinnstiftende Erklärungen ebenso wie Zukunftsperspektiven.
4. *Sozialintegration*: Anhand der Interviewzitate haben wir gesehen, dass Gemeinschaften auf dem Jakobsweg eine wesentliche Rolle spielen. Bedeutsam sind sie insbesondere für Auszeitpilger (als Erfahrung erwartungsfreier sozialer Beziehungen) und Neustartpilger (als Legitimationsinstanz eines selbstinitiierten Biografiebruchs).
5. *Kosmisierung*: Auf dem Jakobsweg lässt sich häufig beobachten, dass Pilgerinnen und Pilger ihre Erfahrungen transzendenzbezogen deuten. Dies gilt beispielsweise für Bilanzierer, welche die körperliche Belastung des Pilgerns als Buße für sündhaftes Verhalten in der Vergangenheit interpretieren.
6. *Prophetische Weltdistanzierung*: Schließlich hatten wir mit Blick auf Natur und Körperlichkeit gesehen, dass es sich beim Pilgern um ein außeralltägliches Phänomen handelt. Die Distanz zur Alltagswelt ist insbesondere für Auszeitpilger relevant, die in ihrem Alltag neue Prioritäten setzen wollen.

Beim modernen Pilgern handelt es sich also sowohl in substanzieller als auch in funktionaler Hinsicht um ein religiöses Phänomen. Offen ist hingegen noch die Frage, warum dieses Phänomen immer beliebter wird und sich immer weiter verbreitet. Monokausale Erklärungen wird es diesbezüglich nicht geben, schließlich ist ein soziales Phänomen stets von vielen Faktoren beeinflusst. Zentral erscheint mir gleichwohl ein *spezifisches Zusammenspiel von individueller Praxis und kirchlicher Tradition*, das sich in einer Pilgerschaft geradezu prototypisch zeigt. Einerseits nämlich haben wir bereits im Rahmen unserer Diskussion der Säkularisierungstheorie gesehen, dass in der Moderne die Bereitschaft sinkt, sich dauerhaft an religiöse Organisationen zu binden und Handlungsvorgaben der Kirchenhierarchie als legitim zu akzeptieren (vgl. Kap. 2.2.1). Genau hieraus entsteht das moderne Bedürfnis, die eigene Religiosität individuell zu gestalten. Andererseits aber ist individuelle Religiosität mit einem Kontingenzproblem konfrontiert: Woher soll das religiöse Individuum wissen, welche Praxis die richtige ist, um beispielsweise Lebenskrisen zu bewältigen oder biografische Übergänge zu gestalten? Angesichts dieser Ungewissheit werden religiöse Traditionen und Organisationen relevant, welche die Evidenz einer individuellen religiösen Praxis zu sichern vermögen. Auf diese These werde ich am Ende des folgenden Abschnitts noch einmal genauer zurückkommen. Zunächst jedoch sollten wir einige theoretische Grundlagen in Bezug auf die Individualisierung religiösen Handelns in modernen Gesellschaften legen.

Pilgern als prototypisches Beispiel für eine moderne religiöse Praxis

Als Pilgern wird die zumindest teilweise zu Fuß angetretene Reise zu *religiösen Stätten* bezeichnet. Das moderne Pilgertum auf dem Jakobsweg ist durch drei konstitutive Merkmale gekennzeichnet: die außeralltäglich hohe Bedeutung von *Natur und Körperlichkeit*, das gut ausgebaute *Herbergsnetz* sowie synchrone und diachrone Formen einer intensiv erlebten Gemeinschaft (*Communitas*). In substanzieller Hinsicht kann das Jakobspilgern als *religiöses Phänomen* verstanden werden, da es von einer religiösen Tradition geprägt und durch die katholische Kirche verwaltet wird. In funktionaler Hinsicht dient es dem Individuum zur Bearbeitung bestimmter biografischer Situationen. Pilgern stellt insofern ein prototypisches Beispiel für eine moderne religiöse Praxis dar, als es von einem *spezifischen Verhältnis individueller Gestaltung und religiöser Tradition* bestimmt ist.

3.2 Aktueller Diskurs zur Individualisierung religiösen Handelns

Mit der Individualisierungstheorie wenden wir uns im Folgenden derjenigen Theorie zu, die den aktuellen religionssoziologischen Diskurs zum religiösen Handeln in modernen Gesellschaften bestimmt. Erstmals vertreten wurde sie bereits in den 1960er Jahren von Claude Lévi-Strauss (1962) und Thomas Luckmann (1963). Lévi-Strauss hatte seinerzeit den Begriff der „Bricolage" eingeführt, mit dem er Handlungsformen bezeichnet, bei denen ein Akteur („Bricoleur") Probleme mit allen ihm zur Verfügung stehenden Ressourcen bearbeitet, anstatt vorgegebene Handlungsorientierungen zu befolgen, die spezifisch für das Problem entworfen wurden. Dieses Konzept hat Luckmann auf religiöses Handeln übertragen. Jedoch fristete die Individualisierungstheorie über mehr als zwei Jahrzehnte zunächst ein randständiges Dasein im Schatten der vorherrschenden Säkularisierungstheorie. Erst mit Ulrich Becks populär gewordener Monografie „Risikogesellschaft" aus dem Jahr 1986 wurde sie vor allem von europäischen Religionssoziologinnen und -soziologen verstärkt rezipiert. Im folgenden Abschnitt werde ich daher zunächst Becks allgemeine Überlegungen zur Individualisierung nachzeichnen, um sie sodann in Hinblick auf religiöses Handeln zu spezifizieren.

3.2.1 Die Individualisierungstheorie

Entwickelt wurde die Individualisierungstheorie von Ulrich Beck (1986) im Rahmen seiner Diagnose der spätmodernen Gesellschaft. Mit dem Begriff *„Risikogesellschaft"* beschreibt er einen „Bruch innerhalb der Moderne". Ähnlich wie die Agrargesellschaft im 19. Jahrhundert durch Modernisierungsprozesse von der

Industriegesellschaft abgelöst wurde, entwickle sich in der zweiten Hälfte des 20. Jahrhunderts eine neue gesellschaftliche Gestalt – eben die Risikogesellschaft. Zu ihren Charakteristika gehört, dass sie die Folgeprobleme („Nebenfolgen") des technisch-ökonomischen Fortschritts in den Fokus des gesellschaftlichen Diskurses rückt und dadurch einen unreflektierten Fortschrittsglauben überwindet. Beck spricht daher von einer „reflexiven Moderne". Tatsächlich kann insofern von einem „Bruch" gesprochen werden, als es in der Bundesrepublik Deutschland seit den 1970er Jahren zu entscheidenden Veränderungen der Sozialstruktur gekommen ist. Beispielsweise haben sich die ökonomischen Verhältnisse der meisten Menschen seither deutlich verbessert: Die Löhne sind gestiegen, die Arbeitszeiten wurden reduziert. Da von diesen Veränderungen alle gesellschaftlichen Schichten profitiert haben, spricht Beck (1986: 122) von einem „Fahrstuhleffekt": Wie mit einem Fahrstuhl sind alle Schichten gleichsam eine Etage nach oben gefahren. Durch umfangreiche Reformen des Bildungssystems ist darüber hinaus der durchschnittliche Bildungsgrad derart gestiegen, dass Beck von einer „Bildungsexpansion" spricht. Hinzu kommen demografische Veränderungen, etwa die deutlich gestiegene Lebenserwartung und die zunehmende Migration. Nicht zuletzt hat auch die deutsche Wiedervereinigung weitreichende Veränderungen der Lebensverhältnisse mit sich gebracht. In Folge dieser Entwicklungen kam es zu einer weitreichenden Ausdifferenzierung verschiedenster Milieus, Lebensstile und Subkulturen. Zu denken ist etwa an die Veränderungen des Rollenverständnisses von Männern und Frauen, des Verhältnisses von Alten und Jungen oder desjenigen von Familie und Arbeit. Auch neue Medien, insbesondere Verbreitung und Weiterentwicklung des Internets, haben zu einem Ausdifferenzierungsprozess beigetragen, den wir in Kapitel 4 als Pluralisierung diskutieren werden.

Für das moderne Individuum bedeuten die skizzierten Veränderungen der Sozialstruktur, dass es in der reflexiven Moderne zunehmend zum selbstverantwortlichen Gestalter seines eigenen Lebens wird. Es sei mithin, so Beck (1986: 205f.), zu einem *„Individualisierungsschub"* gekommen, der das Verhältnis von Individuum und Gesellschaft „kategorial gewandelt" habe. Sein „allgemeines, ahistorisches Individualisierungsmodell" hat innerhalb der zeitgenössischen europäischen Soziologie einiges Renommee erlangt. Es umfasst die drei Dimensionen *Freisetzung*, *Entzauberung* und *Reintegration*:

1. *Freisetzung*: Durch die Einkommens- und Bildungssteigerung, aber auch durch seine höhere Lebenserwartung und eine gut ausgebaute wohlfahrtsstaatliche Absicherung eröffneten sich dem Individuum in Bezug auf das eigene Leben völlig neue Gestaltungsoptionen. Durch die Auflösung ständisch geprägter Klassen und die Lockerung im Beziehungsgefüge von Familien kam es zu einer Herauslösung aus historisch vorgegebenen Sozialformen und Bindungen. Traditionale Herrschafts- und Versorgungszusammenhänge verlieren an Bedeutung, was es dem Individuum ermöglicht, seine neu gewonnenen Gestaltungsoptionen umfänglich zu nutzen.

2. *Entzauberung*: Jedoch hat die neu gewonnene Freiheit des Individuums auch eine Kehrseite, die Beck als „Entzauberung" beschreibt. Mit der Freisetzung aus traditionalen Sozialformen und Bindungen geht nämlich ein Verlust traditionaler Sicherheiten und handlungsleitender Normen einher. Ohne von außen vorgegeben zu bekommen, wie es sein Leben zu gestalten habe, muss das Individuum seine Biografie, wie Beck (2008: 43) es nennt, nun selbstverantwortlich „zusammenbasteln". Das Individuum ist daher in der reflexiven Moderne mit dem Zwang, biografische Entscheidungen zu treffen, ebenso konfrontiert wie mit der alleinigen Verantwortung für seine Entscheidungen.
3. *Reintegration*: Freilich aber leben auch moderne Individuen nicht außerhalb der Gesellschaft. Es ist lediglich so, dass sich das Verhältnis von Individuum und Gesellschaft unmittelbarer gestaltet, weil intermediäre Instanzen – wie Familie, Schicht und Beruf – an Einfluss auf die Lebensgestaltung verloren haben. Gleichwohl ist das Individuum aber auch in der reflexiven Moderne von Institutionen abhängig, beispielsweise vom Arbeitsmarkt und von Standardisierungsprozessen. Angesichts der Entzauberung individueller Freiheiten bindet es sich darüber hinaus freiwillig und selbstbestimmt an neue Sozialformen, die für die Evidenz seiner Entscheidungen bürgen.

Die allgemeine Individualisierungstheorie

Als Ursachen für den Individualisierungsschub in der zweiten Hälfte des 20. Jahrhunderts benennt Ulrich Beck die *Verbesserung ökonomischer Bedingungen*, die *Bildungsexpansion*, die *wohlfahrtsstaatliche Absicherung*, die *gestiegene Lebenserwartung* und die *zunehmende Migration*. Individualisierungsprozesse sind gekennzeichnet durch drei Dimensionen: *Freisetzung* bezeichnet die Herauslösung des Individuums aus traditionalen Bindungen und ihren normativen Vorgaben. *Entzauberung* bezeichnet den damit einhergehenden Verlust an Handlungsorientierung sowie die Übertragung der Entscheidungsverantwortung an das Individuum. *Reintegration* bezeichnet die Abhängigkeit des Individuums von gesellschaftlichen Institutionen sowie seine freiwillige und selbstbestimmte Bindung an (neue) Sozialformen.

Vertiefende Literatur zur allgemeinen Individualisierungstheorie:

Beck, Ulrich (1986) Die Risikogesellschaft. Auf dem Weg in eine andere Moderne. Frankfurt/Main: Suhrkamp.

Kron, Thomas/Martin Horáček (2009) Individualisierung. Bielefeld: transcript.

Becks allgemeine Individualisierungstheorie wurde von zahlreichen Religionssoziologinnen und -soziologen aufgegriffen und in Bezug auf religiöses Handeln spezifiziert: in Frankreich beispielsweise von Danièle Hervieu-Léger (1990), in der Schweiz von Michael Krüggeler (1993) und in Großbritannien von Grace

Davie (1994). Sie sehen also: Von Bedeutung ist die Individualisierungstheorie vornehmlich im europäischen Diskurs der Religionssoziologie, und zwar insbesondere als Alternative zur bis dato vorherrschenden Säkularisierungstheorie. Im US-amerikanischen Raum hingegen haben sich mit den Marktmodellen, auf die ich in Kapitel 4 zu sprechen kommen werde, andere Alternativen durchgesetzt.

Die Grundannahme der religionssoziologischen Individualisierungstheorie lautet, dass Religion in modernen Gesellschaften weder an Bedeutung verliert noch gewinnt. Vielmehr *wandele moderne Religiosität ihre Formen*, da sich religiöse Überzeugungen und Praktiken zunehmend von institutionellen Vorgaben lösen. Das Individuum kann also nicht nur Familienformen, Arbeitsverhältnisse und Freizeitgestaltung selbst gestalten, sondern eben auch seinen Glauben. Eine Kirchenmitgliedschaft beispielsweise ist heute keine qua Sozialisation vererbte Selbstverständlichkeit mehr, sondern gerät in jedem individuellen Einzelfall unter Entscheidungs- und Begründungszwang. Wie Michael Ebertz (2013) es formuliert, ist die „Regie in Sachen Religion“ von der Institution auf das Individuum übergegangen. Dies bedeutet, dass wir die im vorhergehenden Kapitel diskutierten Befunde zum sinkenden Organisationsgrad der Kirchen und zur sinkenden Teilhabe an ihren Angeboten nicht zwangsläufig als Säkularisierung verstehen müssen, sondern sie auch als Individualisierung von Religiosität interpretieren können. Jörg Stolz et al. (2014: 25) illustrieren dies anhand eines anschaulichen Vergleichs: Würde man die politische Struktur einer modernen Gesellschaft allzu stark an der Relevanz von Monarchien messen, müsste man für die moderne Gesellschaft von einem Niedergang des Politischen sprechen. Analog mag es daher sehr wohl sein, dass (kirchlich) organisierte Formen an Bedeutung verlieren – die Religiosität innerhalb moderner Gesellschaften aber konstant bleibt. Der Bedeutungsverlust von Kirchlichkeit darf daher keinesfalls mit einem allgemeinen Bedeutungsverlust von Religiosität gleichgesetzt werden. Diese Sichtweise der religionssoziologischen Individualisierungstheorie formuliert der prominente deutsche Soziologe Niklas Luhmann folgendermaßen:

> „Säkularisierung können wir begreifen als die gesellschaftsstrukturelle Relevanz der Privatisierung religiösen Entscheidens. Weder begrifflich noch theoretisch ist damit ein Funktionsverlust oder auch nur ein Bedeutungsverlust der Religion schlechthin postuliert.“ (Luhmann 1977: 232)

Den Bedeutungsverlust von Kirchlichkeit bei gleichzeitiger Konstanz individueller Religiosität hat die britische Religionssoziologin Grace Davie (1994) mit einem Buchtitel überschrieben, der innerhalb der europäischen Religionssoziologie mittlerweile zum geflügelten Wort geworden ist: „believing without belonging“. Er wird heutzutage überall dort verwendet, wo von religiöser Individualisierung die Rede ist – und hat sich dabei immer mehr von dem gelöst, was Davie aus ihrer Studie zur Religiosität in Großbritannien ursprünglich gefolgert hatte. Auch deshalb erscheint es mir wichtig, zunächst eine einschränkende Warnung – „a word of caution" – zu zitieren. Die von Davie verwendeten Begrifflichkeiten sind als Heuristik, nicht aber als Operatoren zu verstehen:

> „The terms ‚believing' and ‚belonging' are not to be considered too rigidly. The disjunction between the variables is intended to capture a mood, to suggest an area of enquiry, a way of looking at the problem, not to describe a detailed set of characteristics. [...] ‚Believing without belonging' seems to me as good a way as any doing this." (Davie 1994: 93f.)

Das Verhältnis von Religiosität („believing") und Kirchenmitgliedschaft („belonging") buchstabiert Davie für verschiedene geografische Regionen Großbritanniens ebenso aus wie für verschiedene Konfessionen und Soziallagen. Sie kommt zu dem Schluss, dass sich insbesondere die Religiosität der britischen Mittelklasse durch eine nur geringe Differenz zwischen individueller Religiosität und Konfessionszugehörigkeit auszeichnet (Davie 1994: 108f.). Ihr Beispiel „par excellence" für ein „believing without belonging" sind hingegen die in Großbritannien sehr beliebten religiösen Radio- und Fernsehprogramme, die „unsichtbaren Kirchen des Äthers":

> „The most significant aspect of religious broadcasting lies in its somewhat uneasy relationship with the institutional churches. It is, in many respects, the extreme case of belief without belonging, for it seems to permit, encourage even, a rather self-indulgent form of armchair religiosity. It reflects, moreover, the wider nature of contemporary advanced industrial society where the small screen competes (often with overwhelming success) with the equivalent activity in 'real life' whether this be sport, leisure activities or religion. [...] Religious broadcasting becomes, therefore, both friend and foe to the institutional churches: upholding the values necessary for the survival of the religious factor in contemporary society but offering a rival focus for such values. Either way, it cannot but disturb the conventional relationship between believing without belonging, the relationship which can never be taken for granted." (Davie 1994: 113)

Die Religionssoziologen Winfried Gebhardt, Martin Engelbrecht und Christoph Bochinger (2005) überschreiben die Individualisierung religiösen Handelns in modernen Gesellschaften hingegen mit der Formel „Selbstermächtigung des religiösen Subjekts" – auch dies ein Titel, der innerhalb des aktuellen religionssoziologischen Diskurses häufig zitiert wird, wenn es um Individualisierungsprozesse geht. Die anschaulich geschilderten Überlegungen der Forschergruppe basieren auf der Auswertung von 58 Einzelinterviews und zehn Gruppendiskussionen mit katholischen und evangelischen Kirchenmitgliedern. Auch hier haben wir es also wieder mit qualitativen Daten zu tun, anhand derer die „Hauptelemente gegenwärtiger ‚individualisierter' Religiosität" identifiziert werden sollen (Gebhardt et. al. 2005: 142). Im Sinne Webers (vgl. Kap. 2.3.3) arbeiten die Autoren diesbezüglich einen Idealtypus moderner Religiosität heraus – den „spirituellen Wanderer":

> „Er zeichnet sich durch ein sehr hohes Interesse an religiösen und spirituellen Erfahrungen aus. Dieses Interesse führt ihn dazu, das breite Angebot spiritueller Lehren und Techniken, das in der ‚globalen Kultur' zur Verfügung steht, auf der Grundlage seiner christlichen Herkunftskultur 'durchzusetzen' und zwar mit dem Ziel, dasjenige zu finden, das seinen eigenen, individuellen Bedürfnissen am besten entspricht. Der Weg, der ihn

zu diesem Ziel führen soll, ist für ihn ein individueller Weg, deshalb geht er ihn in der Regel auch alleine. Bindungen geht er – wenn überhaupt – nur auf Zeit ein." (Gebhardt et al. 2005: 143)

Die religionssoziologische Individualisierungstheorie

Die religionssoziologische Individualisierungstheorie geht davon aus, dass Religiosität in modernen Gesellschaften weder an Bedeutung verliert noch gewinnt. Sie *wandelt lediglich ihre Formen*, da das Individuum *aus religiösen Zwängen freigesetzt* wurde und seine Religiosität nun selbstbestimmt gestalten kann.

Vertiefende Literatur zur religionssoziologischen Individualisierungstheorie:

Luckmann, Thomas (1967/1991) Die unsichtbare Religion. Frankfurt/Main: Suhrkamp.

Davie, Grace (1994) Religion in Britain since 1945: Believing without belonging. Oxford: Blackwell.

Pollack, Detlef/Gert Pickel (2003) Deinstitutionalisierung des Religiösen und religiöse Individualisierung in Ost- und Westdeutschland, Kölner Zeitschrift für Soziologie und Sozialpsychologie 55(3): 447-474.

Gebhardt, Winfried/Martin Engelbrecht/Christoph Bochinger (2005) Die Selbstermächtigung des religiösen Subjekts. Der „spirituelle Wanderer" als Idealtypus spätmoderner Religiosität, Zeitschrift für Religionswissenschaft 13(2): 133-152.

Beck, Ulrich (2008) Der eigene Gott. Friedensfähigkeit und Gewaltpotential der Religionen. Frankfurt/Main: Verlag der Weltreligionen.

3.2.2 Individualisierte Religiosität und Synkretismus

Wenn das moderne religiöse Individuum durch verschiedene religiöse Traditionen „wandert", um seinen Glauben individuell „zusammenzubasteln", dann ist als wesentliches Merkmal individualisierter Religiosität ihr synkretistischer Charakter zu nennen. Verschiedentlich ist in diesem Zusammenhang auch von einer „Patchwork-Religiosität" die Rede. Hans-Georg Soeffner (1993) indes spricht von „Gottesbildern nach dem Baukastenprinzip", Paul Zulehner (2002) von „Glaubenskomponisten" und Friedrich Wilhelm Graf (2004) von „Polygamien des Religiösen". Gemeint ist, dass religiöse Elemente inhaltlich-dogmatischer und praktisch-ritueller Art von ihren jeweiligen Traditionen entkoppelt und in Form individualisierter Religiositäten neu kombiniert werden. Der religiöse Ursprung von Inhalten und Praktiken kann dabei mitunter in Vergessenheit geraten (Hervieu-Léger 1993). Synkretistische Religiosität kann daher ausgesprochen facettenreich ausfallen: Beispielsweise scheint es auch Kirchenmitgliedern, die regelmäßig katholische oder evangelische Gottesdienste besuchen, keine größeren Schwierigkeiten zu bereiten, die buddhistische und hinduistische Vorstellung der

Reinkarnation in ihren christlichen Glauben zu integrieren (Sachau 1996). Insbesondere von jüngeren Menschen werden verschiedenste religiöse Elemente darüber hinaus zu einem „Okkult-Thrill" mit hoher Erlebnisintensität kombiniert (Helsper 1992) und in besserverdienenden urbanen Milieus ist eine synkretistische „City-Religion" weitverbreitet (Höhn 1994).

Synkretismus

Synkretismus bezeichnet ein wesentliches Merkmal *individualisierter Formen von Religiosität. Das moderne Individuum kombiniert Elemente aus verschiedenen religiösen Traditionen* zu einer sogenannten *Patchwork-Religiosität.* Der religiöse Ursprung der Elemente gerät dabei unter Umständen in Vergessenheit.

Ulrich Beck (2008) hat den synkretistischen Charakter individualisierter Religiosität mit dem prägnanten Buchtitel „Der eigene Gott" überschrieben. In seiner lesenswerten Monografie spezifiziert er einerseits seine allgemeinen Überlegungen zu Individualisierungsprozessen in Hinblick auf religiöses Handeln. Andererseits thematisiert er ausführlich die historische Entwicklung und die modernen Erscheinungsformen des Synkretismus. Individualisierte Religiosität zeichnet sich seiner Analyse nach dadurch aus, dass sie

> „sich über die Grenzen von Nationen und Religionen hinwegsetzt, ihre religiösen Inhalte und Praktiken nach Belieben den verschiedenen religiös-spirituellen Traditionen von Orient und Okzident entlehnte, um sie, angereichert mit wechselnden psychologischen Modepraktiken, zu Formen des ‚eigenen Gottes' zusammenzubasteln." (Beck 2008: 43)

Individualisierte Formen von Religiosität existieren laut Beck bereits seit der Reformation. Schon von Luther sei dem Individuum abverlangt worden, den „Schutz der ‚Mutter' Kirche" zu verlassen. Es verlor seine „traditionskirchliche Einbindung", was dazu führte, dass kein „schützender Stellvertreter" mehr zwischen dem Individuum und Gott vermittelte (Beck 2008: 138). Sie sehen vielleicht, dass Beck die drei Dimensionen seines Individualisierungsmodells hier stringent auf individualisierte Religiosität anwendet: Das moderne Individuum wurde aus kirchlichen Zwängen freigesetzt (keine „traditionskirchliche Einbindung" mehr). Zu einer Entzauberung kam es durch den Verlust der handlungsleitenden „Schutzfunktion" der „Mutter Kirche", und die Reintegrationsdimension ist durch das nun unmittelbare Verhältnis von Individuum und Gott ohne die vermittelnde Funktion einer intermediären Instanz beschrieben. Schon vor einem halben Jahrtausend kam es mithin zu ersten religiösen Individualisierungsprozessen.

Die Freisetzung des Individuums aus religiösen Zwängen reichte allerdings lange Zeit nicht weit genug, um eine synkretistische Religiosität zu befördern. Zunächst blieb das Individuum unmittelbar an das Wort Gottes gebunden: „Der eigene Gott Luthers ist also keineswegs der ‚Bastel-Gott' des 21. Jahrhunderts, sondern der wörtliche Bibelgott, der sich in der Schrift offenbarte" (Beck 2008: 138f.). Erst im Zuge des Individualisierungsschubs in der zweiten Hälfte des 20. Jahrhunderts verbreitete sich Synkretismus derart stark, dass Beck von einer „Entgrenzung" spricht. Damit meint er, dass die Grenze zwischen Glaube und Unglaube, zwischen Religion und Nicht-Religion, zunehmend verwische:

> „Der eigene Gott der individualisierten Religiosität kennt [...] keine Ungläubigen, denn er kennt keine absoluten Wahrheiten, keine Hierarchie, keine Ketzer, keine Heiden, keine Atheisten. Im subjektiven Polytheismus des ‚eigenen Gottes' haben viele Götter Platz. Was Religionen und Kirchen, gefangen in ihrem religiösen Wahrheitsanspruch, nicht nur für moralisch verwerflich, sondern für logisch ausgeschlossen halten, wird hier praktiziert: In der nomadischen Suche nach religiöser Transzendenz sind die Individuen beides zugleich: Gläubige und Ungläubige. Ja, der Sinn des eigenen Gottes liegt gerade in dieser ‚Feindliebe' als religiöser Horizonterweiterung." (Beck 2008: 164)

Daher handelt es sich bei synkretistischer Religiosität auch nicht um eine Form von Religion, welche die kirchlich organisierte Religion ersetzen würde. Vielmehr existiert individualisierte Religiosität parallel zu kirchlicher. Beide sind vielfältig verwoben:

> „Schweizer Katholiken, die keine Schwierigkeit haben, an die Auferstehung Christi und die buddhistische Reinkarnation zu glauben, ein katholischer Schamanismus, der den Lebenden einen bemerkenswert freundschaftlichen Umgang mit den Toten ermöglicht, arabische Mullahs, chinesische Gelehrte, japanische Bonzen, tibetanische Lamas, hinduistische Panti, die Fatalismus wie Prädestination, Ahnenkult wie Anbetung des vergötterten Herrschers, Frohsinn des Pessimismus wie Erlösung durch Selbstverwirklichung predigen. Damit wird deutlich: Die Neuen Religiösen Bewegungen ersetzen nicht die alten, sie gestalten sich vielmehr wechselseitig um in ihrem Verständnis von Begriffen wie Transzendenz und Glauben, Gut und Böse usw. [...] Viele bedienen sich aus dem reichhaltigen weltreligiösen Angebot je nach Bedarf, ohne Austritt aus der alten Kirche und auch ohne Eintritt in eine andere. Man unterläuft das Entweder-Oder der Konvertierung und lebt doch das Sowohl-als-Auch eines pluralen Monotheismus oder eines selbstgebastelten Ineinanders von alter Religion und neuer Religiosität, Esoterik und New Age." (Beck 2008: 167f.)

Aus diesem Grund ist eine Formel nur bedingt zutreffend, die im religionssoziologischen Diskurs häufig verwendet wird: der von Peter L. Berger sogenannte „Zwang zur Häresie". Unter Häresie nämlich ist eine sich von der Kirchenlehre explizit abgrenzende Glaubensüberzeugung zu verstehen, die Berger (1979: 41) als „Notwendigkeit" moderner Religiosität bezeichnet. Dem Individuum geht es im Sinne der Synkretismusannahme aber gerade nicht darum, eine religiöse Tradition abzulehnen oder zu verändern. Vielmehr greift es auf bestimmte Elemente gegebener Traditionen zurück und kombiniert diese mit anderen Elementen aus anderen Traditionen zu einer individualisierten Form von Religiosität. Ein derartiges Bestreben lässt sich auch empirisch zeigen: Zwar gaben bei der Befragung im Rahmen des Religionsmonitors (Bertelsmann Stiftung 2014) nur 29 Prozent der Westdeutschen und 16 Prozent der Ostdeutschen an, tatsächlich auf die Lehren verschiedener Religionen zurückzugreifen. Im Rahmen der Hessen-Studie (Ebertz et al. 2012) taten dies aber immerhin knapp 40 Prozent der Befragten. Zu berücksichtigen ist bei diesen recht niedrigen Werten jedoch, dass der religiöse Ursprung einer Lehre oder Praktik dem Individuum heute nicht mehr in jedem Fall bekannt und bewusst ist. Darüber hinaus lehnen rund drei Viertel der Befragten die Aussage ab: „In religiösen Fragen hat vor allem meine Religion recht“ (Tabelle 6). Letzteres spricht nicht nur für eine Toleranz in religiösen Fragen, sondern kann gleichzeitig auch als zumindest prinzipiell vorhandene Bereitschaft zu Synkretismus verstanden werden.

Tabelle 6: Dogmatismus und Synkretismus

	In religiösen Fragen hat vor allem meine Religion recht*		**Ich greife auf Lehren verschiedener religiöser Traditionen zurück****	
	West	**Ost**	**West**	**Ost**
stimme eher/voll und ganz zu	15	23	29	16
stimme eher nicht/ gar nicht zu	79	74	66	77

Quelle: Bertelsmann Stiftung 2014: 13. Modifiziert. Angaben in Prozent. * Befragt wurden nur Angehörige einer Konfession. ** Befragt wurden Menschen, die sich als mindestens „wenig religiös“ einschätzen.

3.2.3 Evidenzsicherung individualisierter Religiosität

Zum Abschluss unseres Einblicks in den aktuellen religionssoziologischen Diskurs zur Individualisierung religiösen Handelns möchte ich noch einmal auf die Kontingenzproblematik zurückkommen, mit der individualisierte Religiosität eo ipso konfrontiert ist. Jegliche Form von Religion und Religiosität ist mit dem Problem konfrontiert, dass sich ihre jeweiligen Inhalte nicht in einem naturwissenschaftlichen Sinne beweisen lassen. Von der theologischen Disziplin des Gottesbeweises sehe ich im Folgenden ab, um mich auf eine genuin soziologische Argumentation zu konzentrieren. Wenn Religiosität nämlich nicht bewiesen werden kann, muss sie andere Wege finden, ihre Evidenz zu sichern. Dieser Evidenzsicherung widmet sich Ulrich Oevermann (1995) im Rahmen seines „Strukturmodells von Religiosität“. Er geht davon aus, dass Religion – er selbst spricht von „Mythos“ – „individuell nicht unmittelbar evident“ sein könne. Ihre Evidenz könne sie vielmehr lediglich durch ein „kollektives Verbürgt-Sein, [..] eine vergemeinschaftende Gefolgschaft“ sichern (Oevermann 1995: 63f.). Die Evidenz einer Religion kann mithin nur von einer Gemeinschaft gesichert werden, die eine nennenswerte Größe aufweist und die gleichen Glaubensinhalte bzw. Praktiken teilt. Genau dies ist bei Kirchen der Fall: Hier erlebt der Gläubige – ganz praktisch beispielsweise beim Besuch eines Gottesdienstes –, dass seine religiösen Überzeugungen auch von anderen vertreten werden, mit denen er die gleichen religiösen Rituale vollziehen kann.

Ganz anders hingegen stellt sich die Lage mit Blick auf die individualisierte Religiosität moderner Gesellschaften dar – gerade angesichts ihres synkretistischen Charakters. Woher soll die Gläubige hier wissen, dass sie sich den ‚richtigen' Glauben „zusammengebastelt" hat und angemessene Rituale vollzieht? Individualisierte Religiosität ist per se entzaubert und dadurch in verschärfter Form mit dem Evidenzproblem konfrontiert. Das Individuum erlebt seine Religiosität daher zunehmend als kontingent. Dies ist der Grund, warum sich häufig eine freiwillige Reintegration in (neue) religiöse Sozialformen beobachten lässt. Prototypisch haben wir dies bei unserer Beobachtung der vollen Pilgerwege gesehen. Beim Pilgern sichert die diachrone Communitas der Pilgertradition die Evidenz einer individuell gestalteten Pilgerschaft. Die synchrone Communitas bürgt durch kommunikativen Austausch mit anderen Pilgerinnen und Pilgern dafür, dass der einzelne Pilger seine bzw. die einzelne Pilgerin ihre biografische Ausnahmesituation in angemessener Weise bearbeitet. Dies ist meines Erachtens ein wesentlicher Grund dafür, dass die Pilgerwege voll sind. Gleichzeitig kann das moderne Pilgertum als vergleichsweise niederschwelliges religiöses Angebot verstanden werden, da es dem modernen Bedürfnis nach individueller Gestaltung der eigenen Religiosität Rechnung trägt. Dies ist letztlich die Chance, die sich der katholischen Kirche durch die Popularität des Jakobswegs bietet: Das Individuum ernst zu nehmen und mit niederschwelligen religiösen Angeboten ihre Funktion der Evidenzsicherung zu erfüllen – und somit gleichzeitig die Persistenz ihrer gesellschaftlichen Bedeutung sicherzustellen. Ob und inwiefern kirchliche Sozialformen diese Chance nutzen, werde ich in Kapitel 4 thematisieren. Zuvor möchte ich einige neoklassische Konzeptionen religiösen Handelns nachzeichnen.

EVIDENZSICHERUNG

Religiöse Inhalte lassen sich nicht beweisen. Ihre Evidenz kann nur durch eine hinreichend große *Gemeinschaft* gesichert werden, die an die gleichen Inhalte glaubt und die gleichen Rituale vollzieht. Daher sind individualisierte Formen von Religiosität in verschärfter Form mit der *Evidenzproblematik* konfrontiert. Sein individualisierter Glaube offenbart sich auch dem Individuum selbst als *kontingent*. Dies kann Anlass für eine *freiwillige und selbstbestimmte Reintegration in religiöse Sozialformen* sein.

3.3 Neoklassische Konzeptionen religiösen Handelns

Im Folgenden werden wir in der Geschichte der Religionssoziologie nicht ganz so weit zurückblicken, wie wir es im dritten Schritt des vorhergehenden Kapitels getan haben. In Kapitel 1.2 hatte ich nämlich bereits darauf hingewiesen, dass sich der religionssoziologische Diskurs in verschiedene Entwicklungsphasen gliedert: Nachdem die klassischen Gründerväter der Soziologie wesentliche Grundlagen für die soziologische Analyse religiöser Phänomene entwickelt hatten, trat zunächst die Säkularisierungstheorie ihre Vormachtstellung an. Parallel zum vermeintlichen Bedeutungsverlust von Religion verlor in dieser Phase auch die religionssoziologische Forschung an Bedeutung; sie fristete ein Schattendasein unter den sogenannten Bindestrichsoziologien. Dies änderte sich erst mit der Kritik an kirchensoziologischer Forschung, die in den 1960er Jahren allen voran Thomas Luckmann vorgebracht hatte (Wohlrab-Sahr 2003). In deren Nachgang entwickelte sich die Religionssoziologie erst langsam wieder zu einer theorieproduktiven soziologischen Disziplin – sie trat in ihre neoklassische Phase ein (Pollack 2015). Mit Luckmann, aber auch mit José Casanova und Robert Bellah werde ich Ihnen nun die drei international prominentesten Autoren dieser Phase vorstellen.

3.3.1 Thomas Luckmann und die unsichtbare Religion

Thomas Luckmann hat den religionssoziologischen Diskurs ab den 1960er Jahren entscheidend geprägt und wesentlich dazu beigetragen, neben der Säkularisierungstheorie andere Perspektiven auf die Religiosität moderner Gesellschaften zu etablieren. Anknüpfend an den funktionalen Religionsbegriff Durkheims (vgl. Kap. 2.3.2) entwickelte er die These einer Privatisierung von Religion. Noch bevor die Individualisierungstheorie in der allgemeinen Soziologie – und später auch in der Religionssoziologie – an Bedeutung gewann (vgl. Kap. 3.2.1), fragte Luckmann nach individualisierten Formen von Religiosität. Sein Ansatz hat dazu geführt, dass religionssoziologische Forschung ihre Beschränkung auf die Untersuchung kirchlich organisierter Religion überwunden hat und sich ab den 1980er Jahren verstärkt bemühte, individualisierte Religiosität mittels qualitativer Methoden der empirischen Sozialforschung zu erfassen (vgl. Kap. 2.1.4).

THOMAS LUCKMANN

Thomas Maria Theodor Luckmann wurde am 14. Oktober 1927 im slowenischen Jesenice geboren. Als Sohn einer slowenischen Mutter und eines österreichischen Vaters wuchs er zweisprachig auf und kam bereits früh mit unterschiedlichen Kulturen in Berührung. Nach der Annexion Sloweniens durch die Nationalsozialisten und dem gewaltsamen Tod seines Vaters zog Luckmann 1943 mit seiner Mutter nach Wien, wo er bald zum Wehrdienst eingezogen wurde und wenig später in Kriegsgefangenschaft geriet. Zurück in Wien absolvierte Luckmann 1947 die Kriegsmatura und begann sein Studium an der hiesigen Universität. Zu seinem ausgesprochen breiten Fächerspektrum zählten Sprachwissenschaften, Philosophie, Ägyptologie, französische Philologie und Psychologie. 1948 wechselte er nach Innsbruck und belegte zusätzlich die Fächer Geschichte und Germanistik. Hier lernte er auch seine spätere Ehefrau Benita Petcevič kennen. Zeitgleich bewarb sich Luckmann in Paris, Oxford und Yale um ein Auslandsstipendium – von jeder (sic!) dieser Universitäten erhielt er ein entsprechendes Angebot. Da seine Ehefrau 1950 ein Stipendium in Connecticut annahm, folgte ihr Luckmann 1951 in die USA, um bald darauf Vater zweier Töchter und amerikanischer Staatsbürger zu werden. Einer Reihe von Zufällen ist es zu verdanken, dass das Ehepaar schließlich gemeinsam an der New School for Social Research in New York studieren konnte (Schnettler 2006).

In New York studierte Luckmann unter anderem bei Alfred Schütz und Carl Mayer. Darüber hinaus begegnete er hier Peter L. Berger, mit dem er später sein sozialkonstruktivistisches Hauptwerk „Die gesellschaftliche Konstruktion der Wirklichkeit" verfassen sollte (vgl. Kap. 4.3.2). Berger begeisterte ihn zudem für religionssoziologische Fragen; mit einer einschlägigen Dissertationsschrift wurde Luckmann 1956 denn auch im Fach Soziologie promoviert. Im Anschluss lehrte er zunächst am Hobart College in Geneva, New York. Ab 1960 war er als Assistant Professor an der New Yorker New School tätig. 1965 folgte Luckmann dem Ruf an die Goethe-Universität in Frankfurt am Main, wo seine dritte Tochter geboren wurde. Bereits fünf Jahre später nahm er einen Ruf an die Universität Konstanz an. Der besondere Reiz der dort neugegründeten Reformuniversität bestand für Luckmann in den hervorragenden Arbeitsbedingungen und der Möglichkeit zu interdisziplinärer Zusammenarbeit mit Literaturwissenschaftlern und Linguisten. Neben der Religions- und Wissenssoziologie befasste sich Luckmann nun immer intensiver mit der soziologischen Analyse von Sprache und Kommunikation. In Konstanz lehrte und forschte Luckmann – unterbrochen von Auslandsaufenthalten in Wien, Salzburg, Trondheim, Linköping, Cambridge, Stanford und Australien – bis zu seiner Emeritierung im Jahr 1994. Im Alter von 88 Jahren verstarb er am 10. Mai 2016 in seiner Wahlheimat Kärnten. Noch zu Lebzeiten hatte er bereits zu den international anerkanntesten und meistrezipierten (Sozial-)Wissenschaftlern aus dem deutschsprachigen Raum gehört (Knoblauch 2005).

14.Oktober 1927	Geburt in Jesenice, Slowenien
1947	Studium der Sprachwissenschaft, Philosophie, Ägyptologie, Philologie und Psychologie an den Universitäten Wien und Innsbruck
1951	Fortsetzung des Studiums an der New School for Social Research in New York
1956	Promotion, anschließend Lehrbeauftragter am Hobart College in Geneva, New York

1960	Assistant Professor an der New School for Social Research in New York
1965	Professor für Soziologie an der Goethe-Universität in Frankfurt am Main
1970	Professor für Soziologie an der Reformuniversität Konstanz
1994	Emeritierung
10. Mai 2016	Verstorben in Kärnten

Zu den Hauptwerken Luckmanns zählen:

Berger, Peter L./Thomas Luckmann (1966/1969) Die gesellschaftliche Konstruktion der Wirklichkeit. Eine Theorie der Wissenssoziologie. Frankfurt/Main: Fischer.

Luckmann, Thomas (1967/1991) Die unsichtbare Religion. Frankfurt/Main: Suhrkamp.

Schütz, Alfred/Thomas Luckmann (1973/1979) Strukturen der Lebenswelt. Frankfurt/Main: Suhrkamp.

Hinzuweisen ist darüber hinaus auf die 2007 von Jochen Dreher herausgegebene Sammlung von Aufsätzen Luckmanns mit dem Titel „Lebenswelt, Identität und Gesellschaft".

Luckmann analysiert soziale Phänomene aus einer *wissenssoziologisch-konstruktivistischen* Perspektive. Diese begründet er in der lesenswerten Monografie „Die gesellschaftliche Konstruktion der Wirklichkeit", die er im Jahr 1966 gemeinsam mit Peter L. Berger publizierte. Die Grundannahme des wissenssoziologischen Sozialkonstruktivismus besteht darin, dass das Handeln von Akteuren durch ihr jeweiliges Wissen geleitet wird. Mit Wissen ist dabei nicht nur institutionell erworbenes Wissen gemeint – zum Beispiel also schulisches oder universitäres Wissen –, sondern jegliche Vorstellung, die Menschen von der Welt haben, in der sie leben. Wissen – so eine von seinem Lehrer Alfred Schütz übernommene Kernaussage der Phänomenologie – beruht mithin zunächst auf subjektiven Erfahrungen. Durch unsere Erfahrungen bildet unser Bewusstsein ‚Gegenstände' aus, die uns als in der Welt vorhanden erscheinen. Konstruktivistisch gesehen sind diese Gegenstände jedoch nicht als unmittelbares Abbild der Welt zu verstehen, sondern eben als von unserem Bewusstsein konstruiert (Knoblauch 1999: 110f.). Da die Welt eine intersubjektive und interaktive Wirklichkeit ist, kann sie aber nicht allein von subjektivem Bewusstsein konstruiert sein. Vielmehr haben wir, wenn wir mit anderen interagieren, zumindest indirekt Zugang auch zu deren Erfahrungen: Sie kommunizieren ihre Erfahrungen, wir orientieren unser Handeln daran. Indem wir mit anderen interagieren und kommunizieren, konstruieren wir daher eine gemeinsame Wirklichkeit – genau dies ist mit „gesellschaftlicher Konstruktion der Wirklichkeit" gemeint.

Die gesellschaftliche Konstruktion der Wirklichkeit übersteigt nicht nur die Grenze subjektiver Erfahrungen, sondern auch diejenige der Alltagswelt. Eine entscheidende Funktion kommt in diesem Zusammenhang der Sprache zu: Als gemeinsames Symbolsystem ermöglicht sie uns, auch diejenigen Erfahrungen zu kommunizieren, die wir außerhalb unserer Alltagswelt gemacht haben. Zu denken ist beispielsweise an unsere Träume und Fantasien – aber auch an unsere religiösen Erfahrungen. Berger und Luckmann sprechen diesbezüglich von *Transzendenzen*. Transzendenzen beginnen dort, wo wir nicht ausschließlich das wahrnehmen, was wir mit unseren Sinnesorganen unmittelbar erfassen; also dort, wo wir auf etwas reagieren, das aktuell nicht in der Welt erfassbar ist. Beispielsweise erinnern wir uns an ähnliche Erfahrungen, die wir bereits früher gemacht haben, oder entwerfen in unseren Gedanken zukünftige Handlungen. Wenn man so will, fügen wir unseren sinnlichen Wahrnehmungen mithin permanent eine zusätzliche Sinnebene hinzu. Luckmanns Schüler Hubert Knoblauch verdeutlicht diesen Vorgang des Transzendierens anhand eines zunächst simpel wirkenden Beispiels:

> „Der Apfel, den wir gerade essen, ist eine [...] unmittelbare (also über verschiedene Sinnesorgane zeitlich nah vermittelte) Erfahrung. Anders aber ist es mit dem Apfel, den wir gestern aßen. Wir essen ihn zwar nicht mehr, doch können wir uns daran erinnern, wie er schmeckte. Falls wir gerade einen anderen Apfel essen, können wir diesen Geschmack zuweilen so ‚rekonstruieren', dass wir einen Vergleich anstellen können: Schmeckt dieser anders, handelt es sich sogar um eine andere Sorte? Man sieht daran, wie leicht unser Bewusstsein die Zeit überspringen kann und nebenbei auch noch Ähnlichkeiten und Unterschiede markiert [...]. Dieses Überspringen der unmittelbaren Erfahrung geschieht nicht nur in die vergangene Erfahrung hinein, sondern auch in die Zukunft. Wir wollen einen Apfel mit dem Geschmack etwa eines Gravensteiners essen, haben aber keinen zur Hand. Also gehen wir ins Obstgeschäft, oder wir pflanzen gar einen Baum. In beiden Fällen erwarten wir das Essen in einer Zeit, die nicht in der unseres unmittelbaren Erfahrens liegt." (Knoblauch 2009: 58f.)

Die Fähigkeit, zeitlich und räumlich zu transzendieren, versteht Luckmann als basale und allgegenwärtige Eigenschaft des menschlichen Bewusstseins. Anthropologisch gewendet macht seine Transzendenzfähigkeit den Menschen erst zum Menschen:

> „Jedes normale menschliche Wesen ist sich der Grenzen seiner Erfahrung und der zeitlichen, räumlichen und sozialen Schranken seiner Existenz bewusst. In Wahrnehmung und Handeln gibt es ein ‚davor' und ein ‚danach', ein ‚vorne' und ‚hinten'. Unser Gemeinsinn sagt uns, dass wir Teil einer größeren Welt sind, in der es viel mehr gibt als unser Selbst, unseren Leib und unser Bewusstsein. Im Alltagsleben sind uns die Grenzen dessen, was wir tun können, auferlegt. Dinge geschehen, die wir nicht wollen. Früher oder später werden wir uns der Grenzen und Schranken unserer Wahrnehmung, unseres Handelns, unserer gesamten Existenz bewusst. Auch wenn wir im Allgemeinen nicht darüber nachdenken, wissen wir, dass die Welt uns transzendiert und dass es in der Welt Dinge gibt, die uns transzendieren." (Luckmann 2002: 286f.)

Luckmann (2002: 287) unterscheidet drei Stufen von Transzendenzen: kleine, mittlere und große Transzendenzen.

- *Kleine Transzendenzen* überschreiten zeitliche und räumliche Grenzen. Dies war bei Knoblauchs Apfel der Fall: Wenn wir uns an den Apfel erinnern, den wir gestern gegessen haben, oder darauf hinwirken, morgen einen gleichgut schmeckenden Apfel zu essen. Kleine Transzendenzen verbergen sich in nahezu allen alltagsweltlichen Erfahrungen und sind dem Bewusstsein ebenso leicht zugänglich wie gegenwärtige Erfahrungen.
- *Mittlere Transzendenzen* beziehen sich auf Erfahrung, die wir gar nicht selbst gemacht haben, sondern auf die Erfahrungen anderer Menschen. Zwar markiert der Körper selbst in engen sozialen Beziehungen eine Grenze, die wir nicht unmittelbar überschreiten können. Gleichwohl aber können wir die Erfahrungen anderer mittelbar erschließen, wenn wir in derselben Alltagswirklichkeit leben und der bzw. die andere seine bzw. ihre Erfahrungen durch Sprache kommuniziert. Wir können diese Erfahrungen dann nicht nur kognitiv zur Kenntnis nehmen, sondern auch empathisch nachvollziehen – so als wären es unsere eigenen Erfahrungen.
- In Form *großer Transzendenzen* überschreiten wir die Grenze der Alltagswelt. Dies kann beispielsweise bei Träumen, Rauscherfahrungen und Meditationen der Fall sein, aber auch im Zustand der Ekstase oder beim Eintauchen in die imaginierte Welt der Literatur. Sie sehen vielleicht zumindest anhand einiger dieser Beispiele: Auch große Transzendenzen gehören regelmäßig zum menschlichen Dasein. Sie verweisen auf eine andere Wirklichkeit, etwa auf das Leben nach dem Tod. Daran sehen Sie auch, dass große Transzendenzen häufig Gegenstand von Religion sind: Sie werden von Kirchen organisiert, von der Theologie theoretisiert und in Form von Dogmen kanonisiert.

Transzendenzen

Die Fähigkeit zu transzendieren versteht Luckmann als anthropologische Universalie des menschlichen Daseins. Er unterscheidet drei Stufen: *Kleine Transzendenzen* überschreiten die Grenzen von Zeit und Raum. Sie spiegeln sich in der Mehrzahl alltäglicher Erfahrungen. *Mittlere Transzendenzen* überschreiten die Grenze zu den Erfahrungen anderer. Diese können durch Sprache kommuniziert und durch Empathie nachvollzogen werden. *Große Transzendenzen* überschreiten die Grenze der Alltagswelt. Sie fallen häufig in den Zuständigkeitsbereich von Religion.

Wenn aber die Transzendenzfähigkeit eine anthropologische Grundeigenschaft des Menschen ist und wenn Religion dasjenige Feld ist, in dessen Zuständigkeitsbereich zahlreiche große Transzendenzen fallen, dann kann Religion nicht an gesellschaftlicher Bedeutung verlieren (Luckmann 1985). Vielmehr versteht Luckmann auch Religion als *anthropologische Universalie*. Der Mensch ist für ihn also sozusagen von Natur aus religiös; Religion ist für sein Dasein funktional notwendig. Für diese Sichtweise plädiert Luckmann zeit seines Schaffens leidenschaftlich – beispielsweise im Rahmen eines Vortrags aus dem Jahr 2002:

> „Ich bin überzeugt, die Religion ist keine vorübergehende Phase in der Evolution der Menschheit. Sie ist ein universales Merkmal der Conditio humana. Sie erscheint zwar unter verschiedenen Bedingungen in unterschiedlichen historischen Formen, doch bleibt sie ein grundlegendes Element des menschlichen Lebens, das individuelle menschliche Wesen und besonders ihre Transzendenzerfahrungen mit einer kollektiven Sicht des guten Lebens verbindet." (Luckmann 2002: 285)

Individualisierte Religiosität ist folglich als eine spezifische „historische Form" von Religion zu verstehen, die es für Luckmann soziologisch zu untersuchen gilt. Auch deshalb kritisiert er bereits früh, dass sich religionssoziologische Forschung allzu sehr auf die Untersuchung von Kirchen beschränkt habe. Im Rahmen einer Sammelrezension religionssoziologischer Publikationen findet er diesbezüglich deutliche Worte:

> „[Es ist] eine geradezu radikale Verengung des Ansatzes zu bemerken. Die Mehrzahl der neueren Arbeiten ist kirchensoziologisch, sogar kirchgemeindesoziologisch. [...] Dadurch sind allgemein-soziologisch wenig relevante Probleme in den Vordergrund der Forschung geraten und zutiefst relevante Probleme aus dem Blickfeld der Religionssoziologie nahezu verschwunden. [...] Die Folgen sind theoretische Desorientierung, eine eng positivistische Methodik und soziologisch unzureichende Auswertung des eifrig angesammelten soziographischen Materials. [...] Dabei entwickelt sich zusehends eine implizite Axiomatik, die Religiosität mit Kirchlichkeit und Kirchlichkeit mit kirchlicher ‚Praxis' gleichsetzt. So ist [...] das Hauptproblem der Religionssoziologie heute eine ungenügende Verankerung in der allgemeinen soziologischen Theorie." (Luckmann 1960: 315f.)

Mit Blick auf die kirchensoziologische Phase der Religionssoziologie kritisiert Luckmann insbesondere zwei Aspekte: Zum einen müssen empirische Daten stets an theoretische Überlegungen gebunden werden. Die bloße Wiedergabe von Kennzahlen zum Organisationsgrad der Kirchen und der Teilhabe an ihren Angeboten beispielsweise übersieht die universale Bedeutung von Religion für die Transzendenzfähigkeit des Menschen. Zum anderen darf Religion nicht mit Kirchlichkeit gleichgesetzt werden. Dies ist für Luckmann der Grundfehler der Säkularisierungstheorie: Sie fokussiere allzu stark auf die gut sichtbaren Formen organisierter Religion. Neue, weniger gut sichtbare Formen von Religion nehme sie hingegen nicht in den Blick:

> „Was für gewöhnlich bloß für ein Symptom für den Rückgang des traditionellen Christentums gehalten wird, könnte Anzeichen für einen sehr viel revolutionäreren Wandel sein: die Ersetzung der institutionell spezialisierten Religion durch eine neue Sozialform der Religion. Eines lässt sich mit Sicherheit sagen: Die zu einem ‚offiziellen' oder einst ‚offiziellen' Modell der Religion erstarrten Normen der traditionellen Institutionen können nicht mehr als Gradmesser zur Einschätzung der Religion in der modernen Gesellschaft dienen." (Luckmann 1967: 132).

Moderne Gesellschaften sind für Luckmann durch einen Bruch zwischen Institution und Religion gekennzeichnet. Religiöse Institutionen verlören zunehmend ihr Monopol zur Weltdeutung und ihre sinnstiftende Funktion für das alltägliche Handeln von Akteuren. Dadurch komme es zu einer *Privatisierung von Religion*. Die Kultur moderner Gesellschaften sei daher nicht mehr geprägt von verpflichtenden „Deutungs- und Bewertungsmustern mit einer klaren Bedeutungshierarchie. Kultur ist vielmehr ein vielfältiges reichhaltiges Warenlager aus Möglichkeiten, die prinzipiell jedem Konsumenten zur Verfügung stehen" (Luckmann 1967: 140). Das Individuum greife daher nur noch selten auf institutionelle Vorgaben zurück und sorge im Wesentlichen selbst für Sinnstiftung:

> „Nach etwa zwei Jahrhunderten, in denen dieser Wandel durch die Veränderungen in der Wirtschaft, in den Beziehungen zwischen Staat und Kirche, in der Familienstruktur, in den Urbanisierungsprozessen etc. vorbereitet wurde, übernahm die privatisierte soziale Form der Religion [...] die Vorherrschaft gegenüber jenen Formen, die über Jahrhunderte dominiert hatten. Allerdings ersetzte sie nicht einfach die institutionell spezialisierte soziale Form; sie definierte vielmehr den allgemeinen sozialstrukturellen und kulturellen Rahmen neu, innerhalb dessen die Kirchen nun mit anderen, vorwiegend hochgradig individualisierten Ausdrucksformen religiöser Erfahrung koexistieren sollten. Ein wesentliches Merkmal der ‚modernen' privatisierten sozialen Form der Religion ist die Entmonopolisierung der Herstellung und Verbreitung von Weltansichten. (Religiöse) kollektive Repräsentationen werden auf einem vergleichsweise offenen Markt erzeugt und vermittelt. Die Kanonisierung einer Weltansicht für eine ganze Gesellschaft und die durchgreifende und umfassende Zensur werden unmöglich." (Luckmann 2002: 289f.)

Das moderne Individuum verfügt somit über eine Autonomie bei der Gestaltung seiner Religiosität, die wir bereits im Zuge unserer Betrachtung des modernen Synkretismus gesehen hatten. Moderne Religiosität findet daher auch – und vielleicht sogar vornehmlich – jenseits der gut sichtbaren Kirchen statt. Religion wird – um den Titel von Luckmanns (1967) religionssoziologischem Hauptwerk zu paraphrasieren – *unsichtbar*. Gemeint ist, dass sich Religiosität heute in vielfältigen Formen äußert, die nicht in jedem Fall unmittelbar als Religion zu erkennen sind. Dies hängt im Wesentlichen damit zusammen, dass ihre institutionellen Formen verschwimmen und beliebiger werden (Knoblauch 2009: 25).

Die Unsichtbarkeit privatisierter Religion

Laut Thomas Luckmann verlieren religiöse Institutionen in modernen Gesellschaften ihr Deutungs- und Sinnstiftungsmonopol. Religion wird dadurch zur *Privatsache* des Individuums, das Deutung und Sinnstiftung nun selbst verantwortet. Moderne Religiosität zeichnet sich daher durch ein Verschwimmen ihrer Grenzen und eine Pluralität ihrer Formen aus. Im Vergleich zu institutionellen Formen ist privatisierte Religion *weniger gut sichtbar*.

Unsichtbarkeit und Privatisierung von Religion sind die wichtigsten Stichworte in Luckmanns Religionssoziologie. Beide sind jedoch nicht ohne Kritik geblieben: In Bezug auf die Unsichtbarkeit kann man einwenden, dass es sich weniger um ein phänomenologisches als um ein methodologisches Problem handelt: Ob ich privatisierte Formen von Religiosität sehen kann, hängt nämlich auch davon ab, wie (genau) ich schaue. Als Religionssoziologinnen und -soziologen sehen wir andere Phänomene, je nachdem, ob wir die Mitglieder einer Kirche zählen oder Interviews mit Pilgerinnen und Pilgern führen. In Bezug auf die Privatisierung von Religion ist – ähnlich wie es bei der Säkularisierungstheorie der Fall war (vgl. Kap. 2.2.2) – fraglich, ob es sich tatsächlich um ein universales Phänomen handelt. Friedrich Wilhelm Graf (2004: 186) weist diesbezüglich darauf hin, dass religiöse Institutionen in vielen nichtwestlichen Gesellschaften an öffentlicher Relevanz gewinnen. Er geht mithin von einer regionalen Begrenzung der Privatisierungsthese aus. In ein ähnliches Horn stößt auch der Religionssoziologe José Casanova, dem ich mich im Folgenden zuwenden werde.

3.3.2 José Casanova und die öffentliche Religion

In seiner Monografie „Public Religions in the Modern World“ tritt José Casanova (1994) der Privatisierungsthese Luckmanns entschieden entgegen. Statt mit einer privaten Religion haben wir es seiner Analyse nach in modernen Gesellschaften mit einer *öffentlichen Religion* zu tun, mit einer Form von Religion, der er sowohl eine zunehmende öffentliche Bedeutung als auch eine Renaissance konstatiert. Auch der Prognose eines zunehmenden Bedeutungsverlustes kirchlich organisierter Religion widerspricht Casanova. Vielmehr prognostiziert er ihr für den Fall einen Bedeutungsgewinn, dass sich Kirchen offener und innovativer mit der Moderne auseinandersetzen.

Darüber hinaus widerspricht Casanova dem von der Säkularisierungstheorie angenommenen Spannungsverhältnis von Religion und Moderne (vgl. Kap. 2.2.1). Das Hauptproblem der Säkularisierungsthese sieht er darin, dass sie die funktionale Differenzierung moderner Gesellschaften, die Abnahme individuellen Glaubens und die Individualisierung religiösen Handelns zu einer einzigen These verschränkt. Diese drei Prozesse müssen seiner Ansicht nach getrennt voneinander betrachtet werden. Offenkundig sei nämlich, dass mit Modernisierungsprozessen nicht zwangsläufig ein Rückgang individuellen Glaubens verbunden sein muss. Außerhalb Westeuropas treffe dies schlicht nicht zu, wie Casanova anhand mehrerer Beispiele aufzeigt: der islamischen Revolution im Iran, der Befreiungstheologie in Lateinamerika und der Solidarność-Bewegung in Polen. Für diese These hat Casanova (2009) in Form eines Buchtitels eine recht pointierte Formel gefunden: „Europas Angst vor der Religion“. Die Mehrheit der europäischen Bevölkerung sei, argumentiert er dort, der Auffassung, Religion wäre intolerant – dies aber sei eben ausschließlich in Europa der Fall.

JOSÉ CASANOVA

José Casanova wurde 1951 im spanischen Saragossa geboren. Ab 1969 studierte er an der dortigen Universität zunächst Philosophie, bevor er in den frühen 1970er Jahren als Canisianer ein Theologiestudium im österreichischen Innsbruck aufnahm. Nach dessen Abschluss ging Casanova 1973 in die USA, um sein Studium an der New Yorker New School of Social Research abzuschließen. Nach seiner Promotion war er dort ab 1987 als Dozent für Soziologie tätig. Anfang 2008 folgte Casanova einem Ruf an die Georgetown University in Washington, D.C., wo er bis heute eine Forschungsprofessur am Institut für Soziologie und Anthropologie innehat. Zudem leitet er aktuell das Forschungsprogramm „Globalization, Religion, and the Secular" am Berkley Center for Religion, Peace and World Affairs.

Casanova forscht zu einer Vielzahl religionssoziologischer Themen, unter anderem zum Verhältnis von Religion und Globalisierung, zu migrationsbedingtem religiösem Pluralismus sowie zu transnationalen Religionen. Seine bislang bekannteste Publikation „Public Religions in the Modern World" erschien im Jahr 1994 und wurde in mehrere Sprachen übersetzt. Für seine Forschungsarbeit wurde Casanova mit zahlreichen Preisen ausgezeichnet, im Jahr 2010 unter anderem mit der Ehrendoktorwürde der Universität Innsbruck.

1951	Geburt in Saragossa, Spanien
1969	Studium der Philosophie und katholischen Theologie in Saragossa und Innsbruck
1987	Promotion und anschließende Lehrtätigkeit an der New School for Social Research in New York
2008	Forschungsprofessur an der Georgetown University in Washington, D.C.
2010	Ehrendoktorwürde der Universität Innsbruck

Zu Casanovas wichtigsten religionssoziologischen Publikationen zählen:

Casanova, José (1994) Public religions in the modern world. Chicago: University Press.

Casanova, José (2007) Rethinking secularization. A global comparative perspective, in: Peter Beyer/Lori Beaman (Hg.): Religion, globalization, and culture. Leiden: Brill, S. 101-120.

Casanova, José (2009) Europas Angst vor der Religion. Berlin: University Press.

Casanova, José (2017) Beyond secularization. Religious and secular dynamics in our global age. Kiew: Spirit and Letter.

Casanova selbst lehrt und lebt seit vielen Jahren in den USA. Dort konnte er aus nächster Nähe beobachten, dass Religion auch in einer modernen Gesellschaft eine wesentliche Rolle spielen kann. Seine These der öffentlichen Religion stützt er auf Fallstudien, die er in recht unterschiedlichen Ländern durchgeführt hat: in Spanien, Polen, Brasilien und den USA. Für die ersten drei Länder kann er einen wesentlichen Einfluss der katholischen Kirche auf die Demokratisierungsbewegungen der 1970er- und 1980er-Jahre nachweisen. Ganz im Gegensatz zur Privatisierungsthese sei Religion hier sowohl in den Massenmedien als auch im öffentlichen Diskurs hoch präsent gewesen:

> „What was new and unexpected in the 1980s was not the emergence of new religious movements, religious experimentation and new religious consciousness [...] but rather the revitalization and the assumption of public roles by precisely those religious traditions with both theories of secularization and cyclical theories of religious revival had assumed were becoming ever more marginal and irrelevant in the modern world." (Casanova 1994: 5)

Die Revitalisierung von Religion und ihre Einnahme einer öffentlichen Rolle seien jedoch keineswegs nur auf wenige Regionen beschränkt:

> „Religions throughout the world are entering the public sphere and the arena of political contestation not only to defend their traditional turf, as they have done in the past, but also to participate in the very struggles to define and set the modern boundaries between the private and the public spheres, between system and life-world, between legality and morality, between individual and society, between family, civil society and state, between nations, states, civilizations, and the world system." (Casanova 1994: 6)

Öffentliche Religion

Im Gegensatz zur Privatisierungsthese beobachtet José Casanova einerseits eine hohe Relevanz religiöser Themen in politischen Auseinandersetzungen. Andererseits entwickeln sich religiöse Institutionen seiner Analyse nach zu gewichtigen zivilgesellschaftlichen Akteuren, die sich an öffentlichen Diskursen wesentlich beteiligen. Dies bezeichnet er als *Entprivatisierung* und *öffentliche Religion*.

Als Beispiele für religiöse Themen in politischen Auseinandersetzungen nennt Casanova die US-amerikanische Diskussion um Abtreibungs- und Kopftuchverbot. In beiden Fällen komme es zu einer Politisierung von Religion. Das Eintreten von Religion in öffentliche Diskurse und politische Auseinandersetzungen setzt freilich voraus, dass individualisierte Formen von Religion zuvor als private Angelegenheiten anerkannt wurden. Erst dann kann Religion wieder öffentlich werden, was Casanova als Entprivatisierung („de-privatization") bezeichnet:

> „Die Entprivatisierung der Religion, ihr Heraustreten aus dem bloßen Privatbereich setzt daher voraus, dass Religion eine Privatangelegenheit ist; und sie kann nur dann gerecht-

fertigt werden, wenn zugleich das Recht auf Privatsphäre und Gewissensfreiheit auch vor den Übergriffen der Religion juristisch geschützt ist. Die Rede vom Heraustreten der Religion aus dem Privatbereich meint hier zweierlei: Zum einen bezieht sie sich auf die Einführung öffentlicher, d.h. intersubjektiver Normen in den Privatbereich und zum anderen auf das Eindringen der Moral in die öffentliche Sphäre des Staates und der Wirtschaft." (Casanova 1996: 191)

3.3.3 Robert Bellah und die Zivilreligion

Der dritte und letzte Autor, den ich Ihnen aus der neoklassischen Phase der Religionssoziologie vorstellen möchte, ist der US-Amerikaner Robert Bellah. Er entwickelte ein Modell der *Evolution von Religion*, in dem Sie einige Aspekte zusammengefasst wiedererkennen werden, die ich an unterschiedlichen Stellen bereits thematisiert habe.

ROBERT BELLAH

Robert Neely Bellah wurde 1927 in Altus, Oklahoma als Sohn eines Zeitungsverlegers geboren, der starb als Robert gerade zwei Jahre alt war. Seine Mutter Lillian zog daraufhin mit den Kindern nach Los Angeles, wo Bellah presbyterianisch erzogen wurde und seine Schulzeit absolvierte. Bereits als Schüler lernte er seine spätere Ehefrau Melanie Hyman kennen, mit der er gemeinsam für die hiesige Schülerzeitung arbeitete. Die Hochzeit fand 1948 statt, das Paar sollte später zwei Töchter bekommen. Ebenfalls im Jahr 1948 begann Bellah sein Studium der Anthropologie und Soziologie an der Harvard University in Cambridge. Zu seinen wichtigsten Lehrern zählte dort der prominente Soziologe Talcott Parsons. Darüber hinaus studierte Bellah fernöstliche Sprachen, weshalb er neben Englisch, Deutsch und Französisch auch fließend Japanisch und Chinesisch sprach. Promoviert wurde er 1955 mit einer religionssoziologischen Arbeit, in der er Max Webers Protestantismusthese (vgl. Kap. 2.3.3) auf das vorindustrielle Japan übertragen hatte. In seinen frühen Semestern war Bellah Mitglied einer marxistischen Studentengruppierung gewesen. Daher versuchte die Universitätsleitung nun – gegen den ausdrücklichen Protest Parsons' – seine Anstellung von der Bereitschaft abhängig zu machen, die Namen ehemaliger Genossen zu verraten. Daher absolvierte Bellah zunächst ein zweijähriges Postdoc-Stipendium im kanadischen Montreal, bevor er 1957 seine Dozententätigkeit in Harvard aufnehmen konnte.

Das Jahr 1967 wurde für Bellah zum Wendepunkt: Zum einen wurde er durch seinen Aufsatz „Civil Religion in America", der unter Soziolog/innen und Theolog/innen eine nachhaltige Diskussion über die Bedeutung von Religion in modernen Gesellschaften auslöste, nicht nur in den USA bekannt. Des Weiteren folgte Bellah dem Ruf auf einen soziologischen Lehrstuhl an der University of California in Berkeley. Dort sollte er bis zu seiner Emeritierung 30 Jahre lang als Professor tätig sein. Es folgten zahlreiche Auszeichnungen, unter anderem die von US-Präsident Bill Clinton verliehene National Humanities Medal und die Ehrendoktorwürde der Universität Erfurt. Im Alter von 84 Jahren legte Bellah 2011 den ersten Band seines Opus Magnum „Religion in Human Evolution" vor. Es wird jedoch nicht vollendet werden, da Bellah 2013 den Folgen einer Herzoperation erlag. Über die soziologische Beschäftigung mit der Religion war Bellah im Übrigen nach einer Konversion wieder zum Kirchgänger geworden. Regelmäßig besuchte er episkopale Gottesdienste, in denen er gelegentlich auch predigte – wohlgemerkt stets aus einer soziologisch-wissenschaftlichen Perspektive.

23. Februar 1927	Geboren in Altus, Oklahoma
1948	Studium der Anthropologie, Soziologie und fernöstlicher Sprachen an der Harvard University in Cambridge
1955	Promotion, anschließend Postdoc-Stipendium an der McGill University in Montreal, Kanada
1957	Dozent an der Harvard University in Cambridge
1967	Professor für Soziologie an der University of California in Berkeley
1997	Emeritierung
2000	Auszeichnung mit der National Humanities Medal
2007	Auszeichnung mit dem Martin E. Marty Award der American Academy of Religion
2008	Ehrendoktorwürde der Universität Erfurt
30. Juli 2013	Verstorben in Oakland, Kalifornien

Bellahs wichtigste Publikationen befassen sich allesamt mit religionssoziologischen Themen:

Bellah, Robert N. (1967) Civil Religion in America, Daedalus 96(1): 1-21.

Bellah, Robert N. (1973) Religiöse Evolution, in: Walter Sprondel/Constans Seyfahrt (Hg.): Religion und gesellschaftliche Entwicklung. Frankfurt/Main: Suhrkamp, S. 267-302.

Bellah, Robert N. et al. (1985) Habits of the Heart. Individualism and commitment in American life. Berkeley: University Press.

Bellah, Robert N. (2011) Religion in human evolution. From the paleolithic to the axial age. Cambridge: University Press.

Der Großteil seines Werkes findet sich in „The Robert Bellah Reader", den Bellah 2006 gemeinsam mit Steven Tipton herausgegeben hat.

Die evolutionäre Entwicklung von frühen zu modernen Formen der Religion beschreibt Bellah (1973) in fünf Stufen:

- *Primitive Religionen* finden sich beispielsweise bei den australischen Aborigines, die schon Durkheim in seinen „elementaren Formen" untersucht hatte (vgl. Kap. 2.3.2). Im Gegensatz zu Durkheim geht Bellah jedoch davon aus, dass sich auf dieser Entwicklungsstufe noch keine klare Trennung zwischen heilig und profan herausgebildet hat. Auch spezifische religiöse Rollen existieren noch nicht.
- Als *archaische Religionen* bezeichnet Bellah unter anderem die frühen Religionen Indiens und Chinas. Auf dieser Evolutionsstufe hat sich bereits die Vorstellung von mystischen Wesen und Göttern ausgebildet, die mit einem eigenen Willen ausgestattet sind und aktiv in die diesseitige Lebenswelt eingreifen. Zwar haben sich nun auch bestimmte Priesterrollen ausdifferenziert, ein Unterschied zwischen sozialen und religiösen Normen ist jedoch weiterhin kaum erkennbar.
- Als *historische Religion* beschreibt Bellah beispielsweise das mittelalterliche Christentum. Neben die Alltagswelt tritt auf dieser Entwicklungsstufe ein heiliger Bereich, der Wertschätzung und Verehrung erfährt. Religiöse Organisationen haben sich nun ebenso ausdifferenziert wie religiöse Eliten. Religion gilt daher auch als Legitimation sozialer Ordnung und Ungleichheit. Historische Religionen gehen dazu über, ihren Anspruch auf Gültigkeit nicht mehr auf den eigenen Kulturkreis zu beschränken, sondern in universalistischer Manier auf die gesamte Welt auszuweiten.
- Eine *frühmoderne Religion* stellt der reformierte Protestantismus dar. Die Trennung von heilig und profan bricht auf dieser Evolutionsstufe zusammen; stattdessen entwickelt sich ein unmittelbares Verhältnis von Individuum und Gott. Wie wir bereits anhand der Himmelsleiteranalogie von Peter Gross gesehen haben (vgl. Kap. 3.2.1), zielt religiöses Handeln nun nicht mehr auf eine jenseitige Erlösung, sondern auf das Heil im Diesseits. Die wesentliche Differenzierungslinie verläuft daher nicht mehr zwischen religiösen Experten und Laien, sondern zwischen Auserwählten und Nichterwählten. Religiöse Überzeugungen haben in frühmodernen Gesellschaften eine hohe Bedeutung und werden zunehmend auch von säkularen Institutionen vermittelt.
- *Moderne Religionen* sind im Sinne der Individualisierungstheorie von einem hohen individuellen Freiheitsgrad gekennzeichnet. Religiöse Organisationen hingegen verlieren zunehmend ihre gesellschaftliche Monopolstellung. Ihre Funktionen werden nun weitgehend von anderen Institutionen übernommen – was Bellah auch als „Zivilreligion" bezeichnet.

Aus seinem Evolutionsmodell leitet Bellah mithin dasjenige Konzept ab, das ihm innerhalb des religionssoziologischen Diskurses einige Prominenz verschafft hat: die *Zivilreligion*. Seine diesbezüglichen Überlegungen präsentiert er erstmals in seinem Aufsatz „Civil Religion in America" (1967). Bemerkenswerterweise war er im Jahr 1967 noch gar kein Experte für religionssoziologische Fragen. Talcott Parsons aber, sein Lehrer in Harvard, hatte ihn überredet, denjenigen Vortrag zu halten, aus dem der Aufsatz zur Zivilreligion hervorging – mit dem Argument, ein Soziologe müsse über alles schreiben können. Mit dem von Rousseau entlehnten Begriff der Zivilreligion greift Bellah die Frage auf, ob ein Staat ohne religiöse Grundlagen existieren und funktionieren könne. Um diese Frage zu beantworten, analysierte er zahlreiche Reden US-amerikanischer Politiker. Dabei fiel ihm auf, dass religiöse Appelle und Symbole in politischen Reden auffallend häufig verwendet werden. Trotz der bereits im Jahr 1776 im Rahmen der Unabhängigkeitserklärung verfassungsrechtlich festgeschriebenen Trennung von Staat und Kirche spielen religiöse Überzeugungen daher offenbar auch heute noch eine bedeutende Rolle in der US-amerikanischen Politik:

> „Bis zum Bürgerkrieg war die amerikanische Zivilreligion vor allem auf das große Ereignis der Revolution ausgerichtet, die als der Schlussakt im Exodus aus dem alten Land jenseits der Meere angesehen wurde. Die Unabhängigkeitserklärung und die Verfassung waren die heiligen Schriften und Washington der von Gott ausgewählte Moses, der sein Volk aus den Händen der Knechtschaft herausführte." (Bellah 1967: 27)

Immer wieder werden in politischen Reden Werte adressiert, die innerhalb der amerikanischen Gesellschaft als heilig deklariert wurden, beispielsweise Menschenwürde, Freiheit und Gleichheit. In Anschluss an Parsons' Strukturfunktionalismus folgert Bellah aus seiner Analyse, dass jede Gesellschaft latente Werte benötigt, die sie verbinden und den Gesellschaftsmitgliedern als moralische Handlungsorientierung dienen. Der Staat jedoch kann derartige Werte nur begrenzt selbst generieren und muss daher auf bereits vorhandene Werte zurückgreifen. Hierbei handelt es sich häufig um kulturelle Werte, die zwar religiösen Ursprungs sind, sich aber von ihren religiösen Wurzeln gelöst haben – so wie Webers „Geist des Kapitalismus" sich von der „protestantischen Ethik" gelöst hat (vgl. Kap. 2.3.3). In säkularen Gesellschaften können kulturelle Werte folglich als funktionales Äquivalent zu religiösen Werten verstanden werden. Da kulturelle Werte aus religiösen hervorgehen und von der Gesellschaft im Sinne Durkheims als heilig deklariert werden, spricht Bellah von einer zivilen Form der Religion.

Verdeutlichen wir uns Bellahs Befund zur Rolle religiöser Werte in politischen Reden anhand eines kurzen Beispiels: Als Barack Obama am 21. Januar 2009 als 44. Präsident der Vereinigten Staaten von Amerika vereidigt wurde, zitierte er in seiner Antrittsrede aus dem ersten Korintherbrief. Amerika, führte er aus, sei eine junge Nation, für die es an der Zeit sei, ihren kindlichen Habitus abzulegen. Den Verfassungsgrundsatz, dass alle Menschen gleich sind, frei sind und die Chance verdienen, ihr Glück zu finden, beschrieb Obama dabei als ein von Gott gegebenes Versprechen. Als Quelle der Zuversicht, dass sich die Wirtschaftskrise überwinden lasse, benannte er „das Wissen, dass Gott uns auffordert, einem unbestimmten Schicksal Form zu geben". Er forderte die Bürgerinnen und Bürger zu einem gemeinschaftlichen Handeln auf, in dem man rückblickend das Wirken Gottes solle erkennen können.

Zivilreligion

Für Norbert Bellah benötigt jede Gesellschaft *latente Werte*, die ihren Zusammenhalt sicherstellen. Da derartige Werte von einem Staat nur begrenzt generiert werden können, *greifen politische Redner häufig auf religiöse Werte* zurück. Entweder geschieht dies unmittelbar, wie wir es am Beispiel von Barack Obama gesehen haben. Häufig aber lösen sich die aufgerufenen Werte von ihren religiösen Wurzeln und werden in modernen Gesellschaften dem Bereich der Kultur zugeordnet, wie etwa die Werte der Menschenwürde, der Gleichheit und der Freiheit. Religion zeigt sich dann in ihrer *zivilen Form*.

3.4 Zwischenfazit

In diesem Kapitel haben wir uns mit der Mikroebene des religiösen Handelns in modernen Gesellschaften beschäftigt. Ausgangspunkt war die Beobachtung, dass Pilgern – insbesondere dasjenige auf dem Jakobsweg – in den vergangenen Jahren deutlich an Popularität und Bedeutung gewonnen hat. Wir haben uns daher die Frage gestellt, wie sich religionssoziologisch erklären lässt, dass die Pilgerwege voll sind, während die Kirchen häufig leer bleiben. Eine mögliche Antwort lautet, dass sich eine moderne Pilgerschaft durch ein spezifisches Zusammenspiel von individueller Gestaltung und kollektiver Evidenzsicherung auszeichnet. Einerseits wird es dem Individuum überlassen, aus welchem Anlass es pilgert und wie es seine Pilgerschaft in Hinblick auf Kommunikation, Körperlichkeit und Kontakt in die Heimat gestaltet. Andererseits stehen während der Pilgerschaft mit einer synchronen und einer diachronen Communitas hinreichende Vergemeinschaftungsformen zur Verfügung, die für die Evidenz der individuellen Gestaltung bürgen. Insofern stellt das moderne Pilgertum ein prototypisches Beispiel für erfolgreiche und anschlussfähige Formen zeitgenössischer Religiosität dar.

Die vorliegenden Pilgerzahlen beeindrucken zunächst insofern, als ihre stark ansteigende Entwicklung derjenigen von Kirchenmitgliedschaft und Gottesdienstbesuch diametral entgegenläuft. Von besonderem Interesse ist die Entwicklung der Anzahl deutscher Pilgerinnen und Pilger: Diesbezüglich haben wir gesehen, dass ein einzelnes Buch offenbar verblüffende Effekte nach sich gezogen hat. Hape Kerkeling hat Pilgerinteressierten die Angst genommen, sich beim Pilgern allzu sehr kirchlichen Deutungsmustern und Handlungsvorgaben unterwerfen zu müssen. Er hat gezeigt, dass eine Pilgerschaft sehr wohl individuell gestaltet werden kann – insbesondere in Hinblick auf eine selbstbestimmte Nähe bzw. Distanz zu kirchlichen Angeboten. Anhand des deutlichen Anstiegs der Pilgerzahlen in Heiligen Jahren haben wir – ebenso wie anhand von Pilgerurkunden und religiösen Angeboten in kirchlichen Herbergen – aber auch gesehen, dass die katholische Kirche nach wie vor starken Einfluss auf das Pilgern nehmen kann. Eine Pilgerschaft wird somit nicht nur von individuellen Lebenssituationen und Präferenzen beeinflusst, sondern auch von kirchlichen Vorgaben. Auch deshalb kann Pilgern als religiöses Phänomen verstanden werden. In substanzieller Hinsicht kommt hinzu, dass es sich um eine lange Tradition des Christentums handelt sowie mit dem vermeintlichen Grab des heiligen Jakobus um ein religiöses Pilgerziel. In funktionaler Hinsicht erfüllt eine moderne Pilgerschaft wichtige biografische Funktionen: Für Neustart- und Übergangspilger wirkt sie identitätsstiftend, Krisenpilgern dient sie der Kontingenzbewältigung. Für Auszeitpilger sind insbesondere eine erwartungsfreie Sozialintegration und eine prophetische Weltdistanzierung funktional; bei den Bilanzierern hingegen spielt die Kosmisierung ihres Handelns eine wesentliche Rolle. Dies haben wir anhand der Pilgertypologie von Kurrat (2015) eindrücklich gesehen.

Über das konkrete religiöse Phänomen des Pilgerns hinaus haben wir festgestellt, dass die zweite Hälfte des 20. Jahrhunderts von einem weitreichenden Individualisierungsschub geprägt war. Bedingt durch die Verbesserung der ökonomischen Lebensbedingungen, die Bildungsexpansion, die wohlfahrtsstaatliche Absicherung und die gestiegene Lebenserwartung wurde das Individuum zunehmend aus sozialen Zwängen freigesetzt. Dies gilt auch für die Gestaltung seiner Religiosität. Die religionssoziologische Individualisierungstheorie geht daher davon aus, dass sich die Formen der nun selbstbestimmten Religiosität wandeln – ein Verlust ihrer gesellschaftlichen Bedeutung geht damit aber nicht zwangsläufig einher. Thomas Luckmann hat dies als Privatisierung von Religiosität bezeichnet. Durch ihre vielfältigen individualisierten Formen wird Religion zwar zunehmend unsichtbar, aufgrund der Transzendenzfähigkeit des Menschen aber versteht sie Luckmann als anthropologische Universalie, die gar nicht an Bedeutung verlieren kann, weil sie konstitutiv zum menschlichen Dasein gehört.

Bei der selbstbestimmten Gestaltung seines eigenen Glaubens greift der „spirituelle Wanderer“ (Gebhardt et al. 2005) auf unterschiedliche Elemente aus verschiedenen religiösen Traditionen zurück. Er bastelt sich seinen „eigenen Gott“ (Beck 2008). Dies haben wir als modernen Synkretismus bezeichnet. Gemeint ist damit, dass religiöse Elemente inhaltlich-dogmatischer und praktisch-ritueller Art von ihren jeweiligen Traditionen entkoppelt und in Form individualisierter Religiositäten neu kombiniert werden. Der religiöse Ursprung von Inhalten und Praktiken verliert dabei häufig an Bedeutung. Robert Bellah (1967) hat in diesem Zusammenhang von einer „Zivilreligion“ gesprochen: Unter anderem in politischen Reden kommen ursprünglich religiöse Überzeugungen und Symbole nun in einer von ihren Wurzeln losgelösten zivilen Form daher. Im Sinne José Casanovas handelt es sich dabei um „öffentliche Religion“. Diese Befunde zur Religiosität moderner Gesellschaften legen nahe, dass wir die in Kapitel 2 diskutierten Befunde zum sinkenden Organisationsgrad der Kirchen und zur sinkenden Teilhabe an ihren Angeboten nicht unbedingt als Säkularisierung verstehen müssen. Es könnte sich stattdessen auch um eine Individualisierung von Religion handeln, in deren Zuge zwar die Kirchen an Bedeutung verlieren, aber nicht die Religiosität an sich. Grace Davie (1994) spricht daher von einem „believing without belonging“.

Da die „Regie in Sachen Religion“ von religiösen Institutionen auf das Individuum übergegangen ist (Ebertz 2013), mangelt es individualisierten Formen von Religiosität an Evidenzsicherung. Überhaupt lassen sich religiöse Inhalte freilich nicht in einem naturwissenschaftlichen Sinne beweisen. Ihre Evidenz kann vielmehr nur durch eine Gemeinschaft gesichert werden, die an die gleichen Inhalte glaubt und die gleichen Rituale vollzieht. Im Fall kirchlich organisierter Religion erfolgt dies quasi von selbst. Individualisierte Religiosität hingegen ist in höherem Maße mit der Evidenzproblematik konfrontiert, sie ist – wie die Individualisierungstheorie es formulieren würde – per se „entzaubert“ (Beck 1986). Daher lässt sich in modernen Gesellschaft häufig eine freiwillige und selbstbestimmte Reintegration in (neue) religiöse Sozialformen beobachten. Wie die etablierten Kirchen auf die Individualisierung religiösen Handelns reagieren und wie sie dabei ihre evidenzsichernde Funktion erfüllen, wird Gegenstand des folgenden Kapitels sein.

4 Populäre Weltjugendtage. Oder: Die Transformation religiöser Sozialformen

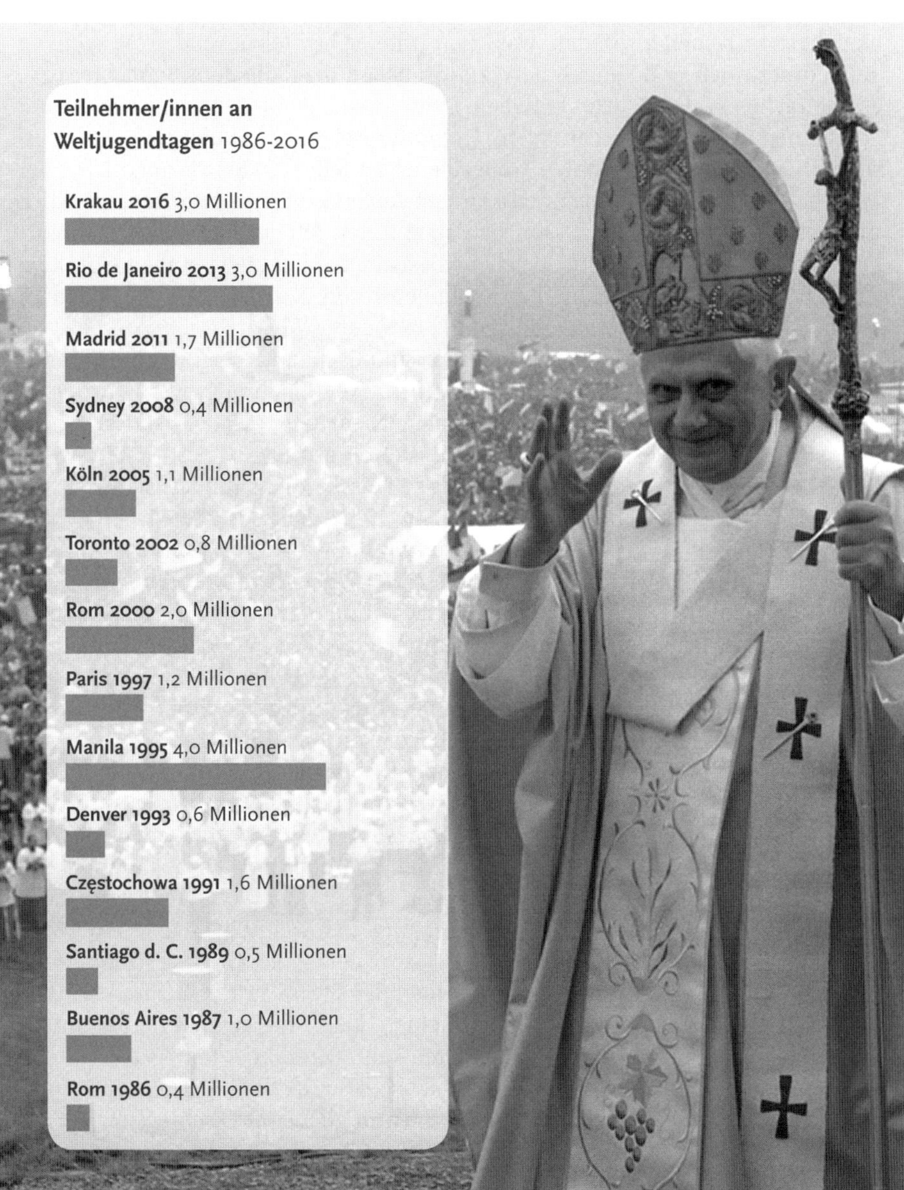

In der obenstehenden Abbildung fallen drei Dinge auf: zunächst natürlich Papst Benedikt XVI. Als Oberhaupt der katholischen Kirche war er von 2005 bis 2013 die wohl sichtbarste Figur organisierter Religion. In formaler Hinsicht ist ein Papst als Spitze der streng hierarchisch organisierten Amtskirche zu verstehen, aus der Binnensicht des Katholizismus als Stellvertreter Christi auf Erden. Auf der hier abgedruckten Fotografie ist Benedikt vor der Kulisse eines Weltjugendtags zu sehen. Er lächelt zufrieden, was auch mit der beeindruckenden Anzahl von Teilnehmerinnen und Teilnehmern zu tun haben mag, die dem Betrachter bzw. der Betrachterin als Nächstes auffallen. Drittens sind es die Teilnehmerinnen und Teilnehmer selbst, die uns auffallen: In großer Zahl sind sie erschienen, um gemeinsam mit dem Papst einen Gottesdienst zu feiern. Was wir angesichts der Perspektive weniger gut erkennen können: Auch sie wirken ergriffen, glücklich und beseelt. Offenbar also lassen sich auch innerhalb der katholischen Kirche, deren Mitgliedschafts- und Gottesdienstbesucherzahlen stetig sinken (vgl. Kap. 2.1), Phänomene beobachten, die sich hohen Interesses und großer Beliebtheit erfreuen. Dies gilt für Weltjugendtage in besonderer Weise.

Initiiert wurden die Weltjugendtage der katholischen Kirche im Jahr 1986 von Papst Johannes Paul II.; seither werden sie in zwei- bis dreijährigem Turnus an international wechselnden Orten veranstaltet. Nicht die kritische Diskussion oder die theologische Reflexion stehen dabei im Vordergrund – wie es beispielsweise bei Katholikentagen der Fall ist, die bereits seit dem 19. Jahrhundert stattfinden –, sondern das Erleben von Gemeinschaft und „Schönheit des katholischen Glaubens", so Benedikt XVI. (zitiert nach Forschungskonsortium WJT 2007: 13). Ganz gezielt setzt die katholische Kirche mit ihren Weltjugendtagen auf Emotionen. Sie greift auf popkulturelle Elemente zurück, die wir im Rahmen religiöser Angebote zunächst nicht unbedingt vermuten würden: Bei Weltjugendtagen finden wir beispielsweise rote Teppiche, Videoleinwände, Sicherheitskräfte, Übertragungswagen und Ähnliches mehr. Die Teilnehmerinnen und Teilnehmer singen allerorten, feiern ausgelassen und statten sich in Form von T-Shirts, Aufklebern und Tassen mit popreligiösen Devotionalien aus. Insbesondere dem Singen wird von Seite der Organisatoren offenbar eine wesentliche Bedeutung zugesprochen: Selbst zentrale Gebete des katholischen Gottesdienstes nämlich werden bei Weltjugendtagen nicht mehr ‚einfach nur' gebetet. Vielmehr werden sie unterlegt mit eigens komponierten Melodien eingängiger Art, intoniert von Orchestern, riesigen Chören und Bands in Popmusik-Besetzung. Der Weltjugendtag ist ein Event. Allerdings beschreitet die katholische Kirche mit derartigen Großveranstaltungen einen schmalen Grat: Zwar mag sie während des Events große Aufmerksamkeit auf sich ziehen. Fraglich ist jedoch zum einen, ob sie die Teilnehmerinnen und Teilnehmer auch langfristig an sich binden kann. Zum anderen besteht bei der Eventisierung kirchlicher Angebote stets die Gefahr, klassische Zielgruppen aus den Augen zu verlieren und traditionelle Kernmitglieder abzuschrecken.

4.1 Kirchen zwischen Tradition und Reform

Nachdem wir auf der Makroebene des religiösen Feldes die gesellschaftliche Bedeutung von Religion diskutiert und auf seiner Mikroebene den Wandel religiösen Handelns beleuchtet haben, wenden wir uns im vorliegenden Kapitel nun einer Ebene zu, die zwischen diesen beiden liegt: der Mesoebene religiöser Sozialformen. Dort finden sich sogenannte intermediäre Instanzen wie Kirchen und andere Religionsgemeinschaften. Diesbezüglich werden wir uns im Folgenden mit der Frage beschäftigen, wie religiöse Sozialformen auf die Prozesse der Säkularisierung und Individualisierung reagieren. Noch einmal gehen wir dabei in drei Schritten vor: In einem ersten Schritt (Abschnitt 4.1) werde ich herausarbeiten, was Kirche aus soziologischer Sicht eigentlich ist. Am Beispiel der katholischen Kirche werden Sie sehen, dass es sich keineswegs um einen monolithischen Block handelt, sondern um ein System, das sich aus ganz unterschiedlichen Ebenen zusammensetzt. Immer wieder beeindrucken mich als Religionssoziologen die teils frappierenden Divergenzen zwischen diesen Ebenen. In Bezug auf die ihnen jeweils zugrunde liegenden Handlungslogiken scheinen beispielsweise die Überzeugungen und Praktiken von Pfarrern und Gemeindemitgliedern oft wenig gemein zu haben mit den Vorgaben ihrer Amtskirche. Die katholische Kirche stellt daher eine ausgesprochen heterogene religiöse Sozialform dar.

In einem zweiten Schritt (Abschnitt 4.2) werde ich diesen Befund vor dem Hintergrund des aktuellen religionssoziologischen Diskurses zu religiösen Sozialformen beleuchten. Dabei werde ich zunächst überprüfen, ob und inwiefern es zu einer Pluralisierung des religiösen Feldes gekommen ist. Mit Marktmodellen werde ich Ihnen daraufhin die dritte Theorie vorstellen, von der die Religionssoziologie des 21. Jahrhunderts geprägt wird. Trotz einiger kritischer Einwände, die man gegen sie vorbringen kann, ermöglichen es Marktmodelle, die Popularisierung kirchlicher Angebote zu erklären, die in Gestalt von Weltjugendtagen besonders plastisch zutage tritt. Aus dieser Analyse können wir dann auch Überlegungen dazu ableiten, wie es um die gesellschaftliche Bedeutung von Kirchen bestellt ist.

In einem dritten Schritt (Abschnitt 4.3) werde ich die Erklärungsansätze des aktuellen religionssoziologischen Diskurses schließlich in gewohnter Manier rückbinden an drei theoretische Konzepte aus seiner klassischen und neoklassischen Phase: an Ernst Troeltschs Modell von Kirche, an Niklas Luhmanns Frage nach der Organisierbarkeit von Religion und an Peter L. Bergers Überlegungen zur Pluralisierung des religiösen Feldes.

4.1.1 Kirchen als Mehr-Ebenen-Systeme

Der Begriff *Kirche* wird erst seit dem 19. Jahrhundert flächendeckend verwendet. Ursprünglich diente er der Bezeichnung des sozialen Zusammenhangs von Gläubigen gleicher Konfession. Kirche bezeichnete mithin etwas Homogenes. Da diese Homogenität jedoch angesichts von Individualisierungsprozessen heute nicht mehr gegeben ist, verschiebt sich die Bedeutung des Kirchenbegriffs immer weiter in Richtung einer Bezeichnung für Amtskirche und Mitgliedschaft (Kaufmann 1989). Aus soziologischer Sicht ist die Frage, was Kirche eigentlich (noch) ist, daher keineswegs trivial. Die Sozialform Kirche konzeptionell erfassen zu wollen ist dabei kein leichtes Unterfangen. Insbesondere im Fall der katholischen Kirche haben wir es nämlich mit einer ausgesprochen komplexen und einzigartigen Sozialform zu tun: Keine andere Sozialform des religiösen Feldes verfügt – trotz aller Verluste – weltweit nach wie vor über derart viele Mitglieder und hat sowohl spezifische Organisationen als auch spezifische Professionen ausgebildet. Keine andere Sozialform hat darüber hinaus eine vergleichbare transnationale Relevanz und ist zugleich selbst Nationalstaat.

Um Sozialformen modellierend zu erfassen, verfügt die Soziologie mit der *Institutionentheorie* Helmut Wiesenthals (2005) über drei gängige Konzepte: Organisation, Gemeinschaft und Markt. Allerdings zeigt sich, dass keines von ihnen vermag, die katholische Kirche unmittelbar und umfänglich zu beschreiben. Das *Organisationskonzept* ist auf christliche Kirchen zwar grundsätzlich besser anwendbar als auf die Sozialformen anderer Weltreligionen. Für erstere nämlich ist das Prinzip der formalen Mitgliedschaft konstitutiv, während etwa Musliminnen und Muslime oder Buddhistinnen und Buddhisten keine formalen Mitglieder einer Organisation sind. Darüber hinaus erfüllt die katholische Kirche alle in organisationssoziologischer Literatur gängigen Definitionsmerkmale einer Organisation: Sie verfügt über ein definiertes Organisationsziel, ist auf Dauer angelegt und koordiniert Interaktionen mit Hilfe bürokratischer Strukturen durch die Ausdifferenzierung personenunabhängiger Rollen und deren Verortung innerhalb einer Hierarchie. Daher hat sich innerhalb der Religionssoziologie eine organisationale Perspektive auf die katholische Kirche weitgehend etabliert (Gabriel 1992). Martin Petzke und Hartmann Tyrell (2012) weisen jedoch darauf hin, dass man Kirchen nur als spezifische religiöse Organisationen verstehen könne, die sich in wesentlichen Aspekten von den formalen Organisationen anderer Gesellschaftsbereiche unterscheiden:

> „Dem, was ‚der Katholizismus' oder ‚die Kirche' heißt, wird man mit dem bloßen Titel einer ‚religiösen Organisation' aber schwerlich gerecht […]. So sehr Bestand und Einheit des Katholizismus organisationsgestützt sind, so sehr ist veränderbare Organisation an ihrer traditionsgebundenen-vielschichtigen Sozialexistenz bloß mitgegeben." (Petzke und Tyrell 2012: 281)

Diese „Untypik" kirchlicher Sozialformen zeigt sich daran, dass die Merkmale von Organisationen auf den unteren Ebenen der kirchlichen Hierarchie zunehmend fluide werden: Wie wir im folgenden Abschnitt anhand des Beispiels von Wort-Gottes-Feiern sehen werden, sind die intendierten Ziele dortigen Handelns deutlich pluraler und stimmen eher selten völlig mit denjenigen der Amtskirche überein – wodurch die vermeintlich kirchenweit als legitim anerkannte Hierarchie unterlaufen wird. Darüber hinaus verlieren an der Kirchenbasis Rollen im Vergleich zu Personen an Bedeutung und das Prinzip der formalen Mitgliedschaft wird unterlaufen, wenn sich religiöse Angebote dezidiert an Nicht-Mitglieder richten.

Als ähnlich problematisch erweist sich das *Gemeinschaftskonzept*. Als Gemeinschaften bezeichnen Soziologinnen und Soziologen überschaubare Kollektive, die sich durch ein unhinterfragtes Zusammengehörigkeitsgefühl, hohes interpersonelles Vertrauen und unspezifische Reziprozität auszeichnen (Hero 2010). Diese Merkmale treffen beispielsweise auf Familien und Freundeskreise zu; im Fall von Kirchen ist die Lage jedoch komplexer. Zwar versteht sich die katholische Kirche selbst als ‚Gemeinschaft der Gläubigen'. Aus einer soziologischen Perspektive jedoch, die über einzelne Ortsgemeinden hinausblickt, spricht allein die schiere Anzahl der weltweiten Kirchenmitglieder dagegen, Kirche als idealtypische Gemeinschaft zu konzipieren, die auf stabilen sozialen Beziehungen beruhen würde. Für diese wäre unter anderem ein latenter Normen- und Wertekonsens erforderlich. Kontroverse Themen wie der Zölibat, die Geschlechtsexklusivität des Priestertums oder das amtskirchliche Konzept von Partnerschaft und Sexualität offenbaren jedoch tiefliegende innerkirchliche Dissoziationen.

Aus diesem Grund trägt auch das *Marktkonzept* nur bedingt. Zwar werden wir das religiöse Feld im folgenden Abschnitt als marktförmiges Setting beschreiben – und die katholische Kirche lässt sich durchaus auch als Anbieter religiöser Dienstleistungen verstehen. Hätten wir es aber mit einem idealtypischen Markt zu tun, auf dem die katholische Kirche ihre Angebote vermarktet, dann müsste sie sich – so die ökonomische Logik – stärker an ihre Kundinnen und Kunden anpassen als sie es angesichts der genannten Kontroversen tut.

Neben Organisation, Gemeinschaft und Markt müssen wir bei der konzeptionellen Erfassung von Kirchen ein weiteres soziologisches Konzept berücksichtigen: dasjenige der *Professionen*. Auch hier haben wir es mit einer intermediären Instanz zu tun, die zwischen einem System und dem Individuum vermittelt. Beispielsweise wendet ein Arzt den Wissensvorrat des Medizinsystems auf einen Patienten an und eine Juristin die Normen des Rechtssystems auf eine Angeklagte. Auch innerhalb der Kirchen nehmen Professionen eine dominante und strukturprägende Stellung ein: Im Fall der katholischen Kirche ist diesbezüglich in erster Linie an Priester zu denken, die kirchliche Dogmen bei ihrer Seelsorge auf den einzelnen Gläubigen anwenden. Am Beispiel des Zölibats zeigt Karsten Lenz (2009) jedoch, dass Professionen eigene Handlungsorientierungen entwickeln, die sich zunehmend von organisationalen Vorgaben entkoppeln. Isolde Karle (2001) spricht in diesem Zusammenhang von einer „professionellen Autonomie", die notwendige Bedingung für Anschlussfähigkeit religiöser Kommunikation sei. Berücksichtigt man alle hier skizzierten Ansätze, bietet es sich an, Kirche anhand divergierender Handlungsorientierungen analytisch in distinkte Ebenen zu untergliedern – und sie als *Mehr-Ebenen-Systeme* zu konzipieren (Abbildung 9).

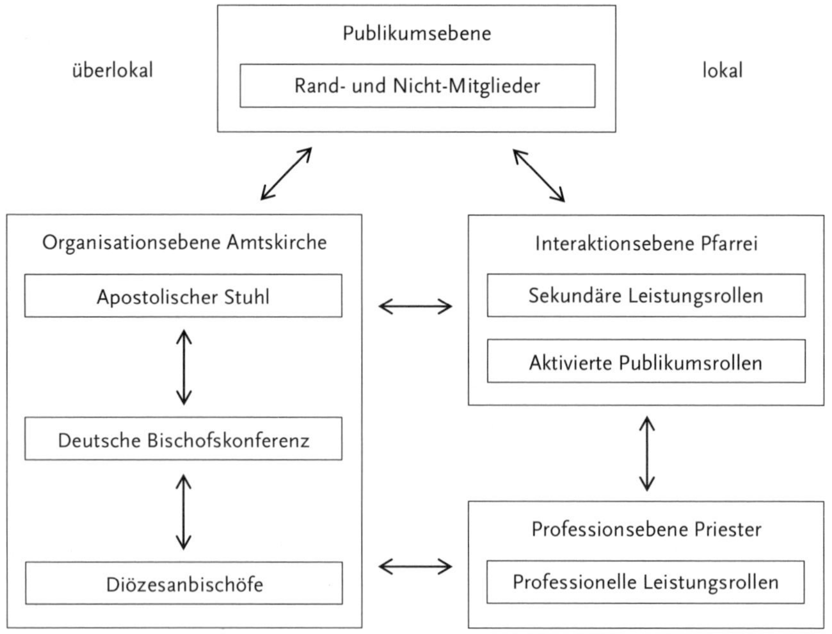

Abbildung 9: Katholische Kirche als Mehr-Ebenen-System
Eigene Darstellung. Vgl. Heiser 2015: 244, 2017b: 245.

Als Ausgangspunkt für ein Mehr-Ebenen-Modell der katholischen Kirche kann Karl Gabriels (2010) Unterscheidung von lokaler und überlokaler Ebene fungieren. Diese gilt es jedoch weiter auszudifferenzieren, wobei sich vier Ebenen voneinander abgrenzen lassen: die Organisationsebene, die Professionsebene, die Interaktionsebene und die Publikumsebene (Heiser 2015). Diese vier Ebenen sind freilich aufeinander bezogen, jedoch liegen ihnen eben ausgesprochen unterschiedliche Handlungsorientierungen zugrunde:

- Die *Organisationsebene* umfasst die verschiedenen korporativen Akteure der Amtskirche, also etwa den Apostolischen Stuhl in Rom, die Deutsche Bischofskonferenz und die Bischöfe der einzelnen (Erz-)Diözesen. Ihr Handeln ist mit Max Weber idealtypisch als wertrational zu klassifizieren (vgl. Kap. 2.3.3), da es in erster Linie an theologischen Prinzipen und kirchlichen Normen orientiert ist. Ihre Responsivität für pragmatische Erwägungen fällt hingegen vergleichsweise gering aus.
- Auf der *Professionsebene* handeln katholische Priester vergleichsweise zweckrational mit Blick auf pragmatische Notwendigkeiten innerhalb ihres Zuständigkeitsbereichs. Ihr Handeln ist darüber hinaus von einer professionellen Autonomie gegenüber der Amtskirche und einem unmittelbaren Verhältnis persönlicher Kommunikation zu den jeweiligen Gemeindemitgliedern gekennzeichnet ist.

- Auf der *Interaktionsebene* handeln die Kernmitglieder katholischer Pfarreien (vgl. Kap. 2.1.1). Exponierte Rollen kommen insbesondere denjenigen Gemeindemitgliedern zu, die in zunehmendem Maße kirchliche Leistungen übernehmen, die vormals von den Angehörigen der Professionsebene erbracht wurden. Am Beispiel von Wort-Gottes-Feiern werde ich derartige Rollen im folgenden Abschnitt als aktivierte Publikums- und sekundäre Leistungsrollen beschreiben. Dabei werden Sie auch sehen, dass sich die Akteure der Interaktionsebene in durchaus synkretistischer Manier an individuellen Normen orientieren.
- Durch die *Publikumsebene* der Rand- und Nicht-Mitglieder erhält die katholische Kirche Anschluss an ihre Umwelt und mithin gesellschaftliche Relevanz. Da es sich bei der Publikumsebene um die Umwelt des Mehr-Ebenen-Systems Kirche handelt, bleiben die Handlungsorientierungen ihrer Akteure ebenso vielfältig wie unspezifisch (vgl. Kap. 4.3.2).

Kirchen als Mehr-Ebenen-Systeme

Bei Kirchen handelt es sich um ausgesprochen *komplexe religiöse Sozialformen*. Daher sind sie mit etablierten soziologischen Konzepten (*Organisation*, *Gemeinschaft*, *Markt*, *Profession*) nur unzureichend und ausschnittsweise zu erfassen. In Form eines *Mehr-Ebenen-Modells* können jedoch anhand divergierender Handlungsorientierungen vier kirchliche Ebenen analytisch voneinander unterschieden werden: Die Akteure der *Organisationsebene* verfolgen in erster Linie wertrationale, diejenigen der *Professionsebene* zweckrationale und diejenigen der *Interaktionseben* individuelle Handlungsorientierungen. Hinzu kommt die von unspezifischen Handlungsorientierungen geprägte *Publikumsebene*.

4.1.2 Kirchen als heterogene Sozialformen

Einleitend hatte ich bereits davor gewarnt, Kirchen als allzu homogene Sozialformen misszuverstehen. Die jeweiligen Handlungsorientierungen der vier kirchlichen Ebenen nämlich widersprechen sich in teils frappierender Weise. Dies wird deutlich, wenn wir uns das Zusammenspiel der Professions- und Interaktionsebene etwas genauer anschauen. Hier haben wir es in Gestalt katholischer Pfarrer einerseits mit sogenannten professionellen Leistungsrollen zu tun und andererseits mit sogenannten Publikumsrollen. Die klassische Vorstellung der Theorie funktionaler Differenzierung lautet, dass Leistungsrollen aktiv bestimmte Leistungen erbringen, die von Publikumsrollen passiv empfangen werden. Der Pfarrer (Leistungsrolle) leitet also beispielsweise einen Gottesdienst und das Gemeindemitglied (Publikumsrolle) nimmt diese Leistung in Anspruch. Das Verhältnis von Leistungserbringung und Leistungsempfang wandelt sich in vielen Gesellschaftsbereichen jedoch seit einigen Jahrzehnten grundlegend: Es kommt zu einer Aktivierung des Publikums (Gerhards 2001; Voß und Rieder 2006). Auch die katholische Kirche beteiligt ihr Publikum bereits seit dem II. Vatikanischen Konzil vermehrt an ihrer Leistungsproduktion. Publikumsrollen übernehmen dabei in immer weitreichenderem Maße Leistungen, die vormals von professionellen Leistungsrollen erbracht wurden. Je mehr das Publikum jedoch in quantitativer und qualitativer Hinsicht an der Leistungsproduktion beteiligt wird, desto weniger kann von idealtypischen Publikumsrollen gesprochen werden. Vielmehr entstehen Rollen, die innerhalb der Dichotomie von Leistungs- und Publikumsrollen nicht mehr eindeutig verortet werden können. In den Worten Rudolf Stichwehs (1988) bilden sich sogenannte „sekundäre Leistungsrollen" aus, die als „aktivistische Alternative zum reinen Publikumsstatus" zu verstehen sind.

Ein besonders plastisches Beispiel für die Aktivierung des religiösen Publikums bis hin zur sekundären Leistungsproduktion stellen die sogenannten *Wort-Gottes-Feiern* der katholischen Kirche dar, die ich in einer empirischen Studie untersucht habe (Heiser 2015). Als Wort-Gottes-Feiern sind all diejenigen katholischen Gottesdienste zu verstehen, die von nicht-priesterlichen Pastoralmitarbeitern, in der Mehrzahl jedoch von Gemeindemitgliedern selbstständig vorbereitet und geleitet werden. Das Publikum übernimmt hier also die Leistung der Gottesdienstvorbereitung und -leitung, die bislang von professionellen Leistungsrollen erbracht wurde. Wort-Gottes-Feiern wurden im Nachgang des II. Vatikanischen Konzils zunächst zögerlich eingeführt. Mittlerweile jedoch bieten zwei Drittel der von mir untersuchten Pfarreien in den (Erz-)Bistümern Aachen, Essen, Köln, Münster und Paderborn diese Form des katholischen Gottesdienstes an. In denjenigen Pfarreien, die Wort-Gottes-Feiern anbieten, machen diese durchschnittlich gut 14 Prozent aller Gottesdienste aus. Pointiert lässt sich daher sagen: Jeder siebte katholische Gottesdienst in Nordrhein-Westfalen findet heute in Form einer Wort-Gottes-Feier statt – also ohne das unmittelbare Zutun eines professionellen Priesters. In quantitativer Hinsicht haben wir es also mit einer durchaus beachtlichen Leistungsübernahme zu tun. Dies gilt aber auch in qualitativer Hinsicht, da es sich bei Gottesdiensten um ein zentrales religiöses Angebot der katholischen Kirche handelt.

Anhand der Gestaltung von Wort-Gottes-Feiern offenbaren sich frappierende Diskrepanzen zwischen amtskirchlichen Vorgaben und der tatsächlichen Gottesdienstgestaltung – Diskrepanzen also zwischen der Organisations-, der Professions- und der Interaktionsebene innerhalb des Mehr-Ebenen-Systems Kirche. Dies gilt vor allem für drei Gestaltungsaspekte, die innerhalb der katholischen Kirche kontrovers diskutiert werden: die Regelmäßigkeit von Wort-Gottes-Feiern, das Angebot von Wort-Gottes-Feiern an Sonn- und Feiertagen sowie die Kommunionspendung in Wort-Gottes-Feiern:

- *Regelmäßigkeit*: Die Amtskirche lehnt ein regelmäßiges Angebot von Wort-Gottes-Feiern ab und versteht sie als „ganz und gar außerordentliche Ersatzlösung" (Deutsche Bischofskonferenz 2004), auf die nur „im Fall einer echten Notlage" (Apostolischer Stuhl 2004) zurückzugreifen sei. Mehr als drei Viertel der untersuchten Pfarreien jedoch bieten sehr wohl regelmäßig Wort-Gottes-Feiern an; im Erzbistum Köln sind es sogar mehr als 97 Prozent (Tabelle 7). Die zuständigen Pfarrer begründen diese Abweichung von organisationalen Vorgaben in erster Linie mit dem fortschreitenden Priestermangel: Ohne Wort-Gottes-Feiern sei es ihnen nicht möglich, ein regelmäßiges Gottesdienstangebot in allen von ihnen verantworteten Kirchen sicherzustellen.

- *Sonn- und Feiertage*: Aufgrund der exponierten Bedeutung von Sonn- und Feiertagen im christlichen Glauben lehnt die Amtskirche Wort-Gottes-Feiern an diesen Tagen als ebenfalls „ganz und gar außerordentlich" ab (Apostolischer Stuhl 2004). Wort-Gottes-Feiern werden von amtskirchlicher Seite mithin eigentlich nur für Werktage legitimiert. Knapp 18 Prozent der untersuchten Pfarreien aber bieten nichtsdestoweniger regelmäßig sonntägliche Wort-Gottes-Feiern an; ein weiteres gutes Viertel tut dies im Ausnahmefall – etwa wenn der zuständige Priester überraschend erkrankt ist. Im Bistum Aachen werden an Sonn- und Feiertagen gar in vier Fünfteln der Pfarreien Wort-Gottes-Feiern angeboten (Tabelle 7). Die Pfarrer rechtfertigen diese Diskrepanz ebenfalls mit der hohen Bedeutung von Sonn- und Feiertagen: Gerade an diesen Tagen sei es wichtig, dass die Gemeinde sich zum Gottesdienst versammeln könne.
- *Kommunionspendung*: Auch die Kommunionspendung[4] in Wort-Gottes-Feiern wird von der Amtskirche abgelehnt, da Gottesdienstbesucherinnen und -besucher aus theologischen Gründen Hostien empfangen sollen, „die in derselben Messe konsekriert wurden" (Apostolischer Stuhl 2004). Eine Kommunionspendung könne bei unbedarften Gemeindemitgliedern darüber hinaus zur Verwechslung von Wort-Gottes- und Eucharistiefeiern führen. In mehr als einem Drittel der untersuchten Pfarreien wird die Kommunion dennoch in allen Wort-Gottes-Feiern gespendet; in weiteren knapp 30 Prozent geschieht dies im Ausnahmefall. In den Bistümern Aachen und Essen bieten sogar mehr als drei Viertel aller Pfarreien Wort-Gottes-Feiern mit Kommunionspendung an (Tabelle 7). Die Pfarrer begründen diese Diskrepanz mit den Erwartungen der Gottesdienstbesucherinnen und -besucher: Sie äußern die Sorge, ohne Kommunionspendung würden Wort-Gottes-Feiern nicht als vollwertige Form des katholischen Gottesdienstes anerkannt.

---

4 In Bezug auf Wort-Gottes-Feiern geht es wohlgemerkt um die Frage, ob die Kommunion an die Gottesdienstbesucherinnen und -besucher gespendet werden darf. Eine Wandlung der ‚profanen' Opfergaben Brot und Wein in das ‚Heilige' Leib und Blut Christi (Konsekration) hingegen hat im Katholizismus sakramentalen Status und ist daher dem geweihten Priester vorbehalten. Allerdings können in einer von einem Priester geleiteten Eucharistiefeier Hostien gleichsam ‚auf Vorrat' konsekriert werden. Dies ist langjährige Praxis der katholischen Kirche für den Fall, dass Gemeindemitglieder die Eucharistiefeier aus gesundheitlichen Gründen nicht besuchen können und die Kommunion daher zuhause in Empfang nehmen („Krankenkommunion"). Diese vorkonsekrierten und im Tabernakel aufbewahrten Hostien können dann auch im Rahmen einer Wort-Gottes-Feier gespendet werden.

Tabelle 7: Gestaltung von Wort-Gottes-Feiern

Wort-Gottes-Feiern…	Aachen	Essen	Köln	Münster	Paderborn	Gesamt
…werden regelmäßig angeboten	82,9	84,6	97,3	69,0	68,1	76,4
…finden im Ausnahmefall statt	17,1	15,4	2,7	31,0	31,9	23,6
Wort-Gottes-Feiern an Sonn- und Feiertagen…						
…werden regelmäßig angeboten	60,0	15,4	5,4	14,1	7,2	17,8
…finden im Ausnahmefall statt	20,0	7,7	21,6	26,8	36,2	26,7
…werden nicht angeboten	20,0	76,9	73,0	57,7	56,5	55,1
Die Kommunion wird in Wort-Gottes-Feiern						
…immer gespendet	62,9	46,2	16,2	36,6	24,6	34,2
…im Ausnahmefall gespendet	20,0	30,8	32,4	28,2	33,3	29,3
…nie gespendet	17,1	23,1	48,6	33,8	40,6	35,1

Befragt wurden 225 katholische Pfarrer, in deren Pfarreien Wort-Gottes-Feiern angeboten werden. Angaben in Prozent. Vgl. Heiser 2015: 106ff.

Amtskirchliche Vorgaben in Bezug auf die Gestaltung von Wort-Gottes-Feiern werden von den zuständigen Akteuren auf der Professions- und Interaktionsebene mithin nur stark eingeschränkt umgesetzt. Offenbar bieten Wort-Gottes-Feiern größere Gestaltungsspielräume als die von Priestern geleiteten Eucharistiefeiern, die sogenannten Messen:

> „Bei so einer Wort-Gottes-Feier kann man auch mal – was weiß ich – Vögel einbinden oder einen Hund reinbringen. Das würde in einer Messe eher stören. Da können Kinder von mir aus verkleidet kommen, wenn Karneval ist oder so. Dinge, bei denen wir in der Messe eben eher vorsichtiger sein müssen." (Pfarrer zitiert nach Heiser 2015: 179)

Dies eröffnet den Leiterinnen und Leitern von Wort-Gottes-Feiern auch die Möglichkeit, auf spezifische Wünsche von Gottesdienstbesucherinnen und -besuchern einzugehen:

> „Zum Beispiel beerdige ich nächste Woche jemanden, der viele wunderschöne, lyrische Gedichte geschrieben hat, und die Frau möchte gerne eines vortragen. Und ich sage: ‚Na sicher, das ist doch Ihr Mann.' Aber das könnte ich z. B. nie in eine Messe einbauen. Dafür müsste ich immer wieder ungehorsam werden und dazu habe ich irgendwann keine Lust mehr. Weil dann irgendein konservatives Schaf kommt und sagt: ‚Der macht das aber immer falsch.' Da habe ich keine Lust, mich wegen solcher Leute ständig zu reiben." (Pfarrer zitiert nach Heiser 2015: 180)

In der Folge werden zunehmend Wort-Gottes-Feiern für spezifische Zielgruppen entwickelt und angeboten, etwa für Jugendliche, Frauen, Seniorinnen und Senioren oder bestimmte Gemeindegruppen. Durch Wort-Gottes-Feiern kommt es daher zu einer Pluralisierung des Spektrums katholischer Liturgie, die dadurch noch verstärkt wird, dass die Leiterinnen und Leiter von Wort-Gottes-Feiern eigenständig neue liturgische Elemente entwickeln und im Rahmen ihrer Gottesdienste einsetzen:

> „Jetzt letztens haben sie... Was haben sie da genommen? Ach so ja, da haben sie vorne das Schriftwort ausgelegt und haben dann irgendwelche kleinen Steinchen nach vorne getragen, wo die dann aufgrund der Tatsache, was da berichtet wurde, etwas ablegen konnten, um auf diese Weise auch eine Beweglichkeit darzustellen." (Pfarrer zitiert nach Heiser 2015: 180)

Eine derartige Entwicklung eigener liturgischer Elemente kann auch als Hinweis darauf verstanden werden, dass die Leiterinnen und Leiter von Wort-Gottes-Feiern in erster Linie individuelle Handlungsorientierungen berücksichtigen. Sie greifen nämlich nicht nur auf klassisch katholische Elemente zurück, sondern rezitieren beispielsweise Prosa und/oder Lyrik, die nicht aus genuin christlichen Kontexten stammt:

> „Das können literarische Texte sein, das können spirituelle Texte sein, die die Leute wach machen oder die auch das Evangelium erklären, das Tagesevangelium erklären, oder besonders vertiefen helfen, sodass jemand für sich selber auch zu einem tieferen Verständnis davon kommt, was Jesus uns sagen will." (Pfarrer zitiert nach Heiser 2015: 179)

Zusammenfassend können wir anhand des Beispiels von Wort-Gottes-Feiern festhalten: Mit der individuellen Gestaltung durch erstaunlich autonom agierende Gottesdienstleiterinnen und -leiter wandelt sich das Spektrum katholischer Liturgie in zweifacher Hinsicht: Zum einen halten neue liturgische Elemente Einzug in katholische Gottesdienste. Zum anderen kommt es zu einer Pluralisierung von Gottesdienstformen für unterschiedliche Zielgruppen. Individualisierung findet mithin nicht nur jenseits der Kirchen statt; sie ist nicht nur als Prozess der Entkirchlichung zu verstehen – wie wir es in Kapitel 3.2 zunächst herausgearbeitet haben –, sondern durchaus auch als kircheninterner Prozess:

> „Scheinbar wächst in den christlichen Kirchen eine neue, hochgradig ‚individualisierte' Generation von ‚Gläubigen' heran, die sich den dogmatischen Lehrsätzen und Machtansprüchen der Kirchenleitungen und der Theologie ‚stillschweigend' entzieht, um ihre eigenen religiösen und spirituellen Bedürfnisse auf je individuelle Art und – vor allem – in eigener Verantwortung zu befriedigen. Die Kirchenmitglieder dieser Generation sind von ihrer eigenen ‚religiösen' Kompetenz [...] voll und ganz überzeugt." (Gebhardt et al. 2005: 136)

Auch deshalb bleiben Wort-Gottes-Feiern bis heute umstritten. Die Amtskirche vertritt ihnen gegenüber eine letztlich ambivalente Haltung: Einerseits erkennt sie angesichts eines fortschreitenden Priestermangels die Notwendigkeit der Leistungsbeteiligung des Publikums an, andererseits lehnt sie insbesondere ein regelmäßiges Angebot, sonntägliche Wort-Gottes-Feiern und eine Kommunionspendung scharf ab. Offenbar befürchtet sie einerseits, den Anschluss an ihre (potenziellen) Mitglieder zu verlieren, und andererseits, durch kurzfristige „Ersatzlösungen" der Etablierung einer zunehmend individualisierten Kirchlichkeit Vorschub zu leisten.

Der Grat zwischen Tradition und Reform ist eben schmal. Festzuhalten bleibt, dass die katholische Kirche durch die Einführung von Wort-Gottes-Feiern schleichend von unten her transformiert wird (Heiser 2017b). Veränderungsprozesse gehen also nicht nur – vielleicht nicht einmal in erster Linie – von der Spitze der amtskirchlichen Hierarchie aus, sondern auch von ihrem Publikum und den Pfarrern vor Ort. Die Transformation erfolgt daher „unter der Hand" (Gebhardt et al. 2005). Gleichwohl muss man auch sehen, dass kirchliche Strukturen von ihrem Publikum weiterhin als legitim anerkannt werden. Ein synkretistisches Religionsverständnis und konventioneller Katholizismus scheinen sich daher keineswegs auszuschließen (Pollak 2003).

Wort-Gottes-Feiern als Beispiel für divergierende Handlungsorientierungen

Unter Wort-Gottes-Feiern sind katholische Gottesdienste zu verstehen, die nicht von Priestern vorbereitet und geleitet werden, sondern von Gemeindemitgliedern. Es handelt sich daher um eine *Aktivierung des religiösen Publikums*, das zunehmend Leistungen übernimmt, die vormals von Professionen erbracht wurden. Jeder siebte katholische Gottesdienst in Nordrhein-Westfalen findet in Form einer Wort-Gottes-Feier statt.

Es lassen sich *frappierende Diskrepanzen* beobachten zwischen amtskirchlichen Vorgaben und der tatsächlichen Gottesdienstgestaltung. Dies gilt insbesondere für die *Regelmäßigkeit* von Wort-Gottes-Feiern, ihr Angebot an *Sonn- und Feiertagen* sowie für die *Kommunionspendung*. Autonom agierende Gottesdienstleiterinnen und -leiter pluralisieren das Spektrum katholischer Liturgie durch neue Elemente und individuelle Gottesdienstangebote. Sie *transformieren die Kirche dadurch von unten*.

4.2 Aktueller Diskurs zu religiösen Sozialformen

In Folge der Kirchensoziologiekritik aus den 1960er Jahren (vgl. Kap. 3.3.1) hat sich die religionssoziologische Forschung der vergangenen Jahrzehnte stark auf die Makro- und die Mikroebene des religiösen Feldes konzentriert. Der Mesoebene religiöser Sozialformen hingegen widmete sie eine vergleichsweise geringe Aufmerksamkeit. Erst in neuerer Zeit hat der Diskurs zu religiösen Sozialformen wieder an Fahrt gewonnen. Zu nennen sind in diesem Zusammenhang beispielsweise die Kartierung von Pluralisierungsprozessen innerhalb des religiösen Feldes (Hero et al. 2008; Krech et al. 2013) und die Analyse der Ökonomisierung kirchlicher Handlungsstrategien (Schlamelcher 2013). Das Bindeglied zwischen diesen beiden Forschungsfeldern stellen die aus dem angloamerikanischen Raum stammenden religiösen Marktmodelle dar. Alle drei

Ansätze werde ich im Folgenden nachzeichnen und miteinander in Beziehung setzen.

4.2.1 Die Pluralisierung des religiösen Feldes

Pluralisierungsprozesse, wie ich sie im vorhergehenden Abschnitt anhand des Beispiels katholischer Liturgie beschrieben habe, lassen sich nicht nur innerhalb kirchlicher Sozialformen beobachten. Im Gegenteil richtet die Pluralisierungsthese ihren Fokus meist auf das religiöse Feld als Ganzes. Sie geht davon aus, dass sich auf dessen Mesoebene eine zunehmende Anzahl religiöser Sozialformen etabliert hat. Dies wäre ja auch die folgerichtige Konsequenz aus unseren Schlussfolgerungen in Bezug auf die Individualisierung religiösen Handelns. In Kapitel 3.2 haben wir nämlich einerseits angenommen, dass die aus religiösen Zwänge freigesetzten Individuen ihren Glauben selbstbestimmt gestalten, wodurch die Formen moderner Religiosität vielfältiger werden. Andererseits haben wir festgestellt, dass Individuen auf religiöse Sozialformen angewiesen sind, um die Evidenz ihres individualisierten Glaubens zu sichern. Die Folge dieser beiden Entwicklungen müsste eben darin bestehen, dass sich neue religiöse Sozialformen vielfältiger Gestalt institutionalisieren. Ob dies tatsächlich der Fall ist, lässt sich bedauerlicherweise nur schwer beantworten. Schließlich haben wir auch festgehalten, dass neue Formen von Religiosität empirisch weniger gut sichtbar sind. Nichtsdestoweniger aber können wir auf einige Kennzahlen zurückgreifen, um den tatsächlichen *Pluralisierungsgrad* des religiösen Feldes zu erschließen. Abbildung 10 vergleicht dazu die Konfessionszugehörigkeit der deutschen Bevölkerung in den Jahren 1950 und 2010. Sie sehen, dass 1950 fast 96 Prozent der Deutschen Mitglied der katholischen oder evangelischen Kirche waren. Dies gilt im Übrigen für beide Teile Deutschlands: Auch in Ostdeutschland nämlich waren kurz nach Staatsgründung der DDR noch weit über 90 Prozent der Bevölkerung Mitglied der evangelischen oder – in deutlich selteneren Fällen – der katholischen Kirche. Die religionsfeindliche Politik der DDR zeigte erst später deutliche Effekte (vgl. Kap. 2.1.1). Nur gut vier Prozent der Bevölkerung waren seinerzeit hingegen Mitglied einer anderen Religionsgemeinschaft; Konfessionslosigkeit spielte in den 1950er Jahren noch keine Rolle – sie kam praktisch nicht vor. Sechs Jahrzehnte später stellt sich die Lage nun aber völlig anders dar: Im Jahr 2010 gehörten rund 30 Prozent der Bevölkerung keiner Religionsgemeinschaft mehr an. Der Anteil der Mitglieder einer christlichen Kirche war vice versa auf nicht einmal mehr 60 Prozent geschrumpft. Gleichzeitig – und damit kommen wir in Bezug auf die Pluralisierung des religiösen Feldes zum wesentlichen Punkt – hat sich der Anteil von Mitgliedern anderer Religionsgemeinschaften im Jahr 2010 auf gut zehn Prozent erhöht (Abbildung 10).

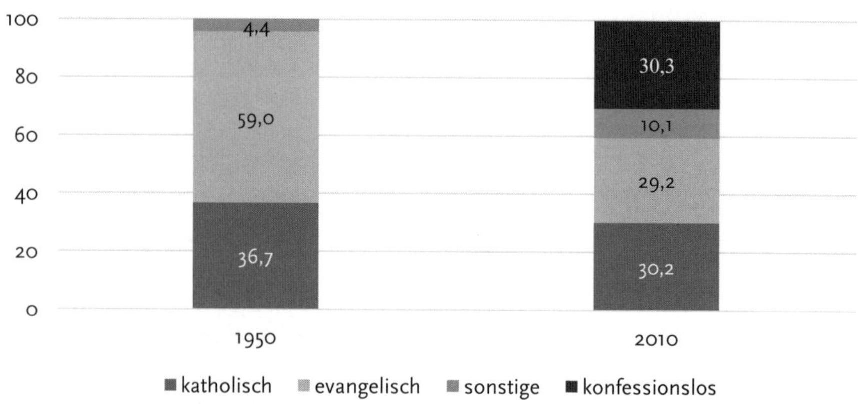

Abbildung 10: Pluralisierung des religiösen Feldes in Deutschland
Eigene Darstellung. Daten: REMID, Statistisches Jahrbuch der DDR. Angaben in Prozent. Im Jahr 1950 wurden die Konfessionslosen in einer Gruppe mit den Angehörigen sonstiger Konfessionen erfasst.

Über die genaue Zusammensetzung der Mitglieder sonstiger Religionsgemeinschaften liegen nur unvollständige Daten vor. Eine erfreuliche Ausnahme bildet in diesem Zusammenhang das Bochumer „Pluralismus-Projekt" unter der Leitung von Volkhard Krech und Helmut Zander (Hero et al. 2008). Hierbei handelt es sich um die bislang einzige vollständige Kartierung des religiösen Feldes einer größeren Region. In Nordrhein-Westfalen, dem bevölkerungsreichsten und zuwanderungsstärksten Bundesland Deutschlands, konnte die Forschergruppe insgesamt 8.500 religiöse Gemeinden und Ortsgruppen identifizieren. Diese wurden 228 unterschiedlichen religiösen Organisationen bzw. Strömungen zugeordnet (Tabelle 8). Gut 76 Prozent der Bevölkerung Nordrhein-Westfalens waren zum Zeitpunkt der Untersuchung Mitglied einer dieser Gemeinschaften. Darüber hinaus boten mehr als 1.000 Zentren, Institute und Heilpraxen religiöse Dienstleistungen an (Hero et. al. 2008: 31, 172).

In Tabelle 8 sticht zum einen die Dominanz der christlichen Kirchen ins Auge: Ihnen gehören knapp 93 Prozent derjenigen Nordrhein-Westfalen an, die überhaupt Mitglied einer Religionsgemeinschaft sind. Nennenswert scheinen daneben allenfalls die Musliminnen und Muslime: Sie stellen jedoch nicht einmal vier Prozent der Mitglieder von Religionsgemeinschaften. Zum anderen sehen Sie, dass manche Religionen offenbar dazu tendieren, eine Vielzahl von Organisationen und Strömungen auszubilden. Insbesondere gilt dies für die „sonstigen christlichen Religionsgemeinschaften" und den Islam sowie für die östlichen und „neuen" Religionen. Diesen Religionen gehören zwar nur gut sechs Prozent der Mitglieder von Religionsgemeinschaften an – gleichzeitig jedoch drei Viertel der Organisationen und Strömungen. Man kann daher insofern von Pluralisierung sprechen, als es zu einer Ausdifferenzierung religiöser Organisationen und Strömungen kommt. In Bezug auf den Organisationsgrad – also die absolute Anzahl ihrer jeweiligen Mitglieder – schlägt sich diese Pluralisierung jedoch kaum nieder. Zu bedenken ist allerdings, dass sich diese Befunde ausschließlich auf Nordrhein-Westfalen beziehen. In anderen Ländern und Regionen mag die Pluralisierung des religiösen Feldes deutlich weitreichender ausfallen. Auch deshalb wurden religiöse Marktmodelle vornehmlich in den USA entwickelt.

Tabelle 8: Pluralisierung des religiösen Feldes in Nordrhein-Westfalen

Religionsgemeinschaft	**Mitglieder in Prozent der Bevölkerung**	**Anzahl der Organisationen bzw. Strömungen**
Römisch-katholische Kirche	42,3	29
Evangelische Landeskirchen	28,3	6
Orthodoxe Kirche	0,7	17
Sonstige christliche Religionsgemeinschaften	1,1	73
Judentum	0,2	3
Islam	2,8	34
Östliche Religionen	0,4	28
Neue Religionen und Esoterik	0,5	38
Gesamt	76,2	228

Quelle: Hero et al. 2008: 31. Modifiziert.

Pluralisierung des religiösen Feldes

Mit Pluralisierung wird die Beobachtung beschrieben, dass sich auf der Mesoebene des religiösen Feldes eine zunehmende Anzahl *neuer, vielfältiger Religionsgemeinschaften* etabliert. Dies ist die logische Konsequenz aus der Individualisierung moderner Religiosität und ihrem erhöhten Bedarf an Evidenzsicherung. Empirisch lässt sich eine Pluralisierung des religiösen Feldes jedoch nur bedingt nachweisen. Zwar bilden einige Religionen eine *Vielzahl von Organisationen und Strömungen* aus. Ihr *Organisationsgrad* aber bleibt im Vergleich zu den christlichen Kirchen und – mit weitem Abstand – dem Islam in Deutschland ausgesprochen gering.

4.2.2 Religiöse Marktmodelle

Religiöse Marktmodelle gelten insbesondere in den USA als „neues Paradigma" der Religionssoziologie (Iannaccone 1992). Dessen wesentliche Grundlagen wurden bereits in den 1960er Jahren von Peter L. Berger formuliert (vgl. Kap. 4.3.2). Zu den prominentesten zeitgenössischen Vertretern religiöser Marktmodelle zählen hingegen die amerikanischen Religionssoziologen Roger Finke, Rodney Stark und Lawrence Iannaccone, aus deren Feder zahlreiche der einschlägigen Publikationen stammen (Finke und Stark 1988, 1992, 2006; Iannaccone 1992, 1998; Stark 1999; Stark und Finke 2000; Stark und Iannaccone 1994). Als Autor von Publikationen neueren Datums ist darüber hinaus Anthony Blasi (2009) zu nennen. Ähnlich wie die Individualisierungstheorie wurden auch religiöse Marktmodelle in expliziter Abgrenzung zur Säkularisierungstheorie entwickelt. Deren Annahme, dass die „religiöse Vitalität" moderner Gesellschaften abnehme, bezeichnet Stark (1999) als bloßen „Mythos". Glaubensüberzeugungen seien – gerade in Europa – auch in der Gegenwart noch weit verbreitet, während die Menschen in früheren Zeiten deutlich weniger religiös gewesen seien (Stark und Iannaccone 1994). Religion sei daher ganz im Sinne Luckmanns (vgl. Kap. 3.3.1) als anthropologische Universalie zu verstehen. Folglich bestehe in jeder Phase der gesellschaftlichen Entwicklung eine gewisse Nachfrage nach religiösen Angeboten, die in modernen Gesellschaften noch durch Pluralisierung des religiösen Feldes verstärkt werde (Iannaccone 1992). Diese zentrale These religiöser Marktmodelle haben ihre Vertreter auch empirisch zu belegen versucht: Finke und Stark (1988) beispielsweise zeigen in ihrer Untersuchung der Kirchenmitgliedschaft in US-amerikanischen Städten, dass der Besuch von Gottesdiensten und Sonntagsschulen dort am höchsten ist, wo die Pluralität des religiösen Feldes am größten ist. Und Iannaccone (1991) arbeitet in einer internationalen Vergleichsstudie heraus, dass Gottesdienstbesuche und Gottesglaube in denjenigen Ländern am weitesten verbreitet sind, in denen das religiöse Feld besonders stark pluralisiert ist. Unter anderem gelte dies für die USA, nicht hingegen für Deutschland.

Grundlage religiöser Marktmodelle ist die *Theorie der rationalen Wahl* (rational choice). Diese konzipiert einen Akteur idealtypisch als sogenannten homo oeconomicus, der bei seinem Handeln stets darum bemüht ist, den eigenen Nutzen zu maximieren. Dieses Prinzip, so die Annahme der Marktmodelle, gelte auch für seine Religiosität. Auf Basis persönlicher Präferenzen wähle das Individuum aus dem Spektrum der zur Verfügung stehenden religiösen Angebote einerseits das vermeintlich Beste aus, indem es Kosten und Nutzen gegeneinander abwäge: „What we are saying is that religious behavior – to the degree that it occurs – is generally based on cost/benefit calculations and is therefore rational behavior" (Stark und Finke 2000: 56). Andererseits versuchten religiöse Anbieter, neue Kundinnen und Kunden für sich zu gewinnen. Diese Sichtweise trifft in der Tat eine Veränderung im Verhältnis von Institution und Individuum, die sich in vielen Bereichen moderner Gesellschaften beobachten lässt. Offenbar haben wir es nämlich mit einer Art Perspektivenumkehr zu tun: Für das Individuum steht nicht mehr die Frage im Vordergrund, was Institutionen von ihm erwarten und wie es sich in deren Ordnung einfügen kann. Institutionelle Vorgaben werden daher nicht mehr unhinterfragt anerkannt und in mechanischer Weise befolgt. Vielmehr steht für das moderne Individuum die Frage im Vordergrund, welche Leistungen und Optionen ihm eine Institution bietet (Gabriel 2010).

Sie sehen bereits: Religiöse Marktmodelle verwenden ein Vokabular, das in Bezug auf Religion zunächst befremdlich anmutet – sie sprechen von Angeboten, Kunden, Kosten und Nutzen. Im Folgenden werde ich diese Begriffe der Reihe nach beleuchten und dabei jeweils versuchen, sie im Sinne religiöser Marktmodelle von der Ökonomie auf die Religion zu übertragen. Beginnen wir mit den religiösen *Angeboten*: Diese werden als von einschlägigen Anbietern produzierte Güter („commodities") verstanden, aus deren Angebot ein Kunde bzw. eine Kundin auswählen kann: „Religion is an object of choice, an object that exists because people produce it" (Iannaccone 1992: 124). Beispiele für religiöse Güter sind etwa die Aussicht auf ein ewiges Leben, Frieden und Glückseligkeit. Im Vergleich zu Gütern, die wir aus der Wirtschaft kennen, sind religiöse Güter allerdings für den Kunden bzw. die Kundin mit einem hohen Risiko verbunden. Da ihre Effektivität nicht unmittelbar überprüft werden kann, setzen religiöse Güter Vertrauen voraus. Dieses Vertrauen aber kann nicht unmittelbar aus der versachlichten Beziehung von Anbieter und Kundin entstehen, sondern muss durch Gemeinschaften und persönliche Bekanntschaften generiert werden – beispielsweise im Rahmen von Kirchengemeinden:

> „They are especially credible when testifiers have relatively little to gain (or better yet much to lose) from having their claims heard and believed. This helps to explain why the structure of religious firms is so often congregational. Fellow members are more trustworthy than strangers." (Iannaccone 1992: 126)

Kommen wir damit zu den *Kosten* für religiöse Güter: Diese sind nur in Ausnahmefällen monetärer Art. Vielmehr sprechen religiöse Marktmodelle einerseits von Einschränkungen des individuellen Handlungsspielraums. Beispiele sind etwa Mormonen, die aus religiösen Gründen auf Koffein und Alkohol verzichten, Adventisten, die vegetarisch leben, oder Zeugen Jehovas, die auch im Notfall Bluttransfusionen ablehnen:

> „They are apparently gratuitous costs, sacrifice and stigma, foreign to most secular contexts: burnt offerings, which destroy valued resources; distinctive dress and grooming that invite ridicule or scorn; dietary and sexual prohibitions that limit opportunities for pleasure; restrictions on the use of modern medicine or technology." (Iannaccone 1992: 127)

Andererseits liegen die Kosten für religiöse Angebote im Bekenntnis zu einer Subkultur. Zu denken ist diesbezüglich etwa an Politikerinnen und Politiker, die sich für ein Abtreibungsverbot aussprechen und damit das Risiko eingehen, von bestimmten Wählergruppen nicht gewählt zu werden (Blasi 2009: 265).

Auch in Hinblick auf den *Nutzen*, den ein Kunde bzw. eine Kundin durch den Erwerb religiöser Güter erzielen kann, gelten im Vergleich zu ökonomischen Märkten einige Besonderheiten. Auf dem religiösen Markt nämlich werden hauptsächlich ideelle Güter gehandelt. Für diesseitige Einsätze (finanzielle Unterstützung, aktive Beteiligung etc.) werden daher im Wesentlichen jenseitige Erträge erwartet (Erlösung, Seelenheil, Unsterblichkeit, Einzug ins Paradies etc.). Aber auch im Diesseits sind bestimmte Formen des Nutzens religiöser Güter denkbar, beispielsweise der Erwerb von Sozialkapital durch die Mitgliedschaft in einer

Kirchengemeinde oder die exklusive Nutzung von Kinderbetreuungsangeboten. Darüber hinaus können auch diejenigen Funktionen von Religion im Sinne religiöser Marktmodelle als Nutzen begriffen werden, die wir bereits in Bezug auf den Religionsbegriff (vgl. Kap. 1.1) und das Pilgern (vgl. Kap. 3.1.2) diskutiert haben: Die Mitgliedschaft in einer Kirchengemeinde kann beispielsweise als identitätsstiftend erlebt werden oder das Gefühl von moralischer Überlegenheit und Sicherheit vermitteln (Stark und Bainbridge 1987).

Der religiöse Markt ist – auch dies eine Analogie zu ökonomischen Märkten – von *Konkurrenz* bestimmt. Die verschiedenen Anbieter religiöser Güter konkurrieren um die Ressourcen ihrer (potenziellen) Kundinnen und Kunden: Sie konkurrieren um Aufmerksamkeit, Beitritt, finanzielle Unterstützung und ehrenamtliches Engagement. Wichtig erscheint mir darüber hinaus, dass Religionsgemeinschaften nicht nur untereinander, sondern auch mit nicht-religiösen Angeboten in ein Konkurrenzverhältnis geraten. In modernen Gesellschaften nämlich hat sich eine Reihe säkularer Institutionen etabliert, die Funktionen übernehmen, die vormals religiösen Institutionen vorbehalten waren. Franz-Xavier Kaufmann benennt hierfür einige Beispiele:

> „So hilft die Psychotherapie beim Umgang mit Ängsten, aber der Fromme kann noch immer die entlastende Wirkung des Gebets erfahren. Die Handlungsführung im Außeralltäglichen ist vielfältigen Professionen anvertraut, den Seelsorgern bleibt dabei sozusagen die Bearbeitung der Restrisiken, insbesondere desjenigen des Todes, übrig. Für den Umgang mit Schicksalsschlägen ist das soziale Sicherungssystem ebenso zuständig wie die Kirchen. Die gesellschaftliche Integration erfolgt vor allem durch Staat und Recht, die aber auf zivilreligiöse Legitimation angewiesen erscheinen." (Kaufmann 1989: 86)

Auch Jörg Stolz et al. (2014) haben in ihrer Studie über moderne Religiosität in der Schweiz eine Reihe „säkularer Funktionsäquivalente" herausgearbeitet, die mit religiösen Angeboten konkurrieren:

Tabelle 9: Säkulare Funktionsäquivalente

Bedürfnisse	**Religiöse Angebote**	**Säkulare Angebote**
Hilfe in Problemsituationen	Gebet, Beichte, Seelsorge, Diakonie	Psychotherapie, Beratung, Wohlfahrtsstaat
Sicherheit und Gesundheit	Heilsgüter	Versicherungen, Wohlfahrtsstaat
Innerer Friede und Geborgenheit	Kirchengemeinde als Gemeinschaft	Sport, Familie
Sinnstiftung	Predigt, Auslegung religiöser Schriften, Dogmen	Wissenschaft
Lebensstrukturierung	Kasualien, religiöse Feste	private Feste, Ferien
Soziale Identität und soziales Kapital	Kirchengemeinde als Netzwerk	berufliche Netzwerke, Vereine, soziale Medien

Quelle: Stolz et al. 2014: 38

Die Pointe religiöser Marktmodelle besteht schließlich in der Annahme, dass die *religiöse Vitalität* einer Gesellschaft dann besonders groß sei, wenn die Anzahl religiöser Angebote besonders hoch ist – wenn also der Pluralisierungsgrad des religiösen Feldes möglichst hoch ist und sich keine Monopole ausgebildet haben. Der religiöse Markt nämlich funktioniere am besten, wenn religiöse Anbieter sich responsiv an den Bedürfnissen ihrer (potenziellen) Kundschaft orientierten. Eine höhere Anzahl von Anbietern auf einem pluralisierten Markt sei diesbezüglich besser in der Lage, die unterschiedlichen Präferenzen der Kundinnen und Kunden adressatenadäquat zu bedienen. Monopole hingegen führten zu teureren Angeboten mit geringerer Qualität und wirkten daher nur wenig attraktiv. Darüber hinaus könne der religiöse Markt nur dann optimal funktionieren, wenn er von staatlicher Seite nicht reguliert werde. Durch staatliche Regulierung komme es zu einer Schließung des Marktes, die eine Pluralisierung des religiösen Angebotes verhindere. Die Folge sei eine geringere religiöse Vitalität der betreffenden Gesellschaft. Internationale Unterschiede in der gesellschaftlichen Bedeutung von Religion seien daher durch verschieden große Spektren religiöser Angebote zu erklären. Dies erkläre die im Vergleich zu Europa hohe religiöse Vitalität in den USA. Allerdings lassen sich gegen diesen vermeintlichen Zusammenhang zwischen religiösem Monopol und religiöser Vitalität auch Gegenbeispiele ins Feld führen. So können wir etwa in Polen ein deutliches Monopol der katholischen Kirche beobachten. Gleichzeitig aber sind dort 96 Prozent der Bevölkerung Mitglied einer Kirche und die Polinnen und Polen besuchen im Durchschnitt

Religiöse Marktmodelle

Religiöse Marktmodelle gehen davon aus, dass *rational handelnde Akteure* aus dem Angebot *religiöser Güter* dasjenige auswählen, das ihnen den größten *Nutzen* (Erlösung, Seelenheil, Unsterblichkeit, Einzug ins Paradies) bringt. Dabei sind sie bemüht, ihre *Kosten* (finanzielle Unterstützung, aktives Engagement, Handlungseinschränkungen) zu minimieren. Die Anbieter religiöser Güter versuchen, die *Ressourcen* möglichst vieler Mitglieder zu erschließen. Sie geraten daher in ein *Konkurrenzverhältnis* zueinander sowie zu *säkularen Funktionsäquivalenten*. Die *religiöse Vitalität* einer Gesellschaft ist umso höher, je *pluralisierter* ihr religiöses Feld ist. *Monopole* und *staatliche Regulierung* hingegen beschränken die religiöse Vitalität.

Weiterführende Literatur zu religiösen Marktmodellen:

Iannaccone, Lawrence R. (1992) Religious markets and the economics of religion, Social Compass 39(2): 123-131.

Stark, Rodney/Roger Finke (2000) Acts of faith: Explaining the human side of religion. Berkeley: University Press.

Blasi, Anthony J. (2009) A Market Theory of Religion. Social Compass 56(1): 263-272.

33 Gottesdienste pro Jahr (Pickel 2011: 363ff.). Im europäischen Vergleich sind dies fast die höchsten Quoten (vgl. Kap. 2.1.2). Die religiöse Vitalität der polnischen Gesellschaft scheint also trotz des religiösen Monopols ausgesprochen hoch zu sein.

Überhaupt wurden religiöse Marktmodelle von vielen Religionssoziologinnen und -soziologen teils scharf kritisiert (Bruce 2002, Krech 2009; Pollack und Pickel 2009; Pickel 2010; Hero 2010; Hero und Krech 2011). Ihre Kritik kreist in erster Linie um die regionale Begrenzung der Anwendbarkeit religiöser Marktmodelle. Vielleicht können diese zwar in den USA zum Verständnis moderner Religiosität beitragen. Immerhin ist die Anzahl der Kirchen dort besonders hoch und ihre gesellschaftliche Bedeutung scheint sogar noch zuzunehmen (Finke und Stark 1992, 2006). Es könnte mithin durchaus sein, dass sowohl Säkularisierung als auch die Individualisierung die empirisch feststellbaren Vitalisierungs- und Revitalisierungstendenzen US-amerikanischer Kirchen übersehen. Außerhalb der USA jedoch ist eine Steigerung der religiösen Vitalität durch die Pluralisierung des religiösen Feldes empirisch schlicht nicht nachweisbar (Krech 2009; Hero 2010; Hero und Krech 2011). Dies zeigen Jörg Stolz et al. (2014) beispielsweise für die Schweiz:

> „Hier können unsere Ergebnisse die prominente Markttheorie in eklatanter Weise falsifizieren. Gemäß dieser Theorie wählen alle Menschen in der modernen Gesellschaft ihre Mitgliedschaften in religiösen Gruppen wie ein Produkt – es entsteht so ein Mitgliedschaftsmarkt und eine generelle Konkurrenz zwischen den religiösen und spirituellen Anbietern. Wie wir jedoch gesehen haben, finden wir bei den Mitgliedern der Großkirchen kaum Evidenz für die Existenz eines Mitgliedschaftsmarktes. Weder die Kernmitglieder noch die distanzierten Mitglieder überlegen sich, ob sie zu einem anderen Anbieter wechseln sollten – allenfalls denken sie an Austritt." (Stolz et al. 2014: 148)

Meines Erachtens liegt das Hauptproblem religiöser Marktmodelle in ihrer Makroperspektive. Tatsächlich nämlich lässt sich eine verschärfte Konkurrenz beobachten: von religiösen Sozialformen untereinander, vor allem aber gegenüber säkularen Funktionsäquivalenten. Von dieser Konkurrenzsituation jedoch auf die religiöse Vitalität einer ganzen Gesellschaft zu schließen, erscheint mir ebenso gewagt wie abstrakt. Aus einer Mesoperspektive hingegen verändert die Konkurrenzsituation sehr wohl die Handlungsstrategien religiöser Sozialformen – was unter anderem eine Popularisierung ihrer Angebote zur Folge hat.

4.2.3 Popularisierung kirchlicher Angebote

Der deutsche Religionssoziologe Jens Schlamelcher (2013) konnte in einer Studie zeigen, dass *ökonomische Handlungsorientierungen* innerhalb religiöser Sozialformen an Bedeutung gewinnen. Bei seiner Analyse von Dokumenten und Publikationen der evangelischen Kirche stellte er fest, dass kirchenintern verstärkt die Forderung nach ökonomischen Reformen vorgebracht wird. Bereits seit den

1960er Jahren habe ein innerkirchlicher Reflexionsprozess eigesetzt, da ihre göttliche Stiftung für die evangelische Kirche keine hinreichende Legitimationsgrundlage mehr sei. Heutzutage müsse sie stattdessen durch Wirtschaftlichkeit und Effizienz legitimiert werden. Grund hierfür sei auch, dass die finanziellen Ressourcen der evangelischen Kirche aufgrund ihres Mitgliederverlusts schwinden. In der Folge werden innerhalb der evangelischen Kirche verstärkt folgende Fragen diskutiert:

> „Hat nicht auch eine Institution Kirche auf eine ökonomische Krise mit ökonomischen Mitteln zu reagieren? Ist nicht die Kirche einem unternehmerischen Handlungsdruck ausgesetzt, nämlich effizient zu wirtschaften und endlich kunden- bzw. mitgliederorientiert auf die Menschen als Konsumenten zuzugehen?" (Schlamelcher 2013: 13)

Diese Entwicklung sieht Schlamelcher (2013: 145) durchaus kritisch: „Eine Kirche [...], die sich für ihre Mitglieder in erster Linie als Geldgeber und nicht als Person interessiert (und entsprechend auf Kundenorientierung umschaltet), wird Schwierigkeiten bekommen, Vertrauen zu stiften". Nichtsdestoweniger wird zweckrational-ökonomisches Handeln mehr und mehr zur „organisationalen Führungstechnologie" der Kirche. Ähnliches können auch Jörg Stolz et al. (2014) zeigen, wenn sie beobachten, dass kirchliches Marketing an Bedeutung gewinnt:

> „Für religiöse Anbieter bedeutet das neue Konkurrenzregime der Ich-Gesellschaft, dass sie große Anstrengungen unternehmen müssen, um ‚im Markt zu bleiben', d.h. um Menschen zu motivieren, Zeit, Energie und Geld für religiöse (und nicht für andere) Zwecke bereitzustellen. Kirchen versuchen daher zunehmend, verschiedene aus dem Marketing bekannte Strategien anzuwenden (z.B. Bedürfniserfassung, Qualitätssicherung, Werbung). Eine wichtige Strategie besteht auch darin, eine bestimmte Größe zu erreichen, um im Konkurrenzkampf bestehen zu können." (Stolz et al. 2014: 58)

Kirchen sind also offenbar verstärkt darum bemüht, ihre religiösen Angebote an den Mann oder die Frau zu bringen. Dabei greifen sie auf Strategien und Technologien zurück, die bislang nicht Bestandteil des religiösen Feldes waren. Der Religionssoziologe Hubert Knoblauch (2009: 194) hat dies als *populäre Religion* bezeichnet. Hierunter versteht er eine „neue Form der Religion [...], die sich durch [...] ihren popkulturellen Grundzug auszeichnet". Gemeint ist damit dezidiert nicht die sogenannte populare Religion, die volksfrömmige Handlungsformate bezeichnet – beispielsweise Tischgebete, Devotionalien und Massenwallfahrten. Vielmehr meint Knoblauch, dass Kirchen vermehrt auf Elemente der Popkultur zurückgreifen. Zwar geben sie ihre eigentlichen religiösen Inhalte nicht auf, transportieren sie aber eben in neuen popkulturellen Formen. Diesbezügliche Beispiele hatten wir eingangs anhand der roten Teppiche, Videoleinwände, T-Shirts, Chöre und Bands gesehen, die sich bei den Weltjungendtagen der katholischen Kirche beobachten lassen. Für Knoblauch sind derartige Formen einer populären Religion durch zwei wesentliche Aspekte gekennzeichnet, nämlich durch ihre Mediatisierung und ihre Vermarktlichung:

„Der Markt und die Medien sind die ‚Kirche' der populären Religion. Diese ‚Kirche' zeichnet sich jedoch durch ihre Indifferenz gegenüber der Religion aus. Weil Markt und Medien diese zentrale Rolle spielen, ist die Populäre Religion alles andere als eine ‚unsichtbare Religion'. Im Gegenteil, sie ist sehr sichtbar [...]. Die Grundlage der populären Kultur besteht also erstens in der Entwicklung, Ausbreitung und Globalisierung eines religiösen Marktes, auf dem die verschiedensten Inhalte der historisch gewachsenen Religionen angeboten werden – und der entsprechende angebotsorientierte Sozialformen annimmt. Die zweite Quelle ist in der Veränderung der religiösen Kommunikation zu erblicken, die auf den Möglichkeiten der Entwicklung von Medien aufbaut." (Knoblauch 2009: 201ff.)

Auch die beiden christlichen Kirchen Deutschlands lassen sich mittlerweile von Wirtschaftsprüfern und Marketingexperten beraten. Dies können Sie deutlich sehen, wenn Sie sich einmal kirchliche Werbematerialien und Webseiten anschauen. Kirchliches Marketing stellt dabei ein vergleichsweise neues Phänomen dar, wie Knoblauch anhand einer sehr instruktiven Anekdote verdeutlicht:

„Vor kaum zwei Jahrzehnten vergab die Wochenzeitschrift ‚Stern' an mehrere Werbeagenturen den Auftrag, Werbekampagnen für die Kirche zu entwerfen. Die Plakat-Entwürfe wurden auf Doppelbildseiten wiedergegeben – und führten zu einem Skandal, der dem stark säkularen ‚Stern' keineswegs unerwünscht kam. Dass man mit den Mitteln der Wirtschaftswerbung für die Kirche werben könne, erschien damals den meisten Menschen und vor allem den Vertretern und Mitgliedern der Kirchen zumindest in Deutschland als geradezu frevelhaft. Zu sehr vermittelte die Werbeanzeige den Eindruck der Banalität, um mit dem tiefen Anspruch der Kirche in Verbindung gebracht zu werden. Doch nur knapp zehn Jahre später wurde die erste Werbekampagne von der Kirche in Auftrag gegeben: Der evangelische Stadtkirchenverband Köln startete 1994 die Kampagne ‚Misch Dich ein' [...] Heute sind Werbung und Marketing für die Kirchen schon so selbstverständlich, dass man das einstige Skandalon kaum mehr verstehen kann, werden doch inzwischen ganze, gut genutzte Kirchengebäude als Werbefläche sogar für die Wirtschaftswerbung verwendet." (Knoblauch 2009: 194)

In Hinblick auf die *Mediatisierung* der populären Religion lassen sich eine Reihe neuer kirchlicher Kommunikationsformen beobachten – beispielsweise die sogenannten ‚electronic churches' (vgl. Kap. 3.2.1). Vor allem in Großbritannien und den Vereinigten Staaten nimmt die Zahl von Radio- und Fernsehprogrammen mit religiösen Inhalten bereits seit den 1940er Jahren stetig zu. Im Jahr 2000 existierten in den USA erstaunliche 260 Fernseh- und 800 Radiosender, die ihr Programm (zumindest teilweise) als religiös charakterisierten. Klassische Predigten werden dort häufig mit neuartigen Show-Elementen verknüpft.

Eine weitere Gelegenheitsstruktur für die Mediatisierung von Religion stellt die zunehmende Verbreitung des Internets dar. Völlig selbstverständlich erscheint uns heute etwa, dass sich auch Kirchen im Internet präsentieren. Allein im Zeitraum von 1999 bis 2004 stieg die Anzahl kirchlicher Webseiten von sieben Millionen auf 65 Millionen (Knoblauch 2009: 216). Und wenn Sie heute bei Google das Suchwort ‚Religion' eingeben, erzielen Sie sage und schreibe 890 Millionen Treffer. Das Web 2.0 schließlich bringt noch einmal gänzlich neue Formen mediatisierter Religion hervor. Eher skurril mutet beispielsweise eine von der katholischen Kirche legitimierte (sic!) „Beicht-App" an: Auf dem Smartphone kann man dort zunächst angeben, welche Sünden man begangen hat, um daraufhin die Rückmeldung zu erhalten, was man zu ihrer Wiedergutmachung tun solle.[5]

Nun haben Sie schon eine ganze Reihe von Beispielen für die Popularisierung kirchlicher Angebote kennengelernt. Erinnern möchte ich diesbezüglich auch noch einmal an die Wort-Gottes-Feiern der katholischen Kirche, die wir in Kapitel 4.1.2 betrachtet haben. Wort-Gottes-Feiern sind insofern als popularisiertes Angebot zu verstehen, als sie sich verstärkt an den Wünschen von Gottesdienstbesucherinnen und -besuchern orientieren und häufig für spezifische Zielgruppen angeboten werden. Es handelt sich mithin um eine eher alltägliche Form der populären Religion. Besonders plastisch tritt die Popularisierung kirchlicher Angebote jedoch im Außeralltäglichen zutage: beispielsweise eben in Form der katholischen Weltjugendtage, auf die ich im Folgenden zurückkommen möchte. Einleitend hatte ich ja bereits gesagt, dass sich Weltjugendtage aus religionssoziologischer Sicht als *Events* beschreiben lassen. Hierunter versteht man im Sinne eines soziologischen Forschungskonsortiums, das den Kölner Weltjugendtag im Jahr 2005 untersucht hat, die

> „‚spätmoderne' Variante eines Festes [...], die sich dadurch auszeichnet, dass sie von einer professionellen Organisationselite als monothematisch zentriertes ‚einzigartiges Ereignis' zur Verwirklichung eines vordefinierten Zwecks geplant, vorbereitet und durchgeführt und von einer ebenfalls professionellen Reflektionselite mit Sinn und Bedeutung versehen wird. Die ästhetische Gestaltung eines Events folgt den Prinzipien eines akzelerierenden kulturellen Synkretismus und soll den Teilnehmern durch die gemeinsam vollzogene Teilhabe an einem ‚totalen Erlebnis' ein exklusives Gemeinschafts- und Zusammengehörigkeitsgefühl vermitteln." (Forschungskonsortium WJT 2007: 207)

Events lassen sich mithin als zeitlich begrenzte Interaktionszusammenhänge beschreiben, deren Rituale gemeinschaftsstiftend wirken (Gebhardt et al. 2000; Gebhardt 2002). Ihre Teilnehmerinnen und Teilnehmer können für die Dauer des Events eine gesteigerte Form der Gemeinschaft – in den Worten Victor Turners (2009): eine „Communitas" – erfahren und außeralltägliche religiöse Erfahrungen machen. Religiöse Feste an sich sind freilich kein neues Phänomen, sondern schon lange Bestandteil unserer Kulturgeschichte (Köpping 1997). Neu ist aber, dass moderne religiöse Events ausgesprochen umfänglich auf popkulturelle Elemente zurückgreifen. Wir haben es daher mit einem Hybrid aus Religion und Popkultur zu tun, weshalb das Forschungskonsortium zum Weltjugendtag (2007: 2010) von einem „postmodernistischen religiösen Hybridevent" spricht. Auch der Papst nimmt bei Weltjugendtagen gewissermaßen eine Doppelrolle ein: Einerseits tritt er als charismatisches Oberhaupt der katholischen Kirche auf, andererseits als Superstar. Jörg Bergmann, Thomas Luckmann und Hans-Georg Soeffner (1993) prägten für diese Beobachtung die pointierte Formel der „zwei Päpste":

---

5 Vgl. http://www.spiegel.de/panorama/usa-katholische-kirche-segnet-beicht-app-ab-a-744534.html (Zugriff am 04.12.2017).

> „Diese Beschreibung soll gar nicht in Zweifel ziehen, dass der Rolle des Papstes die traditionellen hochkulturellen Würden seines Amtes anhaften. Wenn sich diese Rolle jedoch in die heutige Öffentlichkeit begibt, nimmt sie fast zwangsläufig die Züge des Populären an: Es kommt zu einer Hybridisierung zwischen dem Typus des mit Amtscharisma ausgestatteten Repräsentanten einer traditionsreichen Glaubensgemeinschaft und dem Typus einer über Wählerstimmen, Verkaufsziffern oder Einschaltquoten bestimmten und fortwährend um die Gunst des Publikums bemühten ‚Celebrity'." (Bergmann et al. 1993: 143)

Popularisierung kirchlicher Angebote

Aufgrund der verschärften *Konkurrenz* mit anderen religiösen Anbietern und säkularen Funktionsäquivalenten verfolgen Kirchen zunehmend *ökonomische Handlungsorientierungen*. Dabei setzen sie verstärkt auf die *Vermarktung* populärer Formen von Religion. *Populäre Religion* verbindet hybridisierend religiöse Inhalte mit popkulturellen Elementen. Dies gilt insbesondere für religiöse *Events* wie beispielsweise Weltjugendtage.

Offen ist schließlich noch die Frage, warum Weltjugendtage derart populär sind. Das Geheimnis ihres Erfolgs, den wir eingangs anhand ihrer immensen Teilnehmerzahlen gesehen haben, liegt offenbar in ihrem Eventcharakter. Zum einen nämlich werden gerade junge Menschen stark von den popkulturellen Elementen eines religiösen Events angesprochen. Ob dabei tatsächlich auch religiöse Inhalte ihr Ziel finden, ist allerdings selbst innerhalb der katholischen Kirche umstritten. Zum anderen spielen die zeitliche Begrenzung und Erwartungsfreiheit religiöser Events eine wesentliche Rolle für ihren Erfolg. Auch die Veranstalter erwarten von den Teilnehmerinnen und Teilnehmern nämlich weder ein Bekenntnis zum katholischen Glauben noch eine christliche Lebensführung. Schon gar nicht erwarten sie eine dauerhafte Bindung an die katholische Kirche. Damit treffen sie einige Merkmale, die ich in Kapitel 2.2.1 als wesentliche Charakteristika moderner Gesellschaften beschrieben hatte: In Folge von Freisetzungsprozessen sind Individuen heute weniger bereit sich dauerhaft an Institutionen zu binden und institutionelle Handlungsvorgaben zu akzeptieren. Wenn man so will, lösen Weltjugendtage das Spannungsverhältnis von Moderne und Religion temporär auf. Ob daraus langfristige Wirkungen entstehen, bleibt jedoch dahingestellt.

4.2.4 Gesellschaftliche Bedeutung religiöser Sozialformen

Auch andere kirchliche Angebote zeichnen sich – analog zu Weltjugendtagen – durch zeitliche Begrenzung und niederschwellige Erwartungen aus. Zu denken ist beispielsweise an Gottesdienste aus Anlass sogenannter *Kasualien*, etwa an Taufen, Firmungen bzw. Konfirmationen, Trauungen und Begräbnisse. Von vielen

Menschen werden derartige Angebote offenbar als rituelle Begleiter ihres Lebenslaufs geschätzt. So wurden beispielsweise mehr als vier Fünftel der Westdeutschen kirchlich getraut – auch wenn insbesondere die Anzahl katholischer Trauungen seit einigen Jahren rückläufig ist. Ähnlich viele Menschen haben bzw. wollen ihre Kinder taufen lassen und kirchlich beerdigt werden. Bemerkenswert ist vor allem, dass diese Werte in den vergangen zwei Jahrzehnten annähernd konstant geblieben sind (Tabelle 10). Bei den Ostdeutschen hingegen liegen sie auf deutlich niedrigerem Niveau. Hier fällt vor allem auf, dass die Taufe von Kindern offenbar neuerdings wieder an Bedeutung gewinnt.

Tabelle 10: Nachfrage kirchlicher Kasualien

	Kirchlich getraut		**Kinder wurden getauft/ sollen getauft werden**		**Wunsch nach kirchlichem Begräbnis**	
	West	**Ost**	**West**	**Ost**	**West**	**Ost**
1992	81,6	18,4	88,9	11,1	85,8	14,4
2002	84,6	15,4	87,9	12,1	82,9	17,1
2012	82,1	17,9	79,1	20,9	83,4	16,6

Eigene Berechnung. Daten: Allbus 1992, 2002, 2012. Angaben in Prozent.

In der fünften Kirchenmitgliedschaftsuntersuchung stellte der Wunsch nach einem kirchlichen Begräbnis den am häufigsten genannten Grund für die Mitgliedschaft in der evangelischen Kirche dar (Hermelink und Kretzschmar 2015: 62). Derartige Befunde bezeichnet Johannes Först (2010) in einer Studie, für die er zahlreiche Interviews geführt hat, als „Kasualienfrömmigkeit". Mit Michael Ebertz et al. (2012) ließe sich darüber hinaus sagen, dass eine „situative und selbstbestimmte rituelle Partizipation" an Kirche eine dauerhafte und normative Partizipation abgelöst hat. Angesichts der hohen Bedeutung von Kasualien darf die latent indifferente bis explizit kirchenkritische Haltung, die ich bereits mehrfach als weitverbreitet beschrieben habe, einerseits nicht mit einem generellen Bedeutungsverlust von Kirchen gleichgesetzt werden:

> „Die Identifikation mit der Kirche bleibt zwar okkasionell begrenzt, doch stellen viele IP [Interviewpartner/innen] eine wesentliche Verbindung zwischen existentiell relevanter Kasualie und Kirche her. [...] Im Unterschied zu früheren Formen katholischer Frömmigkeit [...] deutet das auf einen entscheidenden Wandel im Kirchenbild der Befragten. Die Kirche wird zwar kaum mehr als Frömmigkeitselement im Alltag aufgefasst, doch aber als wichtige Größe bezüglich der Kasualien an den Wendepunkten des Lebens. Anders formuliert: Im Kontext eines kirchlich geprägten Umfeldes gingen Frömmigkeit und Kirchenbild früher eine enge Verbindung ein. Die Frömmigkeit war häufig 'kirchenförmig' und die Kirche frömmigkeitsrelevant. Dagegen sprechen die hier ausgewerteten Interviews davon, dass die Alltagsfrömmigkeit der Menschen heute weitgehend unabhängig von der Institution Kirche gelebt wird. [...] Die Kirche spielt daher ausschließlich als Trägerin der Kasualien an besonderen – außeralltäglichen – Punkten in der Biographie eine Rolle, dann aber eine wichtige." (Först 2010: 68)

Andererseits darf die erstaunlich hohe Nachfrage nach kirchlichen Kasualien nicht als Ausdruck einer konstanten Religiosität oder gar eines intensiven Verhältnisses zur Kirche missverstanden werden. Dies wird beispielsweise deutlich, wenn man die Mitglieder der evangelischen Kirche nach ihrem Verständnis von Konfirmation befragt (Pollack 2003: 87): Eigentlich ist die Konfirmation ja als Gelegenheit gedacht, sich im jugendlichen Alter noch einmal bewusst und explizit zu derjenigen Kirche zu bekennen, deren Mitglied man qua Taufe geworden ist. Im Rahmen der fünften Kirchenmitgliedschaftsuntersuchung wurde dieses Verständnis jedoch von allen Antwortmöglichkeiten am seltensten genannt. Deutlich wichtiger war den Befragten, dass die Konfirmation ein feierlicher Abschluss der Kindheit sei, der einen Übergang in das Erwachsenenleben markiere. Oft wird auf Kasualien also aus nicht-religiösen Gründen zurückgegriffen. Ähnliches gilt auch für die Wertschätzung der Kirchen insgesamt. In der Hessen-Studie (Ebertz et al. 2012: 11) beispielsweise stimmten fast 90 Prozent der Befragen der Aussagen „Ich finde es gut, dass es Kirchen gibt" ganz oder teilweise zu. Wohlgemerkt bezieht sich dieser erstaunlich hohe Wert auf alle Befragten – und nicht etwa nur auf Kirchenmitglieder. Der Aussage stimmten nämlich auch 85,7 Prozent der befragten Muslime und 89,4 Prozent der befragten Konfessionslosen zu. Auch hier gilt es aber zu differenzieren: Die hohe Wertschätzung von Kirchen bedeutet nicht, dass alle Befragen auch mit den kirchlichen Glaubenslehren übereinstimmen. Vielmehr hat auch ihre Wertschätzung in vielen Fällen säkulare Gründe:

> „Viele Menschen schätzen die Kirchen als Arbeitgeber, insbesondere in der Gestalt von ‚Sozialkirchen', also als karitative Dienstleister im System der persönlichen und öffentlichen Daseinsvorsorge. [...] Und viele schätzen an den Kirchen ihr Engagement für den Frieden, die Menschenrechte, für humane Arbeits- und Lebensbedingungen. Willkommen sind die Kirchen auch als Orte der Ritualisierung von biographischen Lebenswenden, bestimmter kollektiver Festzeiten und (kollektiver) kritischer Lebensereignisse. So entwickelten sich die Kirchen in Deutschland zu öffentlichen und privaten Dienstleistern, zu Akteuren des Gemeinwohls im Gemeinwohlpluralismus." (Ebertz et al. 2012: 13)

Angesichts der Popularität von Weltjungendtagen, der hohen Nachfrage nach Kasualien und der weitverbreiteten Wertschätzung von Kirchen möchte ich abschließend noch einmal zusammenfassen, dass religiöse Sozialformen – in Deutschland insbesondere die beiden christlichen Kirchen – eine nach wie vor hohe gesellschaftliche Bedeutung innehaben. Für diese These haben wir über die genannten Beobachtungen hinaus einige weitere Belege gesammelt: Beispielsweise hat Grace Davie darauf hingewiesen, dass Kirchen gerade in Krisenzeiten einen identitätsstiftenden Zufluchtsort darstellen (vgl. Kap. 2.2.2). José Casanova und Robert Bellah haben zudem gezeigt, dass Kirchen öffentliche Diskurse wesentlich mitbestimmen, insbesondere politische Auseinandersetzungen (vgl. Kap. 3.3.2 und 3.3.3). In theoretischer Hinsicht haben wir außerdem herausgearbeitet, dass individualisierte Religiosität auf die evidenzsichernde Funktion religiöser Sozialformen angewiesen ist (vgl. Kap. 3.2.3).

KASUALIENFRÖMMIGKEIT

Kirchliche Kasualien wie Taufen, Firmungen bzw. Konfirmationen, Trauungen und Begräbnisse treffen insbesondere in Westdeutschland auf eine *konstant hohe Nachfrage*. Kirchen haben daher eine unverändert hohe Bedeutung für die rituelle Begleitung der Biografie. Die *Kasualienfrömmigkeit* darf jedoch nicht als konstante gesellschaftliche Bedeutung von Religion insgesamt missverstanden werden. Häufig nämlich wird aus *nicht-religiösen Gründen* auf kirchliche Kasualien zurückgegriffen. Gleichwohl kommt den Kirchen eine *persistente gesellschaftliche Bedeutung* zu, insbesondere in biografischen Ausnahmesituationen, in Krisenzeiten, im öffentlichen Diskurs, bei politischen Auseinandersetzungen und zur Evidenzsicherung eines individualisierten Glaubens.

4.3 (Neo-)Klassische Konzeptionen religiöser Sozialformen

Auch in diesem Kapitel möchte ich den aktuellen religionssoziologischen Diskurs zu religiösen Sozialformen an seine Vorläufer zurückbinden. Im Folgenden werde ich Ihnen daher drei prominente religionssoziologische Konzepte vorstellen, die sich mit der Mesoebene des religiösen Feldes beschäftigen. Dabei berücksichtige ich diesmal sowohl Autoren aus der klassischen als auch solche aus der neoklassischen Phase der Religionssoziologie. Der Philosoph Ernst Troeltsch hat bereits zu Beginn des 20. Jahrhunderts gemeinsam mit Max Weber die Frage gestellt, wie Kirchen analytisch erfasst werden können. Ebenso der prominente deutsche Soziologe Niklas Luhmann, der insbesondere danach gefragt hat, ob Religion überhaupt von Kirchen organisiert werden kann. Der österreichisch-amerikanische Religionssoziologe Peter L. Berger hingegen hat sich – vor allem in seinem Spätwerk – mit der Pluralisierung des religiösen Feldes auseinandergesetzt.

4.3.1 Ernst Troeltsch – Kirchen, Sekten und Mystik

Bereits die klassischen Autoren der Religionssoziologie haben sich darum bemüht, die wesentlichen *Merkmale von Kirchen* herauszuarbeiten, da sie ihnen bei der Strukturierung des religiösen Feldes eine zentrale Rolle beimessen. Für Émile Durkheim (vgl. Kap. 2.3.2) beispielsweise zählen Kirchen – neben der Unterscheidung von heiligen und profanen Gesellschaftsbereichen – zu den beiden elementaren Komponenten einer jeglichen Religion. Kirchen versteht er als moralische Gemeinschaften, die nur in ausdifferenzierten Religionen zu finden sind, nicht hingegen in der Mystik einfacher Gesellschaften:

„Eine Kirche ist eben nicht einfach eine Priester-Brüderschaft; sie ist eine moralische Gemeinschaft, die aus allen Anhängern eines gemeinsamen Glaubens besteht, aus den Gläubigen wie aus den Priestern. Eine derartige Gemeinschaft fehlt der Magie normalerweise." (Durkheim 1912: 73)

Auch Ernst Troeltsch und Max Weber definieren Kirchen, indem sie diese von anderen Sozialformen des religiösen Feldes abgrenzen – in ihrem Fall jedoch nicht von der Mystik, sondern von Sekten. Die diesbezüglichen Überlegungen von Troeltsch und Weber sind nicht immer trennscharf voneinander abzugrenzen, schließlich haben beide in den Jahren 1894 bis 1915 an der Universität Heidelberg gemeinsam religionssoziologische Fragestellungen bearbeitet, waren überdies persönlich befreundet und lebten zweitweise sogar im gleichen Haus.

ERNST TROELTSCH

Ernst Peter Wilhelm Troeltsch wurde am 17. Februar 1865 als ältester Sohn eines Arztes, der ebenfalls den Vornamen Ernst trug, in Haunstetten bei Augsburg geboren. Dort absolviert er seine Schulausbildung mit Bravour und studiert ab 1884 evangelische Theologie an der hiesigen Universität. Bereits im zweiten Semester wechselt er jedoch an die Universität Erlangen, um die Vorlesungen des Religionsphilosophen Gustav Claß hören zu können. Parallel studiert er ab 1885 bei Julius Kaftan und Heinrich von Treitschke in Göttingen sowie ab 1886 bei Albrecht Ritschl in Berlin. Sein Studium in Erlangen schließt er 1888 ab, dasjenige in Göttingen 1891 – jeweils als Jahrgangsbester (Wesseling 1997).

Bewusst tritt Troeltsch nicht in den Dienst der Kirche, sondern entscheidet sich für eine akademische Karriere. Zunächst ist er als Privatdozent in Göttingen tätig. 1892 wird er auf den Lehrstuhl für Systematische Theologie an der Universität Bonn berufen, bereits zwei Jahre später folgt er jedoch einem Ruf an die Universität Heidelberg. Dort trifft er auf den Soziologieprofessor Max Weber (vgl. Kap. 2.3.3), mit dem ihn fortan nicht nur eine intensive Arbeitsbeziehung, sondern auch eine enge Freundschaft verbindet. 1904 reisen beide gemeinsam zum wissenschaftlichen Weltkongress nach St. Louis und wohnen ab 1910 im gleichen Haus. Um 1915 endet ihre Freundschaft jedoch im Streit und auch ihre Arbeitsgemeinschaft geht zu Ende, als Troeltsch im gleichen Jahr auf den Lehrstuhl für Religions-, Sozial- und Geschichtsphilosophie sowie für christliche Religionsgeschichte an der Universität Berlin wechselt. Dort ist er tätig bis er am 1. Februar 1923 an einer Lungenembolie verstirbt.

Neben seiner akademischen Laufbahn war Troeltsch auch politisch aktiv. Von 1909 bis 1914 war er Abgeordneter der badischen Ständeversammlung. Im Ersten Weltkrieg teilte er zunächst die allgemeine Kriegsbegeisterung, gehörte im Streit um die Kriegsziele jedoch zu den Gemäßigten (Drescher 1991). Gemeinsam mit Max Weber und anderen gründete er die Deutsche Demokratische Partei, für die er ab 1919 Mitglied der verfassungsgebenden Landesversammlung Preußens war. Ab 1920 war er zudem als Staatssekretär im preußischen Ministerium für Wissenschaft, Kunst und Volksbildung tätig.

17. Februar 1865	Geburt in Haunstetten
1884	Studium der evangelischen Theologie und Philosophie in Augsburg, Erlangen, Berlin und Göttingen
1892	Lehrstuhl für Systematische Theologie an der Universität Bonn
1894	Lehrstuhl für Systematische Theologie an der Universität Heidelberg
1909	Abgeordneter der badischen Ständeversammlung
1915	Lehrstuhl für Religions-, Sozial- und Geschichtsphilosophie an der Universität Berlin
1919	Mitglied der verfassungsgebenden Landesversammlung Preußens
1920	Staatssekretär im preußischen Ministerium für Wissenschaft, Kunst und Volksbildung
1. Februar 1923	Verstorben in Berlin

Zu Troeltschs Werken, die auch für die Religionssoziologie von Interesse sind, zählen unter anderem:

Troeltsch, Ernst (1904/2004) Protestantisches Christentum und Kultur der Neuzeit, hg. Volker Drehsen/Christian Albrecht. Berlin: de Gruyter.

Troeltsch, Ernst (1906/1963) Die Bedeutung des Protestantismus für die Entstehung der modernen Welt. Aalen: Zeller.

Troeltsch, Ernst (1912) Die Soziallehren der christlichen Kirchen und Gruppen. Tübingen: Mohr.

In dieser Zeit publizierte Troeltsch (1912) sein bekanntestes und monumentales Werk „Die Soziallehren der christlichen Kirchen und Gruppen". Als ersten Unterschied zwischen Kirchen und Sekten beschreibt er dort, dass es sich bei Kirchen um große Sozialformen handelt, die ihre Angebote an möglichst alle Menschen richten und dadurch in der Lage sind, die soziale Ordnung einer gesamten Gesellschaft zu stabilisieren. Mit Troeltsch und Weber könnte man daher auch sagen, dass Kirchen der Welt zugewandt sind, während die vergleichsweise kleinen Sekten der Welt indifferent bis kritisch gegenüberstehen. Sekten

> „verhalten sich gegen Welt, Staat und Gesellschaft indifferent, duldend oder feindlich, da sie ja nicht diese bewältigen und sich eingliedern, sondern vermeiden und neben sich

> stehen lassen oder etwa durch ihre eigene Gesellschaft ersetzen wollen." (Troeltsch 1912: 362)

Sekten beanspruchen also keinen universalen Wirkungskreis, sondern adressieren ausgewählte Eliten, von denen sie besondere Aufnahmevoraussetzungen, spezifische Qualifikationen und asketische Verhaltensweisen erwarten. Askese ist dabei als Anspruch zu verstehen, der an alle Mitglieder einer Sekte gestellt wird, während Kirchen nur von bestimmten Gruppen ihrer Mitgliedschaft eine asketische Lebensführung erwarten – in Form von Enthaltsamkeit, Gehorsam und ggf. Armut beispielsweise von ihren Priestern und Ordensleuten. Das Verhalten ihrer Mitglieder kontrollieren Sekten somit insgesamt stringenter, als Kirchen es tun. Ein weiterer Unterschied zwischen Kirchen und Sekten besteht in ihren jeweiligen Aufnahmemodalitäten: In Kirchen werden die Mitglieder in der Regel hineingeboren; ihre Mitgliedschaft ist also sozial bedingt. Die Mitgliedschaft in einer Sekte hingegen beruht auf Freiwilligkeit und individueller Entscheidung. Das Individuum stellen Sekten auch insofern stärker in den Mittelpunkt, als sie die persönliche Vollkommenheit des Einzelnen als heiligen Bereich definieren. Kirchen hingegen definieren sich selbst als heilig und verwalten bestimmte Heilsgüter, beispielsweise ihre Sakramente. Für Sekten haben Heilsgüter hingegen eine vergleichsweise geringe Bedeutung:

> „‚Kirche' ist von der ‚Sekte' [...] dadurch unterschieden, dass sie sich als Verwalterin einer Art von Fideikommiss ewiger Heilsgüter betrachtet, die jedem dargeboten werden, in die man [...] hineingeboren wird, deren Zucht auch der religiös nicht Qualifizierte unterworfen ist." (Weber 1916: 692f.)

Ein letzter Unterschied zwischen Kirchen und Sekten besteht schließlich darin, dass letztere von charismatischen Anführern geleitet werden. Kirchen hingegen benötigen keine charismatischen Anführer mehr, da sie bürokratische Strukturen und Amtshierarchien herausgebildet haben, die auch von nicht-charismatischem Personal verwaltet werden können – das Charisma der Person wird zum Charisma des Amtes. Kirchen stellen daher für Weber eine rationalisierte und modernisierte religiöse Sozialform dar. Typisch sei insbesondere

> „ihr in der Art der Ordnungen und des Verwaltungsstabs sich äußernder (relativ) rationaler Anstalts- und Betriebscharakter und die beanspruchte monopolistische Herrschaft. [...] Der ‚Anstalt'-Charakter [...] scheidet sie von der ‚Sekte', deren Charakteristikum darin liegt: dass sie ‚Verein' ist und nur die religiös Qualifizierten persönlich in sich aufnimmt." (Weber 1916: 30)

Man kann die Unterscheidung von Kirchen und Sekten auch als Modell der historischen Entwicklung religiöser Sozialformen lesen. In dieser Lesart entwickeln sich kleine Sekten unter günstigen Bedingungen zu großen Kirchen. Für Troeltsch und Weber war dies auch beim Christentum der Fall: Die von den Aposteln begründete Religion hatte zunächst den Charakter einer Sekte und entwickelte sich erst im Laufe ihrer Geschichte zu der komplexen Kirchenstruktur, die wir im vorliegenden Kapitel diskutiert haben. Tabelle 11 fasst die wesentlichen Unterschiede von Kirchen und Sekten noch einmal zusammen.

Tabelle 11: Abgrenzung von Kirchen und Sekten

	Kirchen	**Sekten**
Adressaten	Möglichst alle Menschen	Selektierte und qualifizierte Elite
Inklusion	Lax	Streng
Aufnahme	i.d.R. durch Zuschreibung	Eigene Entscheidung
Beziehung zur Welt	Eher bejahend	Eher ablehnend
Ort der Heiligkeit	Kirche als Institution	Persönliche Vollkommenheit
Verhaltenssteuerung	Askese nur für bestimmte Kreise	Askese
Heilsgüter	Kirche verwaltet Gnadenmittel und Sakramente	Geringe Bedeutung
Charisma	Charisma des Amtes	Charisma der Person

In Anlehnung an Troeltsch 1912, 1913; Weber 1916.

Merkmale von Kirchen

Aus der Abgrenzung gegenüber Sekten lassen sich für Troeltsch und Weber folgende Merkmale von Kirchen ableiten: Kirchen adressieren möglichst *alle Menschen*, die sie vergleichsweise *lax inkludieren*. Die Zugehörigkeit zu einer Kirche erfolgt in der Regel durch *Zuschreibung*, ihre *Beziehung zur Welt ist bejahend*. Kirchen erwarten *Askese* nur von bestimmten Gruppen und verwalten spezifische *Heilsgüter*.

Bereits vor mehr als einem Jahrhundert beobachtete Troeltsch darüber hinaus einen gesellschaftlichen *Bedeutungsverlust von Kirchen*. Dies veranlasste ihn aber nicht dazu, eine religionslose Zukunft zu prognostizieren. Vielmehr entwickelte er – ganz im Sinne seines Kollegen und Freundes Weber – einen Idealtypus individueller Religiosität, den er „Mystik" nannte. Diese sei gekennzeichnet von einer „Unmittelbarkeit, Gegenwärtigkeit und Innerlichkeit des religiösen Erlebnisses", aus der sich nicht zwangsläufig „Kultgemeinschaften" oder „Organisationen" entwickelten (Troeltsch 1910: 172). Troeltsch ahnte also bereits, dass die Gestaltungsmacht in religiösen Fragen im Laufe der Moderne immer mehr auf das Individuum übergehen würde. Seine Sorge bestand darin, dass die moderne Gesellschaft „ein neues religiöses Lebenselement nicht wird bilden können und doch auch ein solches nicht entbehren kann" (Troeltsch 1910: 173). Den Kirchen sagte er daher schwere Krisen voraus:

> „Die Jünger Christi stehen vor großen Aufgaben, vor kommenden schweren Krisen. Da wollen wir für unseren Teil zusammenhalten, was möglich ist. Wir wollen uns ausrüsten mit beidem: mit dem religiösen Bekenntnis einer persönlich wahrhaftigen, aus eigenem inneren Lebenstrieb heraus schaffenden Persönlichkeit, und auf der anderen Seite mit

einem wirklichen Willen, die Gemeinschaft des corpus mysticum Christi zu pflegen, an das wir uns aus Liebe gebunden fühlen." (Troeltsch 1913: 133)

4.3.2 Niklas Luhmann und die Organisierbarkeit von Religion

Niklas Luhmann kann als prominentester deutscher Soziologe der zweiten Hälfte des 20. Jahrhunderts bezeichnet werden. Seine Bedeutung für die Soziologie ist vor allem der von ihm entwickelten *Systemtheorie* zu verdanken, deren Anspruch stets darin besteht, sämtliche sozialen Phänomene – vom sozialen Handeln über Organisationen bis hin zu gesamten Gesellschaften – mittels eines einheitlichen Begriffsspektrums konzeptionell erfassen zu können.

NIKLAS LUHMANN

Niklas Luhmann wurde am 8. Dezember 1927 als Sohn eines Brauereibesitzers in Lüneburg geboren. Dort besuchte er ein altsprachliches Gymnasium, bis er im Alter von 16 Jahren als Luftwaffenhelfer eingezogen wurde und kurz vor dem Ende des Zweiten Weltkriegs in amerikanische Kriegsgefangenschaft geriet. Im Jahr 1946 begann er sein Studium der Rechtswissenschaft an der Albert-Ludwigs-Universität Freiburg; 1953 absolvierte er sein juristisches Referendariat. Ab 1954 folgte eine annähernd zehnjährige Tätigkeit in der öffentlichen Verwaltung Niedersachsens. Unter anderem war Luhmann dort als Verwaltungsbeamter am Oberverwaltungsgericht Lüneburg und als Landtagsreferent des niedersächsischen Kultusministeriums tätig. In dieser Zeit begann er mit dem Aufbau seines legendären Zettelkastens, der am Ende mehr als 90.000 Karteikarten umfassen sollte und sich heute im Besitz der Universität Bielefeld befindet (Stichweh 2012).

Nachdem er im Jahr 1960 Ursula von Walter geheiratet hatte, kam es zu einem folgenreichen biografischen Bruch: Luhmann ließ sich für ein Studium der Verwaltungswissenschaft und Soziologie an der Harvard University beurlauben, wo er den prominenten US-amerikanischen Soziologen Talcott Parsons und seinen Strukturfunktionalismus kennenlernte. Nach seiner Rückkehr wechselte Luhmann als Referent an die Hochschule für Verwaltungswissenschaften in Speyer, wo er sich aufgrund seiner langjährigen Tätigkeit im öffentlichen Dienst insbesondere mit organisationssoziologischen Fragen beschäftigte (Reese-Schäfer 1999). 1965 wurde Luhmann Abteilungsleiter an der Sozialforschungsstelle Dortmund. Auf Anregung von Helmut Schelsky promovierte er an der Universität Münster, zu der die Sozialforschungsstelle gehörte, mit seiner bereits in Speyer entstandenen Schrift „Recht und Automation in der öffentlichen Verwaltung".

Nur fünf Monate später (sic!) habilitierte er sich mit dem schon 1964 erschienenen Buch „Funktionen und Folgen formaler Organisation". 1968 folgte Luhmann dem Ruf als erster Professor an die neu gegründete Reformuniversität Bielefeld. Hier lehrte und forschte er bis zu seiner Emeritierung im Jahr 1993 und wirkte wesentlich am Aufbau der ersten soziologischen Fakultät im deutschsprachigen Raum mit.

Luhmann zählt aufgrund der von ihm beständig fortentwickelten Systemtheorie zu den bedeutendsten deutschsprachigen Soziologen der Nachkriegszeit. Ab den 1970er Jahren war er darüber hinaus einer der sichtbarsten Intellektuellen Deutschlands – was auch einer öffentlich ausgetragenen Auseinandersetzung mit Jürgen Habermas zu verdanken war. Er erhielt zahlreiche Auszeichnungen, unter anderem den Hegel-Preis der Stadt Stuttgart sowie Ehrendoktorwürden der Universitäten Gent, Macerata, Bologna, Recife, Lecce, Leuven und Trier. Im Alter von 70 Jahren starb Luhmann am 6. November 1998 in Oerlinghausen bei Bielefeld.

8. Dezember 1927	Geburt in Lüneburg
1946	Studium der Rechtswissenschaft an der Universität Freiburg
1953	Juristisches Referendariat in Lüneburg
1954	Verwaltungsbeamter am Oberverwaltungsgericht Lüneburg
1960	Stipendium an der Harvard University in Cambridge
1962	Referent an der Hochschule für Verwaltungswissenschaften in Speyer
1965	Abteilungsleiter an der Sozialforschungsstelle Dortmund
1966	Promotion und Habilitation an der Universität Münster
1968	Professor für Soziologie an der Universität Bielefeld
1993	Emeritierung
6. November 1998	Verstorben in Oerlinghausen

Zu den systemtheoretischen Hauptwerken Luhmanns zählen:

Luhmann, Niklas (1984) Soziale Systeme. Grundriß einer allgemeinen Theorie. Frank-furt/Main: Suhrkamp.

Luhmann, Niklas (1997) Die Gesellschaft der Gesellschaft. Frankfurt/Main: Suhrkamp.

Von religionssoziologischem Interesse sind insbesondere:

Luhmann, Niklas (1972) Die Organisierbarkeit von Religionen und Kirchen, in: Jakobus Wössner (Hg.): Religion im Umbruch. Soziologische Beiträge zur Situation von Religion und Kirche in der gegenwärtigen Gesellschaft. Stuttgart: Enke, S. 245-285.

Luhmann, Niklas (1977) Funktion der Religion. Frankfurt/Main: Suhrkamp.

Luhmann, Niklas (2000) Die Religion der Gesellschaft. Frankfurt/Main: Suhrkamp.

Luhmann beschreibt moderne Gesellschaften als funktional differenziert in zwar ungleichartige, aber nicht ungleichrangige Kommunikationssysteme. Zu denken ist beispielsweise an die Systeme Politik, Wirtschaft und Religion (vgl. Kap. 2.2.1). Aus der Biologie übernimmt er die Vorstellung, dass Systeme durch Grenzen von ihrer Umwelt getrennt sind. Dies ist insofern von Bedeutung, als mit der Grenzziehung eine Komplexitätsreduktion einhergeht: Auf die gesamte Gesellschaft gesehen nämlich haben wir es mit einer schier unendlichen Anzahl von Handlungsoptionen und Sozialformen zu tun. Innerhalb eines Systems jedoch wird nur ein Ausschnitt dieser Optionen und Formen als ‚sinnvoll' erachtet. Wenn man so will, ist die Ordnung innerhalb eines Systems daher höher als innerhalb seiner Umwelt. Vom Religionssystem beispielsweise werden eine Reihe von Überzeugungen und Praktiken bereitgestellt, mit denen bestimmte biografische Situationen gedeutet und bearbeitet werden können. Aus der Perspektive eines anderen Teilsystems hingegen wird die gleiche Situation unter Umständen völlig anders gedeutet und bearbeitet. Ein und dasselbe soziale Phänomen wird in verschiedenen gesellschaftlichen Teilsystemen also auf unterschiedliche Art und Weise prozessiert. Denken Sie beispielsweise an das Phänomen Vermögen: Vermögen mag innerhalb des Wirtschaftssystems als erstrebenswertes Handlungsziel gelten, innerhalb des Politiksystems als Ressource für staatliche Umverteilung wahrgenommen werden und innerhalb des Religionssystems vielleicht als Kehrseite von Armut.

Die Sinngrenzen eines Systems sind durch sogenannte binäre Codes abgesteckt. Diese strukturieren die Kommunikation innerhalb eines Teilsystems grundlegend (Luhmann 1984). Im Wirtschaftssystem bewegt sich sinnvolle Kommunikation beispielsweise zwischen den Polen Zahlen und Nicht-Zahlen, im Politiksystem zwischen Macht und Nicht-Macht sowie im Religionssystem zwischen Immanenz und Transzendenz. Religion konstituiert sich also dadurch, dass sie jenseitige Transzendenz mit diesseitiger Immanenz in Beziehung setzt:

> „Die alte Unterscheidung von realen bzw. real imaginierten Dingen und Ereignissen kann weiterhin praktiziert werden, aber sie wird überformt durch eine sehr viel radikalere Unterscheidung, die die Welt selbst betrifft und für alles, was es gibt, eine zweifache Bewertung bereithält – im Falle der Religion die Doppelbewertung als immanent und transzendent." (Luhmann 2000: 62f.)

Da binäre Codes ausgesprochen allgemein gehalten sind, entwickeln Systeme sogenannte Programme, die abstrakte Codes zu konkreten Handlungsformaten spezifizieren. Im Religionssystem lassen sich etwa die Programme Gebet, Gottesdienst und Kirche beobachten, die einen Bezug von Immanenz und Transzendenz herstellen. Wichtig ist schließlich, dass Luhmann Systeme als autopoietisch versteht: Sie reproduzieren sich aus sich selbst heraus und sind nicht auf eine externe Reproduktionsinstanz angewiesen. Aus diesem Grund beschreibt Luhmann sie auch als selbstreferenziell. Die Kommunikation eines Systems bezieht sich stets auf sich selbst; andere Teilsysteme hingegen können nicht unmittelbar adressiert oder gar beeinflusst werden. So kann das Religionssystem das Politik- oder Wirtschaftssystem zwar irritieren und daraufhin gegebenenfalls mittelbar zu Veränderungen in diesen Systemen beitragen. Da die Systeme aber gleichrangig sind, kann es Veränderungen in Politik oder Wirtschaft nicht oktroyieren (Luhmann 1984). Vor diesem Hintergrund unterscheidet Luhmann drei Ebenen von Systemen: Interaktionssysteme, Organisationen und Gesellschaften.

All diese ausgesprochen voraussetzungsvollen und gedankenreichen Begriffe der Systemtheorie müssen hier aus Platzgründen so kursorisch wie nur möglich skizziert werden. Man muss nämlich bedenken, dass Luhmann sie in einer beeindruckenden Zahl von Publikationen für verschiedenste Gesellschaftsbereiche detailliert ausbuchstabiert hat. Für unsere Frage nach den Sozialformen von Religion ist hauptsächlich von Bedeutung, dass Luhmann die Unterscheidung der drei Systemebenen erstmals in einem Aufsatz aus dem Jahr 1972 vorgenommen hat. Dieser trägt den Titel *Die Organisierbarkeit von Religionen und Kirchen*. Hier beschäftigt sich Luhmann mit der Frage, ob Religion überhaupt von formalen Organisationen – beispielsweise also von Kirchen – verwaltet und gesteuert werden kann:

> „Unsere Überlegungen lassen [...] erkennen, daß an die Stelle einer früher selbstverständlich durchgezogenen Einheitsvorstellung (ein Gott, eine Religion, eine Kirche, ein Pfarramt) im organisierbaren Bereich ein Strukturprinzip tritt, das seine Formen für verschiedene Möglichkeitskombinationen hergibt [...].“ (Luhmann 1972: 269)

Aufgrund einer „prinzipielle[n] Inkompatibilität von Religion und Organisation“ ist Religion für Luhmann nur partiell organisierbar. Kirchen seien folglich – so wie ich es anhand des Mehr-Ebenen-Modells zu zeigen versucht habe (vgl. Kap. 4.1.1) – nicht ausschließlich formale Organisationen, sondern stets auch „einfache“ Interaktionssysteme, die von gemeinschaftlicher Interaktion zwischen „aktiven“ und „amtstragenden Mitgliedern“ gekennzeichnet sind. Kirchen beschreibt er daher als „Umwelt des Systems Gottesdienst“, das er auf der Interaktionsebene einfacher Sozialsysteme verortet. Zwar sind derartige Systeme stark von ihrer Umwelt abhängig, gleichwohl werden Ordnungsvorgaben aus der Umwelt aber nur mittelbar und „auf sehr verschiedene Weisen“ übernommen (Luhmann 1972: 271ff.):

> „Im Verlaufe der neuzeitlichen Gesellschaftsentwicklung werden jene Ordnungsvorgaben zunehmend angespannt, da die Komplexität und die Kontingenz des Gesellschaftssystems zunimmt. [...] Die Frage ist nun [...], was sich in dieser Lage durch Zwischenschaltung von Organisation erreichen läßt. [...] Man muss [...] überlegen, ob jene Ordnungsvorgaben, wenn sie durch ein organisiertes System vermittelt werden, ihren Charakter nicht ändern und ob nicht einfache Systeme gegenüber organisierten Prämissen [...] größere Distanz und größere taktische Freiheiten entwickeln können.“ (Luhmann 1972: 274f.)

Organisationale Normen seien auf der Interaktionsebene aufgrund der für sie charakteristischen „Autonomie einfacher Systeme“ folglich „selektiver Behandlung“ (Luhmann 1972: 275) unterworfen. Dies erklärt systemtheoretisch auch die innerkirchlichen Diskrepanzen, die wir bei der Gestaltung von Wort-Gottes-Feiern beobachtet haben (vgl. Kap. 4.1.2). Dass die Handlungslogiken der kirchlichen Systemebenen nicht immer deckungsgleich sind und sich stellenweise diametral widersprechen, ist derart komplexen sozialen Systemen inhärent – und unter Umständen sogar funktional erforderlich. Verstöße gegen organisationale Normen nämlich sind mitunter notwendige Bedingung für die Anschlussfähigkeit der Kommunikation von Priestern und Gläubigen:

> „[D]ie geltenden Vorschriften organisierter Systeme [werden] auf der Ebene faktischen Verhaltens nochmals selektiver Behandlung unterworfen [...]. Erst auf dieser Ebene des unmittelbaren Kontaktes entscheidet sich, welche organisatorisch formalisierten Erwartungen beachtet und mit entsprechendem Verhalten honoriert werden, und die Steuerung der Auswahl obliegt der Struktur und Themenführung einfacher Systeme (und nicht der Organisation selbst, die dafür nur Bedingungen setzen kann)." (Luhmann 1972: 275)

„Nur", schreibt Luhmann. Dabei ist gerade das Setzen derartiger Rahmenbedingungen notwendige Bedingung, um die Evidenz von Interaktionen sichern zu können (vgl. Kap. 3.2.3).

Die Organisierbarkeit von Religion

Für Luhmann kann *Religion nur bedingt durch Kirchen organisiert* werden. Bei Kirchen handelt es sich um komplexe Systeme, deren Interaktionsebene die Vorgaben der Organisationsebene autonom selektiert. Zwar können organisationale Normen wichtige *Rahmenbedingungen* setzen, *Verstöße gegen organisationale Vorgaben* aber sind notwendige Bedingung für die Anschlussfähigkeit religiöser Kommunikation.

In seinem späteren Werk setzt sich Luhmann (1977, 2000) dezidiert mit der gesellschaftlichen *Funktion des Religionssystems* auseinander. Dessen Besonderheit besteht für ihn darin, dass im Diesseits (Immanenz) über das Jenseits (Transzendenz) kommuniziert wird – und zwar obwohl Transzendenz eigentlich inkommunikabel ist, weil sie nicht direkt beobachtet werden kann. Wann immer im Religionssystem über Transzendentes kommuniziert wird, wird daher Immanentes erzeugt. Unbestimmtes wird dabei durch Bestimmtes ersetzt – was Luhmann (1977: 30) als Chiffrierung bezeichnet: „Was als spezifische Sinnform des Religiösen, als Numinoses oder Heiliges beschrieben worden ist, lässt sich dann als Resultat eines Prozesses der Chiffrierung begreifen, der Unbestimmbares in Bestimmtes oder doch Bestimmbares transformiert". Eine Chiffre ist in diesem Sinne beispielsweise Gott, weil er Jenseitiges im Diesseits zugänglich macht. Deutlich wird an diesem Beispiel auch, dass Chiffren stets unhinterfragbar sind und Vollständigkeit für sich beanspruchen. Indem Religion Unbestimmbares in Bestimmbares überführt, reduziert sie Komplexität und Kontingenz – was Luhmann als ihre wesentliche Funktion begreift:

Religion erfüllt „für das Gesellschaftssystem die Funktion, die unbestimmbare, weil nach außen (Umwelt) und nach innen (System) hin unabschließbare Welt in eine bestimmbare zu transformieren, in der System und Umwelt in Beziehungen stehen können, die auf beiden Seiten Beliebigkeit der Veränderung ausschließen." (Luhmann 1977: 26)

Die Funktion von Religion

Für Luhmann besteht die wesentliche Funktion von Religion in der *Reduktion von Komplexität und Kontingenz*. Durch *Chiffren* überführt sie Unbestimmtes in Bestimmtes und macht Transzendenz in der Immanenz kommunikabel. Da Chiffren *unhinterfragbar* sind und *Vollständigkeit* beanspruchen, schließen sie Beliebigkeit aus und prozessieren Kontingenz.

Zwar wird die Kontingenzreduktion durch Chiffren wie Gott in modernen Gesellschaften immer weniger plausibel (Luhmann 1977: 253ff.) – was Säkularisierungsprozesse systemtheoretisch erklären würde. Da es nach Auffassung Luhmanns aber stets Kontingenz geben wird, benötige die Gesellschaft nach wie vor eine Instanz, die diese Kontingenz bearbeitbar mache. Zwar könne der Einzelne sein Leben auch ohne Religion bestreiten, die Gesellschaft hingegen benötige sie notwendigerweise (Luhmann 2000: 303).

4.3.3 Peter L. Berger und die Pluralisierung des religiösen Feldes

Bereits als Student setzte sich Peter L. Berger mit religiösen Marktmodellen auseinander. Während seines missionarischen Engagements für die United Lutheran Church in America war ihm nämlich aufgefallen, dass der Beitritt in eine Kirchengemeinde davon abhängt, welche Dienstleistungen diese anbietet. Beispielsweise konnte er beobachten, dass Eltern mit Kindern, die zur Sonntagsschule gehen, andere Gemeinden auswählen als Menschen, die Wert auf Ruhe legen. Darüber hinaus hing die Wahl einer Gemeinde von der sozialen Lage eines Menschen ab. Daraus folgerte Berger, dass es zu einer Rationalisierung der Handlungsstrategien von Religionsgemeinschaften komme, in deren Zuge religiöse Angebote standardisiert würden, um Werbekosten zu sparen und möglichst viele Menschen erreichen zu können:

> „Zusammenfassend kann wohl behauptet werden, daß mächtige soziale und wirtschaftliche Faktoren die amerikanischen protestantischen Konfessionen zu zunehmender Rationalisierung ihrer Aktivitäten zwingen. Gleichzeitig ermöglichen es diese Faktoren, daß die Bürokratien dieser Konfessionen zunehmend rationell handeln. [...] Es wurde darauf hingewiesen, daß – ökonomisch gesehen – Religion in unserer Gesellschaft ein typisches Konsumgut ist. Die Verhaltensformen der Konsumenten bestimmen seinen Absatzprozeß. Es sollte daher nicht verwundern, wenn diese religiöse Ökonomie weitere Ähnlichkeit mit

der Struktur der weltlichen Wirtschaft hat, innerhalb derer sie existiert.“ (Berger 1965: 241ff.)

PETER L. BERGER

Peter Ludwig Berger wurde am 17. März 1929 in Wien als Sohn einer jüdischen Familie geboren, die während des Nationalsozialismus nach Palästina fliehen musste. 1946 emigrierte er in die USA, wo er zunächst am Wagner College und später an der New School for Social Research Soziologie und Theologie studierte. Bei seiner Ankunft in New York hatte Berger den festen Wunsch, evangelischer Pfarrer zu werden. Um mit der amerikanischen Gesellschaft vertraut zu werden, erschien ihm ein Soziologiestudium jedoch zweckmäßiger. Dabei kam er mit der europäischen Tradition der Geistes- und Sozialwissenschaften in Berührung, die ihn für sich einnahm (Pfadenhauer 2017). An der New School for Social Reasearch lernte Berger auch Thomas Luckmann kennen (vgl. Kap. 3.3.1); 1952 wurde er dort im Fach Soziologie promoviert.

Ab 1955 beschäftigte sich Berger als Studienleiter an der Evangelischen Akademie Bad Boll mit den Themen Religion und Kirche in Deutschland. Schnell jedoch zog es ihn zurück an eine amerikanische Universität: Ab 1956 lehrte und forschte er an der University of North Carolina, ab 1958 am Hartford Theological Seminary. 1959 heiratete er die Soziologin Brigitte Kellner, mit der er zwei Söhne bekommen und einige seiner Publikationen verfassen sollte. Im Jahr 1963 wurde Berger an die New School for Social Research berufen. Damit gingen für ihn gleich zwei Wünsche in Erfüllung: Er unterrichtete nun an einer soziologischen Fakultät und traf auf jenes anregende intellektuelle Klima, für das die New Yorker Universität bekannt war (Pfadenhauer 2017). In diese Zeit fallen einige seiner wichtigsten Veröffentlichungen: In „Zur Dialektik von Religion und Gesellschaft“ (1967) formulierte er Grundlagen der Säkularisierungstheorie, mit „Die gesellschaftliche Konstruktion der Wirklichkeit“ (1966) verfasste er gemeinsam mit Thomas Luckmann eines der wichtigsten Werke des Sozialkonstruktivismus. Darüber hinaus hat er einige vielgelesene Einführungsbücher in die Soziologie verfasst, beispielsweise die „Einladung zur Soziologie“ (1963).

1971 wurde Berger als Professor für Soziologie an die Rutgers University in New Brunswick berufen, 1981 an die Boston University. 1985 gründete er das Institute on Culture, Religion and World Affairs, das sich in Anschluss an Webers Protestantismusthese (vgl. Kap. 2.3.3) mit dem Verhältnis von Kultur und Ökonomie befasst. Berger zählt zu den bedeutendsten deutschsprachigen Religionssoziologen. Er erhielt zahlreiche Auszeichnungen, darunter den Ludwig-Wittgenstein-Preis der Österreichischen Forschungsgemeinschaft und das Große

Silberne Ehrenzeichen für die Verdienste um die Republik Österreich sowie Ehrendoktorwürden der Universitäten München (LMU), Chicago, Genf und Notre Dame. Im Alter von 88 Jahren starb Berger am 27. Juni 2017 nach kurzer Krankheim in Brookline, Massachusetts.

17. März 1929	Geburt in Wien
1946	Studium der Soziologie und Philosophie am Wagner College und der New School for Social Reasearch in New York
1952	Promotion
1955	Studienleiter an der Evangelischen Akademie Bad Boll
1956	Assistant Professor an der University of North Carolina
1958	Lehrtätigkeit am Hartford Theological Seminary
1963	Professor für Soziologie an der New School for Social Reasearch in New York
1971	Professor für Soziologie an der Rutgers University in New Brunswick
1981	Professor für Soziologie und Theologie an der Boston University
1985	Gründungsdirektor des Institute on Culture, Religion and World Affairs
27. Juni 2017	Verstorben in Brookline, Massachusetts

Zu Bergers wichtigsten Werken zählen:

Berger, Peter L. (1963/1969) Einladung zur Soziologie. Eine humanistische Perspektive. Freiburg: Walter.

Berger, Peter L./Thomas Luckmann (1966/1969) Die gesellschaftliche Konstruktion der Wirklichkeit. Eine Theorie der Wissenssoziologie. Frankfurt/Main: Fischer.

Von religionssoziologischem Interesse sind insbesondere:

Berger, Peter L. (1967/1973) Zur Dialektik von Religion und Gesellschaft. Elemente einer soziologischen Theorie. Frankfurt/Main: Fischer.

Berger, Peter L. (1979/1980) Der Zwang zur Häresie. Religion in der pluralistischen Gesellschaft. Frankfurt/Main: Fischer.

Berger, Peter L. (2015) Altäre der Moderne. Religion in pluralistischen Gesellschaften. Frankfurt/Main: Campus.

Zu beachten ist darüber hinaus Bergers Blog, in dem er bis kurz vor seinem Tod soziologische Analysen veröffentlicht hat: https://www.the-american-interest.com/v/peter-berger/.

Vor allem aber formulierte Berger in seinem Frühwerk wichtige Grundlagen der *Säkularisierungstheorie.* Dabei brachte er Säkularisierung bereits früh in Zusammenhang mit Pluralismus: Die Pluralisierung des religiösen Feldes unterminiere den Gültigkeitsanspruch religiöser Überzeugungen, weil sie deren als selbstverständlich unterstellte Plausibilität schmälere (Berger 1967). Pluralismus, so ergänzt Berger (2015: 50) später, hat dadurch einen relativierenden Effekt: Das Individuum wird durch die Pluralisierung des religiösen Feldes mit der Tatsache konfrontiert, dass „man die Welt auch anders sehen kann. Anders gesagt: Der Einzelne kann die Weltanschauung, in die er zufällig hineingeboren wurde, nicht länger als Selbstverständlichkeit betrachten". So gesehen haben wir es in modernen Gesellschaften tatsächlich mit einem Plausibilitätsverlust religiöser Überzeugungen zu tun. Dass damit zwangsläufig ein Verlust der gesellschaftlichen Bedeutung von Religion einhergeht, hält Berger jedoch ab den 1990er Jahren für unzutreffend. Diese Annahme entbehre schlichtweg empirischer Evidenz. Seine Abkehr von der Säkularisierungstheorie, die er in seinen frühen Schriften so vehement vertreten hatte, macht Berger in bemerkenswerter Weise transparent. Offen gibt er zu, sich in Hinblick auf eine potenzielle Säkularisierung der Gesellschaft geirrt zu haben – eine Seltenheit innerhalb des wissenschaftlichen Diskurses.

In seinem Spätwerk wendet sich Berger immer stärker der Analyse des (religiösen) *Pluralismus* zu. Diesen versteht er als zwangsläufiges Produkt der Moderne und vorrangige Herausforderung religiöser Traditionen und Gemeinschaften. Er unterscheidet zwei Formen von Pluralismus: einen religiösen und einen säkular-religiösen. Mit *religiösem Pluralismus* bezeichnet Berger die offensichtliche Koexistenz verschiedener Religionsgemeinschaften. Diese Beobachtung illustriert er in seinem durchaus unterhaltsamen Buch zur Vermehrung der „Altäre der Moderne" (2015) anhand zahlreicher Beispiele:

> „Im Vorjahr habe ich einen sehr großen Hindutempel im Herzen von Texas, also im Zentrum des Bible Belt, besucht. Der Führer erzählte, dass an wichtigen Hindufeiertagen mehrere Tausend Menschen aus dem gesamten Südwesten der USA zu den Tempelfeiern kämen. Vor einigen Jahren aß ich in einem Dachrestaurant in Wien zu Mittag, das den Blick auf den Stephansdom, eines der gotischen Meisterwerke der Christenheit, freigibt. Von unten konnte man Musik hören, die nicht zu diesem Ausblick passen wollte. Wie sich herausstellte tanzte und sang eine Gruppe Hare Krishnas vor der Kirche. Ungefähr zur gleichen Zeit war ich auf einer Party in Deutschland. Dabei kam das Gespräch auf das Thema Wunder. Ich erwähnte einen indischen Guru, der dafür berühmt war, ziemlich spektakuläre Wunder zu wirken. Auf Nachfrage sagte ich, dass ich Schwindel dahinter vermutete. Einer der Anwesenden, ein geborener Deutscher, nahm mir das sehr übel. Er gab sich stolz als Anhänger dieses Gurus zu erkennen. Das alles illustriert eine einfache Tatsache: Es gibt einen internationalen Markt für Religionen." (Berger 2015: 49)

Der religiöse Pluralismus hat für Berger weitreichende Auswirkungen: Zum einen verändert er die Beziehung von Religionsgemeinschaften untereinander. Immer wichtiger werde dabei die gegenseitige Toleranz und ökumenische Zusammenarbeit (Berger 2015: 76). Zum anderen werde das moderne Individuum „jeder Gewissheit über grundsätzliche Sinnfragen und Werte beraubt“ und müsse sich „aus den Kleinteilen, die ihm in seiner speziellen Situation zur Verfügung stehen, eine Weltanschauung zusammenbasteln“ (Berger 2015: 61). Dies haben wir bereits im Zusammenhang mit dem synkretistischen Charakter individualisierter Religiosität diskutiert (vgl. Kap. 3.2.2). In der Folge gewinne, so Berger weiter, das religiöse Individuum zunehmend an Macht gegenüber religiösen Autoritativen – so wie wir es in diesem Kapitel am Beispiel von Wort-Gottes-Feiern gesehen haben (vgl. Kap. 4.1.2).

Die zweite Form, der *säkular-religiöse Pluralismus*, besteht für Berger in einer Koexistenz von religiösen und säkularen Diskursen. Sehr wohl nämlich – soweit habe die Säkularisierungstheorie weiterhin Gültigkeit – kämen immer größere Bereiche moderner Gesellschaften ohne Religion aus. Insbesondere Wissenschaft und Technik beschränkten sich auf einen säkularen Diskurs, der frei von jeglichen Bezügen auf Religion sei:

> „Die sogenannte Säkularisierungstheorie irrte in der Annahme, dass Modernität notgedrungen zu einem Niedergang der Religion führe, deshalb müssen wir sie durch eine Theorie des Pluralismus ersetzen […]. Jedoch war die frühere Theorie nicht vollständig falsch. Die Moderne hat tatsächlich einen säkularen Diskurs hervorgebracht, der die Menschen in die Lage versetzt, mit vielen Lebensbereichen ohne Bezugnahme auf irgendeine religiöse Definition von Realität umgehen zu können.“ (Berger 2015: 79)

Dies bedeute nun aber eben nicht, dass der säkulare Diskurs den religiösen Diskurs völlig verdränge. Vielmehr seien moderne Gesellschaften von einer Koexistenz religiöser und säkularer Diskurse geprägt. Beide schließen sich also nicht aus; sie sind nicht als „Entweder-Oder“ zu verstehen, sondern als „Sowohl-als-auch“:

> „Heißt das, dass alle religiösen Diskurse von diesem säkularen Diskurs ersetzt worden sind? Nein, das heißt es nicht. Und genau das ist der Punkt, an dem die alte Säkularisierungstheorie fehlgeschlagen ist. Vielmehr fügt sich der säkulare Diskurs in die nebulöse Welt des Pluralismus ein.“ (Berger 2015: 82)

Der Clou von Bergers Überlegungen besteht darin, dass der moderne Mensch problemlos zwischen beiden Diskursen wechseln könne. In der einen Situation – beispielsweise beim Besuch eines Gottesdienstes – bewege sich ein und derselbe Mensch im religiösen, in einer anderen Situation – beispielsweise im wissenschaftlichen Labor – im *säkularen Diskurs*. Beide Diskurse gehörten also gleichzeitig zur Identität des bzw. der Betreffenden:

> „Für die meisten Gläubigen sind Glaube und Säkularität einander nicht ausschließende Modi, mit der Realität umzugehen; das ist keine Frage des Entweder-oder, vielmehr des Sowohl-als-auch. Die Fähigkeit, verschiedene Diskurse […] zu handhaben, ist das wesentliche Merkmal des modernen Menschen.“ (Berger 2015: 83)

Einen derartigen Wechsel zwischen zwei diskursiven Realitäten – in Anlehnung an seinen Lehrer Alfred Schütz spricht Berger auch von einem Wechseln zwischen zwei Relevanzstrukturen – verdeutlicht er anhand eines Theaterbesuchs: Bevor der Vorhang auf- und das Licht ausgeht, befindet sich der Besucher bzw. die Besucherin noch in der Realität des Hier und Jetzt. Schon im nächsten Moment kann er bzw. sie jedoch problemlos in eine völlig andere Realität eintauchen, nämlich in diejenige des aufgeführten Stückes. Für Berger ist die Unterscheidung von Säkularität und Religiosität letztlich in erster Linie eine analytische, die in der sozialen Wirklichkeit nur wenig Bedeutung habe:

> „Wenn es um Religion geht, sollte man immer daran denken, dass die meisten Menschen keine Logiker sind. Daher können Relevanzen, die einem Außenstehenden vollkommen inkompatibel erscheinen, für ein Individuum, das nicht philosophisch veranlagt ist, kompatibel sein." (Berger 2015: 87)

Die Pluralismustheorie

Pluralismus zählt für Peter L. Berger zu den wesentlichen Merkmalen moderner Gesellschaften. Er unterscheidet zwei Formen: *Religiöser Pluralismus* meint, dass sich die Anzahl religiöser Sozialformen erhöht hat, was zu einer Veränderung ihrer Handlungslogiken in Richtung Toleranz und Ökumene führt. *Säkular-religiöser Pluralismus* meint, dass weite Bereiche moderner Gesellschaften ohne religiöse Bezüge auskommen und sich ausschließlich auf einen *säkularen Diskurs* beziehen. Für religiöse Sozialformen bedeutet dies einen Plausibilitätsverlust ihrer Inhalte, für das Individuum die Notwendigkeit, seine Religiosität selbst zu gestalten. Ein *situativer Wechsel* zwischen säkularem und religiösem Diskurs ist für das Individuum problemlos möglich. Beide Diskurse *koexistieren* in modernen Gesellschaften.

Die Anerkennung der Koexistenz von religiösem und säkularem Diskurs möchte Berger als neues Paradigma der Religionssoziologie verstanden wissen. Die Pluralisierungstheorie solle folglich an die Stelle der bislang widerstreitenden religionssoziologischen Theorien treten, die Sie in dieser Einführung kennengelernt haben. Sein Plädoyer ist insofern nachvollziehbar, als die Pluralisierungstheorie wesentliche religionssoziologische Perspektiven zu integrieren vermag. Säkularisierung ist aus ihrer Sicht eben nur eine Form des für moderne Gesellschaften charakteristischen Pluralismus, aus dem sich zwangsläufig die individuelle Gestaltung synkretistischer Religiosität ergibt.

4.4 Zwischenfazit

In diesem Kapitel haben wir die Mesoebene des religiösen Feldes in den Blick genommen, auf der religiöse Sozialformen wie Kirchen und andere Religionsgemeinschaften angesiedelt sind. Zunächst haben wir uns mit der Frage beschäftigt, wie sich Kirchen aus einer soziologischen Perspektive konzeptionell erfassen lassen. In den Werken von Ernst Troeltsch und Max Weber haben wir diesbezüglich einige allgemeine Merkmale von Kirchen ausfindig gemacht. Die beiden Autoren aus der klassischen Phase der Religionssoziologie haben Kirchen von Sekten abgegrenzt, um herauszuarbeiten, dass Kirchen möglichst alle Menschen adressieren und sie vergleichsweise lax inkludieren, da sie nur von bestimmten Gruppen ihrer Mitgliedschaft eine asketische Lebensführung erwarten. Die Zugehörigkeit zu einer Kirche erfolgt in der Regel durch Zuschreibung, ihre Beziehung zur Welt ist bejahend und sie verwalten spezifische Heilsgüter. Um diese allgemeinen Merkmale zu konkretisieren, haben wir mit Organisation, Gemeinschaft, Markt und Profession auf vier Konzepte der zeitgenössischen Soziologie zurückgegriffen. Am Beispiel der katholischen Kirche haben wir jedoch gesehen, dass keines dieser Konzepte es vermag, eine derart komplexe und singuläre Sozialform unmittelbar und umfänglich zu modellieren.

Angesichts dieser Ausgangslage bietet es sich an, die katholische Kirche als Mehr-Ebenen-System zu verstehen. Anhand divergierender Handlungslogiken haben wir in diesem Sinne vier kirchliche Ebenen voneinander abgegrenzt: Auf der Organisationsebene berücksichtigen Akteure vornehmlich wertrationale, auf der Professionsebene vornehmlich zweckrationale und auf der Interaktionsebene vornehmlich individuelle Handlungsorientierungen. Hinzu kommt die von unspezifischen Handlungsorientierungen geprägte Publikumsebene. Wie ich am Beispiel von Wort-Gottes-Feiern zu illustrieren versucht haben, lassen sich zwischen den einzelnen kirchlichen Ebenen weiterreichende Divergenzen beobachten. Die Gestaltung von Wort-Gottes-Feiern nämlich weicht in mehrerlei Hinsicht deutlich von einschlägigen Vorgaben der Amtskirche ab. Kirchen dürfen daher nicht als homogene monolithische Blöcke missverstanden werden. Vielmehr handelt es sich um ausgesprochen heterogene Sozialformen mit inhärenten Dissoziationen. Niklas Luhmann (1972) hat diese Beobachtung dadurch erklärt, dass komplexe Sozialsysteme stets nur partiell organisierbar sind, da die Vorgaben der Organisationsebene von den Akteuren der Interaktionsebene autonom selektiert werden. Zwar können organisationale Normen wichtige Rahmenbedingungen setzen; Abweichungen von organisationalen Normen aber sind gleichzeitig notwendige Bedingung für die Anschlussfähigkeit religiöser Kommunikation. Durch die autonome Gestaltung von Wort-Gottes-Feiern wird die katholische Kirche gleichsam unter der Hand transformiert. Veränderungsprozesse gehen dabei nicht in erster Linie von der Spitze der amtskirchlichen Hierarchie aus, sondern auch von den Kirchenmitgliedern (Heiser 2017b). Durch Wort-Gottes-Feiern wandelt sich das Spektrum katholischer Liturgie in zweifacher Hinsicht: Zum einen halten neue liturgische Elemente Einzug in katholische Gottesdienste. Zum anderen kommt es zu einer Pluralisierung von Gottesdienstformen, die sich an unterschiedliche Zielgruppen richten.

Darüber hinaus haben wir in diesem Kapitel beobachtet, dass sich die Weltjugendtage der katholischen Kirche großer Popularität erfreuen. Diesbezüglich haben wir zum einen gefragt, welche Erklärungsansätze die Religionssoziologie für die Entstehung von Weltjugendtagen bereitstellen kann. Zum anderen haben wir die Frage diskutiert, warum Weltjugendtage derart populär geworden sind. Um die Entstehung von Weltjugendtagen erklären zu können, muss die Pluralisierung des religiösen Feldes berücksichtigt werden. Pluralismus nämlich ist in Anschluss an Peter L. Berger als wesentliches Merkmal moderner Gesellschaften zu verstehen. In Bezug auf das religiöse Feld meint Pluralismus, dass sich auf dessen Mesoebene eine zunehmende Anzahl als legitim anerkannter Religionsgemeinschaften etabliert hat. In empirischer Hinsicht haben wir gesehen, dass der Anteil von Mitgliedern beider christlicher Kirchen gesunken ist, während sich derjenige von Mitgliedern anderer Religionsgemeinschaften erhöht hat. Für Deutschland kann man insofern von einer Pluralisierung des religiösen Feldes sprechen, als die Anzahl religiöser Organisationen und Strömungen deutlich zugenommen hat. Allerdings vermögen es die meisten von ihnen nicht, nennenswerte Anteile der Bevölkerung an sich zu binden. Die Dominanz der christlichen Kirchen bleibt daher ungebrochen.

Aus der Pluralität des religiösen Feldes leiten religiöse Marktmodelle ein Konkurrenzverhältnis religiöser Sozialformen ab. Diese konkurrieren sowohl untereinander als auch mit säkularen Diskursen und Funktionsäquivalenten um die Ressourcen ihrer (potenziellen) Mitglieder. Ob sich daraus eine erhöhte religiöse Vitalität der Gesellschaft ableiten lässt – wie es religiöse Marktmodelle annehmen – mag dahingestellt bleiben. Zweifellos aber verändert die Konkurrenzsituation die Handlungsstrategien religiöser Sozialformen. Auch innerhalb der christlichen Kirchen lässt sich daher ein Bedeutungsgewinn ökonomischer Handlungslogiken beobachten (Schlamelcher 2013). Entsprechend richten Kirchen ihre Angebote verstärkt an den vermeintlichen Wünschen ihres Publikums aus. In diesem Zusammenhang setzen sie vermehrt auf Marketingstrategien und massenmediale Kommunikation.

Dies hat Hubert Knoblauch (2009) als „populäre Religion“ bezeichnet. Kirchen greifen im Zuge der Popularisierung ihrer Angebote auf Elemente der Popkultur zurück, in deren Gewand sie religiöse Inhalte transportieren – besonders eindrucksvoll zeigt sich dieses Prinzip an den Weltjugendtagen der katholischen Kirche. Ihr popkultureller Charakter ist dabei sicherlich Teil ihres Erfolgs. Zudem sind Weltjugendtage als religiöse Events zu verstehen, als zeitlich begrenzte und niederschwellige Form von Communitas. Religiöse Events erwarten von ihren Teilnehmerinnen und Teilnehmern weder ein Glaubensbekenntnis noch eine bestimmte Lebensführung; schon gar nicht erwarten sie eine dauerhafte Bindung an religiöse Sozialformen. Zeitliche Begrenzung und Erwartungsfreiheit sind insofern wesentlich für den Erfolg von Weltjugendtagen, als sie zentralen Wertorientierungen moderner Gesellschaften entsprechen: Individuen sind heute weniger dazu bereit, sich dauerhaft an Institutionen zu binden und institutionelle Handlungsvorgaben zu akzeptieren. Wenn man so will, lösen Weltjugendtage das Spannungsverhältnis von Moderne und Religion temporär auf. Fraglich ist jedoch zum einen, ob sie ihre Teilnehmerinnen und Teilnehmer auch langfristig an die katholische Kirche binden können. Zum anderen besteht bei der Eventisierung kirchlicher Angebote die Gefahr, klassische Zielgruppen aus den Augen zu verlieren und traditionelle Kernmitglieder abzuschrecken. Der Grat zwischen Tradition und Reform ist für Kirchen ausgesprochen schmal.

Schließlich haben wir mit Taufen, Trauungen und Begräbnissen weitere kirchliche Angebote beleuchtet, die sich auch in der Moderne großer Popularität erfreuen. Von vielen Menschen werden diese Kasualien offenbar als rituelle Begleiter ihrer Biografie geschätzt. Dabei wird eine dauerhafte und normative Partizipation an Kirche vielfach durch situative und rituelle Partizipation ersetzt (Ebertz et al. 2012). Eine derartige Kasualienfrömmigkeit darf jedoch nicht als Hinweis auf eine konstante gesellschaftliche Bedeutung von Religion insgesamt fehlinterpretiert werden. Häufig nämlich wird aus nicht-religiösen Motiven auf kirchliche Kasualien zurückgegriffen. Gleichwohl aber haben die Kirchen nicht zuletzt aufgrund der hohen Nachfrage nach Kasualien eine nach wie vor hohe gesellschaftliche Bedeutung inne.

5 Perspektiven für die Religionssoziologie

„Wer über Religion redet, bewegt sich auf Glatteis." Mit diesem Zitat von Hubert Knoblauch (2009: 43) hatte ich meinen Ritt durch die Religionssoziologie des 21. Jahrhunderts begonnen. Nach der Lektüre der vorliegenden Einführung haben Sie nun – so hoffe ich jedenfalls – eine genauere Vorstellung davon gewonnen, was ich damit meine: Das religiöse Feld moderner Gesellschaften ist ausgesprochen unübersichtlich. Es umfasst so unterschiedliche soziale Phänomene wie leere Kirchen, volle Pilgerwege und populäre Weltjugendtage. Dabei sind dies gerade einmal drei von unzähligen nennenswerten Beispielen. Zudem beziehen sie sich alle auf das Christentum und beleuchten damit von vorneherein nur einen bestimmten Ausschnitt moderner Religiosität. Darüber hinaus unterliegt das religiöse Feld einem geradezu dramatischen Wandel, mit dem grundlegende Transformationen religiöser Praktiken und Sozialformen einhergehen. Wie Sie gesehen haben, scheinen manche davon in modernen Gesellschaften an Bedeutung zu verlieren, andere hingegen an Popularität zu gewinnen.

Genauso unübersichtlich wie die Religion selbst ist auch die Religionssoziologie. Zunächst verfügt sie nämlich über *keine eindeutige Definition* dessen, was mit Religion gemeint ist. Substanzielle Definitionsansätze konkurrieren mit funktionalen – und beide bringen je spezifische Probleme mit sich. Substanzielle Ansätze sind zwar in der Lage, religiöse Phänomene eindeutig von nicht-religiösen abzugrenzen; aufgrund ihres engen Religionsverständnisses laufen sie jedoch Gefahr, moderne Formen von Religiosität zu übersehen. Dieser Gefahr unterliegen funktionale Definitionen gerade nicht; aufgrund ihres weiten Religionsverständnisses vermögen sie es jedoch kaum, eindeutig zu bestimmen, wobei es sich um ein religiöses Phänomen handelt und wobei nicht. Darüber hinaus forschen Religionssoziologinnen und -soziologen mit *zwei unterschiedlichen Ansätzen der empirischen Sozialforschung*. Quantitative Religionsforschung ist zwar in der Lage, repräsentative Daten zu erheben und große Gesellschaftsbereiche zu erfassen. Allerdings läuft auch sie Gefahr, neue religiöse Phänomene zu übersehen, weil sie nur untersuchen kann, wonach sie explizit gefragt hat. Sie erfasst die Religiosität eines Individuums daher nur ausschnittsweise. Qualitative Religionsforschung hingegen kann sich von unerwarteten religiösen Phänomenen überraschen lassen und tiefgreifende Fallstudien durchführen. Aufgrund ihrer stark begrenzten Fallzahlen bleibt jedoch häufig offen, ob die entsprechenden Ergebnisse auf die gesamte Gesellschaft generalisiert werden können.

Mit diesen Definitions- und Forschungsansätzen sind schließlich *drei zentrale Theorien* verknüpft, die den religionssoziologischen Diskurs bestimmen. Diese enge Verknüpfung von Theorie, Forschungsansatz und Religionsverständnis ist dabei schon im Grundsatz problematisch, weil sie die Gefahr birgt, nur diejenigen Daten zu erheben – und in bestimmter Weise zu interpretieren –, welche die jeweils favorisierte Theorie stützen. Hinzu kommt, dass sich die drei zentralen religionssoziologischen Theorien in wesentlichen Punkten eklatant widersprechen. Fassen wir noch einmal kurz zusammen:

Die Säkularisierungstheorie geht von einem Bedeutungsverlust von Religion aus. Diese Annahme begründet sich mit der funktionalen Differenzierung moderner Gesellschaften und einem vermeintlich unauflöslichen Spannungsverhältnis von Religion und Moderne. Religiöse Marktmodelle behaupten indes schlicht das Gegenteil: Durch die Pluralisierung und Liberalisierung des religiösen Marktes komme es zu einer Steigerung der religiösen Vitalität einer Gesellschaft – also zu einem Bedeutungsgewinn von Religion. Das Individuum wähle aus einem reichhaltigen Religionsangebot dasjenige mit den geringsten Kosten und dem höchsten Nutzen aus. Die Individualisierungstheorie wiederrum konstatiert weder einen Bedeutungsverlust noch einen Bedeutungsgewinn von Religion. Vielmehr komme es zu einem Formwandel moderner Religiosität, weil das Individuum aus religiösen Zwängen freigesetzt wurde und seine Religiosität nun selbst bestimmen kann. Da es Elemente aus verschiedenen religiösen Traditionen – aber auch aus nicht religiösen Kontexten – in synkretistischer Manier kombiniert, verwischen die Grenzen zwischen Religion und Nicht-Religion. Dies hat Thomas Luckmann (1967) als „unsichtbare Religion" bezeichnet. Gerade zwischen den Marktmodellen und der Individualisierungstheorie gibt es also auch einige Gemeinsamkeiten. Dies verwundert nicht, da beide als Gegenmodelle zur Säkularisierungstheorie entwickelt wurden, die den religionssoziologischen Diskurs lange Zeit beherrscht hatte. Sowohl Marktmodelle als auch Individualisierungstheorie verstehen Religion als anthropologische Universalie. Religion könne schon deshalb nicht an Bedeutung verlieren, weil sie grundlegender Bestandteil der menschlichen Existenz sei. Darüber hinaus beobachten beide Theorien – wenn auch aus unterschiedlichen Begründungen heraus – eine Pluralisierung des religiösen Feldes (Tabelle 12).

Was bleibt angesichts dieser facettenreichen und widersprüchlichen Ausgangslage festzuhalten? Wohl nur, die Religionssoziologie als multiparadigmatische Disziplin anzuerkennen und ihre widerstreitenden Definitionen, Forschungsansätze und Theorien daraufhin zu überprüfen, welche ihrer jeweiligen Aspekte sich zu einem allgemeinen Verständnis zeitgenössischer Religiosität integrieren lassen. In Bezug auf den *Religionsbegriff* wird man in diesem Sinne nicht leugnen können, dass Religion für Gesellschaften und Individuen bestimmte Funktionen erfüllt. Nicht alle Phänomene aber, die identitätsstiftend, handlungsleitend, kontingenzbewältigend, integrativ, kosmisierend und weltdistanzierend wirken, dürfen dabei über einen Kamm geschert werden. Dann nämlich wären auch Schützenvereine und einsame Bergwanderungen als Religion zu verstehen. Religion wäre dann nicht mehr als solche erkennbar und die Religionssoziologie würde sich anmaßen, nahezu alle sozialen Phänomene untersuchen zu können. Die Religionssoziologie muss daher auch substanzielle Aspekte berücksichtigen. Freilich aber darf Religion nicht ausschließlich von ihren Traditionen und Inhalten

Tabelle 12: Religionssoziologische Theorien im Vergleich

	Säkularisierungs-theorie	**Individualisierungs-theorie**	**Religiöse Marktmodelle**
Gesellschaftliche Bedeutung von Religion	Bedeutungsverlust	Formwandel	Steigerung der religiösen Vitalität
Erklärungsansätze	Funktionale Differenzierung, Spannungsverhältnis von Moderne und Religion	Freisetzung des Individuums, selbstbestimmte Gestaltung von Religiosität, Synkretismus	Pluralisierung des religiösen Feldes, Deregulierung religiöser Märkte
Religion als anthropologische Universalie	nein	ja	ja
Verhältnis von Individuum und Sozialformen	keine analytische Trennung von Individuum und Sozialformen	Entkirchlichung, aber Evidenzsicherung durch Sozialformen	Individuum wählt passenden religiösen Anbieter als homo oeconomicus
Pluralisierung des religiösen Feldes	nein	durch individuelle Formen, die empirisch „unsichtbar" sind	Voraussetzung für Funktionieren des religiösen Marktes

Eigene Darstellung.

her gedacht werden; dann würden gerade diejenigen religiösen Phänomene übersehen werden, die in modernen Gesellschaften neu entstehen und an Bedeutung gewinnen. Der Ausweg kann also nur darin bestehen, beide Religionsbegriffe miteinander zu verbinden – so wie wir es am Beispiel des Pilgerns getan haben (vgl. Kap. 3.1.2). Wie genau sich eine Definition von Religion gestalten würde, die alle religiösen Phänomene zu erfassen vermag, dabei aber nicht der Beliebigkeit anheimfällt, muss hier offen bleiben. Eine tragfähige religionssoziologische Definition erfordert weitere Forschung. Diese Arbeit wird lohnen, weil durch sie auch der Widerstreit verschiedener Theorien überwunden werden könnte.

Ähnliches gilt für die *Forschungsansätze* der Religionssoziologie. Diesbezüglich scheint es unumgänglich, sämtliche Methoden zu nutzen, die der empirischen Sozialforschung zur Verfügung stehen. Als Religionssoziologinnen und -soziologen sollten wir uns also nicht auf die ausschließliche Interpretation quantitativer oder qualitativer Daten beschränken. Dann würden wir Gefahr laufen, jeweils nur das zu sehen, was wir aus unserer jeweiligen Theorieperspektive sehen wollen. Um ein soziales Phänomen im weberschen Sinnen verstehen zu können, sollten stets alle verfügbaren Daten berücksichtigt werden – sowohl quantitative als auch qualitative. Im vorliegenden Buch sind wir immer wieder auf eine derart triangulative Weise vorgegangen, beispielsweise in Hinblick auf das Pilgern (vgl. Kap. 3.1) und die Wort-Gottes-Feiern der katholischen Kirche (vgl. Kap. 4.1.2). Insbesondere darf sich religionssoziologische Forschung nicht in der Präsentation von Zahlen und Korrelationen erschöpfen. Vielmehr müssen empirische Daten stets an theoretische Überlegungen gebunden werden – so wie es Luckmann beispielsweise mit seinem Transzendenzmodell getan hat (vgl. Kap. 3.3.1). Ansonsten besteht die Gefahr von Fehlinterpretationen.

Um den religionssoziologischen *Theoriestreit* zu überwinden und ein integratives Verständnis moderner Religiosität zu erlangen, erscheint es mir notwendig, die drei zentralen Theorien der Religionssoziologie daraufhin zu überprüfen, welche ihrer jeweiligen Grundannahmen die soziale Wirklichkeit moderner Gesellschaften tatsächlich erfassen – und welche ihrer weitergehenden Schlussfolgerungen allzu sehr von theoretischen Scheuklappen geprägt sind. Von der Säkularisierungstheorie können wir in diesem Sinne beispielsweise lernen, dass die funktionale Differenzierung moderner Gesellschaften zu einer Beschränkung des Zuständigkeitsbereichs von Religion geführt hat. Religion hat heute eben keinen unmittelbaren, unhinterfragten und als legitim anerkannten Einfluss auf andere Gesellschaftsbereiche mehr. Wie nahezu alle Autorinnen und Autoren aus der neoklassischen Phase der Religionssoziologie zu zeigen versucht haben, darf dies jedoch nicht als allgemeiner Bedeutungsverlust von Religion interpretiert werden. Insbesondere darf Religion nicht mit Kirchlichkeit gleichgesetzt werden. Die Zahlen zum Organisationsgrad von Kirchen und zur Teilhabe an ihren Angeboten sind keine hinreichende Datengrundlage für die These eines Bedeutungsverlusts von Religion. Problematisch erscheint mir daher das von der Säkularisierungstheorie angenommene Spannungsverhältnis von Religion und Moderne. Schließlich ist auch die Moderne – und vielleicht gerade sie – religionsproduktiv.

Von Marktmodellen können wir lernen, dass es zu einer Pluralisierung des religiösen Feldes gekommen ist. Fraglos konkurriert eine höhere Anzahl religiöser Organisationen und Strömungen in modernen Gesellschaften einerseits untereinander, andererseits aber vor allem mit säkularen Funktionsäquivalenten. Problematisch erscheint mir hingegen die Makroperspektive religiöser Marktmodelle: Von der Pluralisierung des religiösen Feldes auf eine erhöhte religiöse Vitalität der Gesellschaft zu schließen, bleibt eine vage und abstrakte These. Sehr wohl aber verändert die Konkurrenzsituation die Handlungslogiken von Religionsgemeinschaften und Kirchen. Dies haben wir am Beispiel der Popularisierung und Eventisierung katholischer Weltjugendtage gesehen (vgl. Kap. 4.2.3).

Von der Individualisierungstheorie können wir schließlich lernen, dass die Regie in Sachen Religion auf das aus religiösen Zwängen freigesetzte Individuum übergegangen ist. Fraglos gestaltet es seine jeweilige Religiosität heute selbstbestimmt und synkretistisch. Allerdings darf daraus kein Bedeutungsverlust religiöser Sozialformen abgeleitet werden. Ganz im Gegenteil habe ich zu zeigen versucht, dass individualisierte Religiosität in verschärfter Form ihrer Kontingenz gewahr wird. Zur Sicherung ihrer Evidenz ist sie daher notwendigerweise auf Sozialformen angewiesen (vgl. Kap. 3.2.3).

Was bleibt darüber hinaus in Hinblick auf die Religionssoziologie des 21. Jahrhunderts festzuhalten? Wenn man über Religion spricht, muss man zunächst ihre *regional extrem unterschiedlichen Ausprägungen* berücksichtigen. Im Großen gilt dies für verschiedene Kulturkreise und Kontinente: Wie Sie gesehen haben, unterscheidet sich das religiöse Feld Europas in Hinblick auf seine Struktur und Bedeutung grundlegend von demjenigen der Vereinigten Staaten. Auch in Lateinamerika haben wir es mit einem religiösen Feld zu tun, das sich völlig anders gestaltet als in Afrika oder Asien. Regionale Unterschiede finden sich aber auch im Kleinen: Insbesondere die gesellschaftliche Bedeutung von Religion in Westdeutschland unterscheidet sich erheblich von derjenigen in Ostdeutschland. Aus diesem Grund bin ich skeptisch, dass es der Religionssoziologie in absehbarer Zeit gelingt, ein allgemeines Modell moderner Religiosität zu entwickeln, das in Bezug auf alle Regionen, alle Kulturkreise und alle Weltreligionen Gültigkeit für sich beanspruchen könnte. Der Religionssoziologie wird daher vorläufig nichts anderes übrigbleiben, als sich auf bestimmte Regionen und Religionen zu konzentrieren – ganz so, wie es heute schon typisch für religionssoziologische Forschung ist. Regionale Unterschiede können dabei aber sehr wohl als Vergleichsfolie dienen. Religions- und länderübergreifende Vergleiche nämlich können viel zum Verständnis der Struktur und Bedeutung eines spezifischen religiösen Feldes beitragen.

Des Weiteren bleibt festzuhalten, dass sich ursprünglich religiöse Phänomene in modernen Gesellschaften häufig *von ihren religiösen Wurzeln lösen*. Dies hat bereits Max Weber anhand seiner Protestantismusthese ebenso gezeigt wie Robert Bellah anhand der Zivilreligion (vgl. Kap. 2.3.3 und 3.3.3). Für religionssoziologische Forschung bedeutet dies zunächst ein Problem, da religiöse Phänomene im Sinne Luckmanns in modernen Gesellschaften schwerer als solche zu erkennen sind. Die Religionssoziologie muss daher stets auch eine historische Perspektive einnehmen und die religiösen Ursprünge eines beobachteten Phänomens freizulegen versuchen. Nur so kann sie die gesellschaftliche Bedeutung von Religion valide beurteilen – mit Émile Durkheim gesprochen insbesondere ihre gesellschaftskonstitutive Funktion (vgl. Kap. 2.3.2). Dabei darf sie schließlich *nicht simplifizieren*. Religiöse Phänomene sind häufig ausgesprochen komplex und nur selten widerspruchsfrei – eben unter anderem in Hinblick auf ihre Ursprünge, ihre regionalen Ausprägungen und ihre Wechselwirkungen mit gesellschaftlichen Werten. Allzu simple Modelle werden daher wenig zum Verständnis moderner Religiosität beitragen. Auch deshalb habe ich Ihnen mit dem Mehr-Ebenen-Modell der katholischen Kirche ein Beispiel für ein theoretisches Konzept erläutert, das Komplexität und Divergenzen berücksichtigt (vgl. Kap. 4.1.1).

Lässt man die religiösen Phänomene und religionssoziologischen Erklärungsansätze, die wir in dieser Einführung – teils prominent, teils eher am Rande – beobachtet und diskutiert haben, noch einmal Revue passieren, so kann man abschließend mindestens eine gesicherte Schlussfolgerung ziehen: Keinesfalls scheint Religion in modernen Gesellschaften an ihr Ende gekommen zu sein. Ebenso wenig die Religionssoziologie.

Informationsteil

Religionssoziologische Einführungswerke

- Knoblauch, Hubert (1999) Religionssoziologie. Berlin: de Gruyter.
- Krech, Volkhard (1999) Religionssoziologie. Bielefeld: transcript.
- Pickel, Gert (2011) Religionssoziologie. Eine Einführung in zentrale Themenbereiche. Wiesbaden: VS.
- Pickel, Gert/Kornelia Sammet (Hg.) (2014) Einführung in die Methoden der sozialwissenschaftlichen Religionsforschung. Wiesbaden: SpringerVS.

Religionssoziologische Buchreihen

- Religion und Gesellschaft, Ergon
  http://www.ergon-verlag.de/theologie-religionswissenschaft/religion-in-der-gesellschaft/index.php
- Veröffentlichungen der Sektion Religionssoziologie, Springer VS
  https://link.springer.com/bookseries/12575

Religionssoziologische Zeitschriften

- Journal for the Scientific Study of Religion (JSSR)
  http://onlinelibrary.wiley.com/journal/10.1111/(ISSN)1468-5906
- Social Compass (SCP)
  http://journals.sagepub.com/home/scp
- Sociology of Religion (SOR)
  https://academic.oup.com/socrel
- Zeitschrift für Religion, Gesellschaft und Politik (ZRGP)
  http://www.springer.com/social+sciences/sociology/journal/41682

Religionssoziologische Vereinigungen

- American Academy of Religion (AAR)
  https://www.aarweb.org/
- American Sociological Association (ASA): Section on Religion
  http://www.asanet.org/communities/sections/sites/religion
- Association for the Sociology of Religion (ASR)
  http://www.sociologyofreligion.com/

- British Sociological Association (BSA): Sociology of Religion Study Group http://socrel.org.uk/
- Canadian Corporation for Studies in Religion (CSSR) http://ccsr.ca/
- Deutsche Gesellschaft für Soziologie (DGS): Sektion Religionssoziologie http://www.soziologie.de/de/sektionen/sektionen/religionssoziologie/startseite.html
- International Society for the Sociology of Religion (ISSR) https://www.sisr-issr.org/
- International Sociological Association (ISA): Research Committee on Sociology of Religion (RC22) http://www.isa-sociology.org/en/research-networks/research-committees/rc22-sociology-of-religion/
- North American Association for the Study of Religion (NAASR) https://naasr.com/
- Religious Research Association (RRA) http://www.rraweb.org/
- Society for the Scientific Study of Religion (SSSR) http://www.sssrweb.org/

Religionssoziologische Forschungseinrichtungen

- Akademie der Weltreligionen, Universität Hamburg https://www.awr.uni-hamburg.de/
- Center of the Interdisciplinary Research on Religion and Society (CIRRuS), Universität Bielefeld http://www.uni-bielefeld.de/theologie/forschung/religionsforschung/
- Centrum für Religionswissenschaftliche Studien (CERES), Ruhr-Universität Bochum https://ceres.rub.de/de/
- Exzellenzcluster „Die Herausbildung normativer Ordnungen“, Goethe-Universität Frankfurt am Main http://www.normativeorders.net/de/
- Exzellenzcluster „Religion und Politik“, Westfälische Wilhelms-Universität Münster https://www.uni-muenster.de/Religion-und-Politik/
- Graduiertenkolleg „Religion in Modernisierungsprozessen“, Universität Erfurt https://www.uni-erfurt.de/forschung/forschungsprofil/religion/graduiertenschule-religion/
- Kolleg-Forschergruppe „Religiöse Individualisierung in historischer Perspektive“, Max-Weber-Kolleg Erfurt https://www.uni-erfurt.de/max-weber-kolleg/kfg/

- Max Planck Institute for the Study of Religious and Ethnic Diversity, Georg-August-Universität Göttingen
  http://www.mmg.mpg.de/
- Religionsmonitor, Bertelsmann Stiftung
  http://www.bertelsmann-stiftung.de/de/unsere-projekte/religionsmonitor/

Religionssoziologische Datenquellen

- Allgemeine Bevölkerungsumfrage der Sozialwissenschaften (ALLBUS)
  https://www.gesis.org/allbus/allbus/
- Bertelsmann Stiftung: Religionsmonitor
  https://www.bertelsmann-stiftung.de/de/unsere-projekte/religionsmonitor/
- Deutsche Bischofskonferenz (DBK): Kirchliche Statistik
  http://www.dbk.de/zahlen-fakten/kirchliche-statistik/
- European Values Study (EVS)
  http://www.europeanvaluesstudy.eu/
- Evangelische Kirche in Deutschland (EKD): EKD-Statistik
  https://www.ekd.de/22114.htm
- Evangelische Kirche in Deutschland (EKD): Kirchenmitgliedschaftsuntersuchung (KMU)
  https://www.ekd.de/ekd_de/ds_doc/ekd_v_kmu2014.pdf
- National Congregations Study (NCS)
  http://www.soc.duke.edu/natcong/
- The Association of Religion Data Archives (ARDA)
  http://www.thearda.com/
- The U.S. Congregational Life Survey (USCLS)
  http://www.uscongregations.org/
- World Values Survey (WVS)
  http://www.worldvaluessurvey.org/wvs.jsp

Abbildungen und Tabellen

Literatur

Apostolischer Stuhl (2004) Instruktion Redemptionis Sacramentum. Über einige Dinge bezüglich der heiligsten Eucharistie, die einzuhalten und zu vermeiden sind. Bonn: Sekretariat der Deutschen Bischofskonferenz.

Barrett, David/George T. Kurian/Todd M. Johnson (2001) World Christian encyclopedia. A comparative survey of churches and religions in the modern world. Oxford: University Press.

Beck, Ulrich (1986) Die Risikogesellschaft. Auf dem Weg in eine andere Moderne. Frankfurt/Main: Suhrkamp.

Beck, Ulrich (2008) Der eigene Gott. Friedensfähigkeit und Gewaltpotential der Religionen. Frankfurt/Main: Verlag der Weltreligionen.

Bedford-Strohm, Heinrich/Volker Jung (Hg.) (2015) Vernetzte Vielfalt. Kirche angesichts von Individualisierung und Säkularisierung. Die fünfte EKD-Erhebung über Kirchenmitgliedschaft. Gütersloh: Gütersloher Verlagshaus.

Bellah, Robert N. (1967) Civil Religion in America, Daedalus 96(1): 1-21.

Bellah, Robert N. (1971) Between religion and social science, in: Rocco Caporale/Antonio Grumelli (Hg.): The culture of unbelief. Berkeley: University Press, S. 186-221.

Bellah, Robert N. (1973) Religiöse Evolution, in: Walter Sprondel/Constans Seyfahrt (Hg.): Religion und gesellschaftliche Entwicklung. Frankfurt/Main: Suhrkamp, S. 267-302.

Bellah, Robert N. (2011) Religion in human evolution. From the paleolithic to the axial age. Cambridge: University Press.

Bellah, Robert N./Richard Madsen/William M. Sullivan/Ann Swidler/Steven M. Tipton (1985) Habits of the Heart. Individualism and commitment in American life. Berkeley: University Press.

Bellah, Robert N./Steven M. Tipton (Hg.) (2006): The Robert Bellah Reader. Durham: Duke University Press.

Berger, Peter L. (1963/1969) Einladung zur Soziologie. Eine humanistische Perspektive. Freiburg: Walter.

Berger, Peter L. (1965) Ein Marktmodell zur Analyse ökumenischer Prozesse, in: Joachim Matthes (Hg.): Internationales Jahrbuch für Religionssoziologie. Religiöser Pluralismus und Gesellschaftsstruktur. Opladen: Westdeutscher Verlag, S. 235-249.

Berger, Peter L. (1967/1973) Zur Dialektik von Religion und Gesellschaft. Elemente einer soziologischen Theorie. Frankfurt/Main: Fischer.

Berger, Peter L. (1979/1980) Der Zwang zur Häresie. Religion in der pluralistischen Gesellschaft. Frankfurt/Main: Fischer.

Berger, Peter L. (1999) Sehnsucht nach Sinn. Glauben in einer Zeit der Leichtgläubigkeit. Gütersloh: Gütersloher Verlagshaus.

Berger, Peter L. (2015) Altäre der Moderne. Religion in pluralistischen Gesellschaften. Frankfurt/Main: Campus.

Berger, Peter L./Thomas Luckmann (1966/1969) Die gesellschaftliche Konstruktion der Wirklichkeit. Eine Theorie der Wissenssoziologie. Frankfurt/Main: Fischer.

Bergmann, Jörg R./Thomas Luckmann/Hans-Georg Soeffner (1993) Erscheinungsformen von Charisma – Zwei Päpste, in: Winfried Gebhardt/Arnold Zingerle/Michael N. Ebertz (Hg.): Charisma. Theorie – Politik – Religion. Berlin: de Gruyter, S. 121-155.

Bertelsmann Stiftung (Hg.) (2014) Religionsmonitor. Verstehen was verbindet. Religiosität und Zusammenhalt in Deutschland. Gütersloh: Gütersloher Verlagshaus.

Blasi, Anthony J. (2009) A Market Theory of Religion, Social Compass 56(2): 263-272.

Bock, Michael (2012) Auguste Comte, in: Dirk Kaesler (Hg.): Klassiker der Soziologie. Band 1. 6. Aufl. München: Beck, S. 39-57.

Bruce, Steve (2002) God is dead. Secularization in the West. Oxford: Blackwell.

Casanova, José (1994) Public religions in the modern world. Chicago: University Press.

Casanova, José (1996) Chancen und Gefahren öffentlicher Religion. Ost- und Westeuropa im Vergleich, in: Otto Kallscheuer (Hg.): Das Europa der Religionen. Frankfurt/Main: Fischer, S. 181-201.

Casanova, José (2007) Rethinking secularization. A global comparative perspective, in: Peter Beyer/Lori Beaman (Hg.): Religion, globalization, and culture. Leiden: Brill, S. 101-120.

Casanova, José (2009) Europas Angst vor der Religion. Berlin: University Press.

Casanova, José (2017) Beyond secularization. Religious and secular dynamics in our global age. Kiew: Spirit and Letter.

Comte, Auguste (1822/1973) Plan der wissenschaftlichen Arbeiten, die für eine Reorganisation der Gesellschaft notwendig sind. München: Hanser.

Comte, Auguste (1838/1933) Die Soziologie. Die Positive Philosophie. Leipzig: Kröner.

Comte, Auguste (1842/1969) Cours de philosophie positive. Paris: Culture et Civilisation.

Davie, Grace (1994) Religion in Britain since 1945: Believing without belonging. Oxford: Blackwell.

Davie, Grace (2007) The sociology of religion. London: Sage.

Davie, Grace (2008) From believing without belonging to vicarious religion: Understanding the patterns of religion in modern Europe, in: Detlef Pollack/Daniel V. A. Olson (Hg.): The role of religion in modern societies. New York: Routledge, S. 165-176.

Deutsche Bischofskonferenz (2004) Orientierungshilfe zu Schwerpunkten der Instruktion „Redemptionis Sacramentum". Bonn: Sekretariat der Deutschen Bischofskonferenz.

Drehsen, Volker (1975) Religion – der verborgene Zusammenhalt der Gesellschaft: Émile Durkheim und Georg Simmel, in: Karl-Wilhelm Dahm/Volker Drehsen/Günter Kehrer (Hg.): Das Jenseits der Gesellschaft. München: Claudius, S. 57-88.

Drescher, Hans-Georg (1991) Ernst Troeltsch. Leben und Werk. Göttingen: Vandenhoeck & Ruprecht.

Durkheim, Émile (1887/1981) Einführung in die Sozialwissenschaft. Eröffnungsvorlesung von 1887-1888, in: Lore Heisterberg (Hg.): Frühe Schriften zur Begründung der Sozialwissenschaft. Darmstadt/Neuwied: Luchterhand, S. 25-52.

Durkheim, Émile (1893/1992) Über soziale Arbeitsteilung. Studie über die Organisation höherer Gesellschaften. Frankfurt/Main: Suhrkamp.

Durkheim, Émile (1895/1961) Die Regeln der soziologischen Methode. Neuwied: Luchterhand.

Durkheim, Émile (1897/1983) Der Selbstmord. Frankfurt/Main: Suhrkamp.

Durkheim, Émile (1912/1998) Die elementaren Formen religiösen Lebens. Frankfurt/Main: Suhrkamp.

Ebertz, Michael N. (2013) Kirchenkurs und Kirchenreform in der Katholischen Kirche, Evangelische Theologie 73(2): 144-152.

Ebertz, Michael N./Burkhard Werner/Lucia A. Segler/Samuel Scherer (2012) Was glauben die Hessen? Ergebnisse einer Untersuchung im Auftrag des Hessischen Rundfunks. Freiburg: Zentrum für kirchliche Sozialforschung.

Finke, Roger/Rodney Stark (1988) Religious economies and sacred canopies: Religious mobilization in American cities, American Sociological Review 53(1): 41-49.

Finke, Roger/Rodney Stark (1992) The churching of America 1776-1990. Winners and losers in our religious economy. New Brunswick: Rutgers University Press.

Finke, Roger/Rodney Stark (2006) The churching of America 1776-2005. Winners and losers in our religious economy. New Brunswick: Rutgers University Press.

Forschungskonsortium WJT (2007) Megaparty Glaubensfest. Weltjugendtag: Erlebnis – Medien – Organisation. Wiesbaden: VS.

Först, Johannes (2010) Die unbekannte Mehrheit. Sinn- und Handlungsorientierungen „kasualienfrommer" Christ/inn/en, in: Johannes Först/Joachim Kügler (Hg.): Die unbekannte Mehrheit. Mit Taufe, Trauung und Beerdigung durchs Leben? Eine empirische Untersuchung zur „Kasualienfrömmigkeit" von KatholikInnen. Berlin/Münster: Lit, S. 17-88.

Fügen, Hans Norbert (1985) Max Weber. Mit Selbstzeugnissen und Bilddokumenten dargestellt. Reinbek: Rowohlt.

Gabriel, Karl (1992) Christentum zwischen Tradition und Postmoderne. Freiburg: Herder.

Gabriel, Karl (2003) (Post-)Moderne Religiosität zwischen Säkularisierung, Individualisierung und Deprivatisierung, in: Hans Waldenfels (Hg.): Religion. Entstehung – Funktion – Wesen. München: Alber, S. 109-131.

Gabriel, Karl (2010) Gemeinden im Spannungsfeld von Delokalisierung und Relokalisierung. Theoretische Überlegungen und empirische Bezüge, Evangelische Theologie 70(6): 427-496.

Gabriel, Karl/Hans-Richard Reuter (Hg.) (2004) Religion und Gesellschaft. Texte zur Religionssoziologie. Paderborn: Ferdinand Schöningh.

Gebhardt, Winfried (2002) Die Verszenung der Gesellschaft und die Eventisierung der Kultur. Kulturanalyse jenseits traditioneller Kulturwissenschaften und Cultural Studies, in: Udo Göttlich/Clemens Albrecht/Winfried Gebhardt (Hg.): Populäre Kultur als repräsentative Kultur. Die Herausforderung der Cultural Studies. Köln: Herbert von Halem, S. 287-305.

Gebhardt, Winfried/Ronald Hitzler/Michaela Pfadenhauer (Hg.) (2000) Events. Soziologie des Außergewöhnlichen. Opladen: Westdeutscher Verlag.

Gebhardt, Winfried/Martin Engelbrecht/Christoph Bochinger (2005) Die Selbstermächtigung des religiösen Subjekts. Der „spirituelle Wanderer" als Idealtypus spätmoderner Religiosität, Zeitschrift für Religionswissenschaft 13(2): 133-152.

Gerhards, Jürgen (2001) Der Aufstand des Publikums. Eine systemtheoretische Interpretation des Kulturwandels in Deutschland zwischen 1960 und 1989, Zeitschrift für Soziologie 30(3): 163-184.

Graf, Friedrich Wilhelm (2004) Die Wiederkehr der Götter. Religion in der modernen Kultur. Bonn: Beck.

Gross, Peter (2007) Jenseits der Erlösung. Die Wiederkehr der Religion und die Zukunft des Christentums. Bielefeld: transcript.

Habermas, Jürgen (2001) Glauben und Wissen. Friedenspreis des Deutschen Buchhandels 2001. Frankfurt/Main: Suhrkamp.

Habermas, Jürgen/Joseph Ratzinger (2005) Dialektik der Säkularisierung. Über Vernunft und Religion. Freiburg: Herder.

Heiser, Patrick (2012) Lebenswelt Camino. Eine einführende Einordnung, in: Patrick Heiser/Christian Kurrat (Hg.): Pilgern gestern und heute. Soziologische Beiträge zur religiösen Praxis auf dem Jakobsweg. Münster/Berlin: Lit, S. 113-137.

Heiser, Patrick (2015) Kirchliche Sozialformen im Wandel. Transformationsprozesse im Mehr-Ebenen-System Kirche am Beispiel katholischer Liturgie. Berlin/Münster: Lit.

Heiser, Patrick (2017a) Meilensteine qualitativer Sozialforschung. Eine Einführung entlang klassischer Studien. Wiesbaden: SpringerVS.

Heiser, Patrick (2017b) Transformation von unten. Zur Rolle des Publikums im Mehr-Ebenen-System Kirche, Zeitschrift für Religion, Gesellschaft und Politik 1(2): 239-262.

Heiser, Patrick/Christian Kurrat (2015) Pilgern zwischen individueller Praxis und kirchlicher Tradition, Berliner Theologische Zeitschrift 32(1): 133-158.

Heiser, Patrick/Christian Ludwig (Hg.) (2014) Sozialformen der Religionen im Wandel. Wiesbaden: SpringerVS.

Helle, Horst Jürgen (1997) Religionssoziologie. Entwicklung der Vorstellungen vom Heiligen. München: Oldenbourg.

Helsper, Werner (1992) Okkultismus. Die neue Jugendreligion? Opladen: Leske und Budrich.

Hermelink, Jan/Gerald Kretzschmar (2015) Die Ortsgemeinde in der Wahrnehmung der Kirchenmitglieder – Dimensionen und Determinanten, in: Heinrich Bedford-Strohm/Volker Jung (Hg.): Vernetzte Vielfalt. Kirche angesichts von Individualisierung und Säkularisierung. Gütersloh: Gütersloher Verlagshaus, S. 62-67.

Hermelink, Jan/Birgit Weyel (2015) Vernetzte Vielfalt: Eine Einführung in den theoretischen Ansatz, die methodischen Grundentscheidungen und zentrale Ergebnisse der V. KMU, in: Heinrich Bedford-Strohm/Volker Jung (Hg.): Vernetzte Vielfalt. Kirche angesichts von Individualisierung und Säkularisierung. Gütersloh: Gütersloher Verlagshaus, S. 16-32.

Hero, Markus (2010) Die neuen Formen des religiösen Lebens. Eine institutionentheoretische Analyse neuer Religiosität. Würzburg: Ergon.

Hero, Markus/Volkhard Krech (2011) Die Pluralisierung des religiösen Feldes in Deutschland: Empirische Befunde und systematische Überlegungen, in: Gert Pickel/Kornelia Sammet (Hg.): Religion und Religiosität im vereinigten Deutschland: Zwanzig Jahre nach dem Umbruch. Wiesbaden: VS, S. 28-41.

Hero, Markus/Volkhard Krech/Helmut Zander (Hg.) (2008) Religiöse Vielfalt in Nordrhein-Westfalen. Empirische Befunde und Perspektiven der Globalisierung vor Ort. Paderborn: Schöningh.

Hervieu-Léger, Danièle (1990) Religion and modernity in the French context: For a new approach to secularization, Sociological Analysis 51: 15-25.

Hervieu-Léger, Danièle (1993) La religion pour mémoire. Paris: Éditions du Cerf.

Hill, Michael (1973) A sociology of religion. New York: Basic Books.

Höhn, Hans-Joachim (1994) Gegen-Mythen. Religionsproduktive Tendenzen in der Gegenwart. Freiburg: Herder.

Iannaccone, Lawrence R. (1991) The consequences of religious market structure: Adam Smith and the economics of religion, Rationality and Society 3(2): 156-177.

Iannaccone, Lawrence R. (1992) Religious markets and the economics of religion, Social Compass 39(1): 123-131.

Iannaccone, Lawrence R. (1998) Introduction to the economics of religion, Journal of Economic Literature 36(3): 1465-1495.

Joas, Hans (2007) Die Zukunft des Christentums, Blätter für deutsche und internationale Politik 52(8): 976-984.

Kaesler, Dirk (2014) Max Weber. Eine Einführung in Leben, Werk und Wirkung. 4. Aufl. Frankfurt/Main: Campus.

Karle, Isolde (2001) Der Pfarrberuf als Profession. Eine Berufstheorie im Kontext der modernen Gesellschaft. Gütersloh: Gütersloher Verlagshaus.

Kaube, Jürgen (2014) Max Weber. Ein Leben zwischen den Epochen. Berlin: Rowohlt.

Kaufmann, Franz-Xaver (1989) Religion und Modernität. Sozialwissenschaftliche Perspektiven. Tübingen: Mohr.

Knoblauch, Hubert (1999) Religionssoziologie. Berlin: de Gruyter.

Knoblauch, Hubert (2003) Qualitative Religionsforschung. Religionsethnographie in der eigenen Gesellschaft. Paderborn: Ferdinand Schöningh.

Knoblauch, Hubert (2005) Thomas Luckmann, in: Dirk Kaesler (Hg.): Aktuelle Theorien der Soziologie. München: Beck, S. 127-146.

Knoblauch, Hubert (2009) Populäre Religion. Auf dem Weg in eine spirituelle Gesellschaft. Frankfurt/Main: Campus.

Köpping, Klaus-Peter (1997) Fest, in: Christoph Wulf (Hg.): Vom Menschen. Handbuch Historische Anthropologie. Weinheim: Beltz, S. 1048-1065.

Krech, Volkhard (1999) Religionssoziologie. Bielefeld: transcript.

Krech, Volkhard (2009) What are the impacts of religious diversity? A review of the methodological considerations and empirical findings of a research project on religious pluralization in North Rhine-Westphalia, Germany, Religion 39(2): 132-149.

Krech, Volkhard/Jens Schlamelcher/Markus Hero (2013) Typen religiöser Sozialformen und ihre Bedeutung für die Analyse religiösen Wandels in Deutschland, Kölner Zeitschrift für Soziologie und Sozialpsychologie. Sonderheft Religion und Gesellschaft 65: 51-71.

Kron, Thomas/Martin Horáček (2009) Individualisierung. Bielefeld: transcript.

Krüggeler, Michael (1993) Insel der Seligen: Religiöse Orientierungen in der Schweiz, in: Alfred Dubach/Roland Campiche (Hg.): Jede(r) ein Sonderfall? Religion in der Schweiz: Ergebnisse einer Repräsentativbefragung. Zürich/Basel: NZN, S. 93-132.

Kurrat, Christian (2015) Renaissance des Pilgertums. Zur biographischen Bedeutung des Pilgerns auf dem Jakobsweg. Berlin/Münster: Lit.

Lenz, Karsten (2009) Katholische Priester in der individualisierten Gesellschaft. Konstanz: UVK.

Lévi-Strauss, Claude (1962/1968) Das wilde Denken. Frankfurt/Main: Suhrkamp.

Luckmann, Thomas (1960) Neuere Schriften zur Religionssoziologie, Kölner Zeitschrift für Soziologie und Sozialpsychologie 12(2): 315-326.

Luckmann, Thomas (1963) Das Problem der Religion in der modern Gesellschaft: Institution, Person und Weltanschauung. Freiburg: Rombach.

Luckmann, Thomas (1967/1991) Die unsichtbare Religion. Frankfurt/Main: Suhrkamp.

Luckmann, Thomas (1985) Über die Funktion der Religion, in: Peter Koslowski (Hg.): Die religiöse Dimension der Gesellschaft. Tübingen: Mohr, S. 26-41.

Luckmann, Thomas (2002) Veränderungen von Religion und Moral im modernen Europa, Berliner Journal für Soziologie 12(3): 285-293.

Luckmann, Thomas (2007) Lebenswelt, Identität und Gesellschaft, hg. Jochen Dreher. Konstanz: UVK.

Luhmann, Niklas (1972) Die Organisierbarkeit von Religionen und Kirchen, in: Jakobus Wössner (Hg.): Religion im Umbruch. Soziologische Beiträge zur Situation von Religion und Kirche in der gegenwärtigen Gesellschaft. Stuttgart: Enke, S. 245-285.

Luhmann, Niklas (1977) Funktion der Religion. Frankfurt/Main: Suhrkamp.
Luhmann, Niklas (1984) Soziale Systeme. Grundriß einer allgemeinen Theorie. Frankfurt/Main: Suhrkamp.
Luhmann, Niklas (1997) Die Gesellschaft der Gesellschaft. Frankfurt/Main: Suhrkamp.
Luhmann, Niklas (2000) Die Religion der Gesellschaft. Frankfurt/Main: Suhrkamp.
Martin, David (2005) On secularization: Towards a revised general theory. Aldershot: Ashgate.
Marx, Karl (1844/1976) Zur Kritik an der Hegelschen Rechtsphilosophie, in: Karl Marx/Friedrich Engels: Werke. Band 1. Berlin: Dietz, S. 378-391.
Müller, Hans-Peter (2009) Émile Durkheim. Studienbrief 03628. Hagen: Fern-Universität in Hagen.
Nietzsche, Friedrich (1882/2015) Die fröhliche Wissenschaft, hg. Christian Benne/Jutta Georg. Berlin: de Gruyter.
Norris, Pippa/Ronald Inglehart (2004) Sacred and secular. Religion and politics worldwide. Cambridge: University Press.
Oevermann, Ulrich (1995) Ein Modell der Struktur von Religiosität. Zugleich ein Strukturmodell von Lebenspraxis und von sozialer Zeit, in: Monika Wohlrab-Sahr (Hg.): Biographie und Religion. Zwischen Ritual und Selbstsuche. Frankfurt/Main: Campus, S. 27-102.
Parsons, Talcott (1951) The Social System. New York: The Free Press.
Petzke, Martin/Hartmann Tyrell (2012) Religiöse Organisationen, in: Maja Apelt/Veronika Tacke (Hg.): Handbuch Organisationstypen. Wiesbaden: VS, S. 275-306.
Pfadenhauer, Michaela (2017) In memoriam Peter L. Berger. Soziologie 46(4): 472-477.
Pickel, Gert (2010) Säkularisierung, Individualisierung oder Marktmodell? Religiosität und ihre Erklärungsfaktoren im europäischen Vergleich, Kölner Zeitschrift für Soziologie und Sozialpsychologie 62(2): 219-245.
Pickel, Gert (2011) Religionssoziologie. Eine Einführung in zentrale Themenbereiche. Wiesbaden: VS.
Pickel, Gert/Kornelia Sammet (Hg.) (2014) Einführung in die Methoden der sozialwissenschaftlichen Religionsforschung. Wiesbaden: SpringerVS.
Pickering, Mary (2006) Auguste Comte. An intellectual biography. Cambridge: University Press.
Pollack, Detlef (1995) Was ist Religion? Probleme der Definition, Zeitschrift für Religionswissenschaft 3(2): 163-190.
Pollack, Detlef (2003) Säkularisierung – ein moderner Mythos? Studien zum religiösen Wandel in Deutschland. Tübingen: Mohr.
Pollack, Detlef (2015) Religionssoziologie in Deutschland seit 1945: Tendenzen – Kontroversen – Konsequenzen, Kölner Zeitschrift für Soziologie und Sozialpsychologie 67(3): 433-474.

Pollack, Detlef/Gert Pickel (2003) Deinstitutionalisierung des Religiösen und religiöse Individualisierung in Ost- und Westdeutschland, Kölner Zeitschrift für Soziologie und Sozialpsychologie 55(3): 447-474.

Pollack, Detlef/Gert Pickel (2009) Church-state relations and the vitality of religion in European comparison, in: Gert Pickel/Olaf Müller (Hg.): Church and religion in contemporary Europe. Results from empirical and comparative research. Wiesbaden: VS, S. 145-166.

Reese-Schäfer, Walter (1999) Niklas Luhmann zur Einführung. Hamburg: Junius.

Robertson, Roland (1973) Einführung in die Religionssoziologe. München: Kaiser.

Sachau, Rainer (1996) Westliche Reinkarnationsvorstellungen. Zur Religion in der Moderne. Gütersloh: Gütersloher Verlagshaus.

Schlamelcher, Jens (2013) Ökonomisierung der protestantischen Kirche? Sozialgestaltliche und religiöse Wandlungsprozesse im Zeitalter des Neoliberalismus. Würzburg: Ergon.

Schnettler, Bernt (2006) Thomas Luckmann. Konstanz: UVK.

Schütz, Alfred/Thomas Luckmann (1973/1979) Strukturen der Lebenswelt. Frankfurt/Main: Suhrkamp.

Simmel, Georg (1906/2011) Die Religion, in: Hans Diefenbacher/Dorothee Rodenhäuser (Hg.): Georg Simmel: Die Religion. Marburg: Metropolis, S. 7-104.

Soeffner, Hans-Georg (1993) Religiöse Bilder und Ebenbilder, Kunst und Kirche 1: 44-47.

Stark, Rodney (1999) Secularization, R.I.P, Sociology of Religion 60(3): 249-273.

Stark, Rodney/William Sims Bainbridge (1987) A theory of religion. New York: Peter Lang.

Stark, Rodney/Roger Finke (2000) Acts of faith: Explaining the human side of religion. Berkeley: University Press.

Stark, Rodney/Lawrence R. Iannaccone (1994) A supply-side reinterpretation of the „secularization of Europe“, Journal for the Scientific Study of Religion 33(3): 230-252.

Stichweh, Rudolf (1988) Inklusion in Funktionssysteme der modernen Gesellschaft, in: Renate Mayntz/Bernd Rosewitz/Uwe Schimank/Rudolf Stichweh (Hg.): Differenzierung und Verselbständigung. Zur Entwicklung gesellschaftlicher Teilsysteme. Frankfurt/Main: Campus, S. 261-293.

Stichweh, Rudolf (2012) Niklas Luhmann, in: Dirk Kaesler (Hg.): Klassiker der Soziologie. Band 2. 6. Aufl. München: Beck, S. 240-264.

Stolz, Jörg/Judith Könemann/Mallory Schneuwly Purdie/Thomas Englberger/Michael Krüggeler (2014) Religion und Spiritualität in der Ich-Gesellschaft. Vier Gestalten des (Un-)Glaubens. Zürich: Theologischer Verlag.

Šuber, Daniel (2012) Émile Durkheim. Konstanz: UVK.

Troeltsch, Ernst (1904/2004) Protestantisches Christentum und Kultur der Neuzeit, hg. Volker Drehsen/Christian Albrecht. Berlin: de Gruyter.

Troeltsch, Ernst (1906/1963) Die Bedeutung des Protestantismus für die Entstehung der modernen Welt. Aalen: Zeller.

Troeltsch, Ernst (1910/1969) Das stoisch-christliche Naturrecht und das moderne profane Naturrecht, in: Verhandlungen des ersten Deutschen Soziologentages vom 19. bis 22. Oktober 1910 in Frankfurt am Main. Frankfurt/Main: Sauer und Auvermann.

Troeltsch, Ernst (1912) Die Soziallehren der christlichen Kirchen und Gruppen. Tübingen: Mohr.

Troeltsch, Ernst (1913) Religiöser Individualismus und die Kirche. Tübingen: Mohr.

Turner, Victor (2009) Vom Ritual zum Theater. Der Ernst des menschlichen Spiels. Frankfurt/Main: Campus.

Voß, G. Günter/Kerstin Rieder (2006) Der arbeitende Kunde. Wenn Konsumenten zu unbezahlten Mitarbeitern werden. Frankfurt/Main: Campus.

Weber, Max (1905/1986) Die protestantische Ethik und der Geist des Kapitalismus, in: Gesammelte Aufsätze zur Religionssoziologie. Band 1. Tübingen: Mohr, S. 17-206.

Weber, Max (1909) Religiöse Musikalität. Brief an Ferdinand Tönnies, in: Gesamtausgabe. Band 6. Tübingen: Mohr, S. 63-66.

Weber, Max (1916/1986) Die Wirtschaftsethik der Weltreligionen, in: Gesammelte Aufsätze zur Religionssoziologie. Band 1. Tübingen: Mohr, S. 237-573.

Weber, Max (1919/1967) Wissenschaft als Beruf. Berlin: Duncker & Humblot.

Weber, Max (1922/1980) Wirtschaft und Gesellschaft. Grundriß einer verstehenden Soziologie. Tübingen: Mohr.

Wesseling, Klaus-Gunther (1997) Ernst Troeltsch, in: Biographisch-bibliographisches Kirchenlexikon. Band 12. Nordhausen: Bautz, S. 497-562.

Wiesenthal, Helmut (2005) Markt, Organisation und Gemeinschaft als ‚zweitbeste' Verfahren sozialer Koordination, in: Wieland Jäger/Uwe Schimank (Hg.): Organisationsgesellschaft. Facetten und Perspektiven. Wiesbaden: VS, S. 223-264.

Wohlrab-Sahr, Monika (2001) Säkularisierte Gesellschaft, in: Georg Kneer/Armin Nassehi/Markus Schroer (Hg.): Klassische Gesellschaftsbegriffe der Soziologie. München: Fink, S. 303-332.

Wohlrab-Sahr, Monika (2003) „Luckmann 1960" und die Folgen. Neuere Entwicklungen in der deutschsprachigen Religionssoziologie, in: Barbara Orth/Thomas Schwietring/Johannes Weiß (Hg.): Soziologische Forschung: Stand und Perspektiven. Ein Handbuch. Wiesbaden: VS, S. 427-448.

Wolf, Christof (2008) How secularized is Germany? Cohort and comparative perspectives, Social Compass 55(2): 111-126.

Zulehner, Paul M. (2002) Wiederkehr der Religion?, in: Hermann Denz (Hg.): Die europäische Seele. Leben und Glauben in Europa. Wien: Czermin, S. 23-42.

Personenregister

Sachregister